毕业论文写作

BIYE LUNWEN XIEZUO

（第二版）

王蜀磊 编著

立信会计出版社
LIXIN ACCOUNTING PUBLISHING HOUSE

图书在版编目(CIP)数据

毕业论文写作 / 王蜀磊编著. —2版. —上海：立信
会计出版社,2014.8
ISBN 978-7-5429-4334-7

Ⅰ.①毕…　Ⅱ.①王…　Ⅲ.①毕业论文—写作　Ⅳ.
①G642.477

中国版本图书馆 CIP 数据核字(2014)第 181640 号

策划编辑　　黄成良
责任编辑　　黄成良
封面设计　　周崇文

毕业论文写作(第二版)

出版发行	立信会计出版社

地　　址	上海市中山西路 2230 号	邮政编码	200235
电　　话	(021)64411389	传　　真	(021)64411325
网　　址	www.lixinaph.com	电子邮箱	lxaph@sh163.net
网上书店	www.shlx.net	电　　话	(021)64411071
经　　销	各地新华书店		

印　　刷	常熟市梅李印刷有限公司		
开　　本	890 毫米×1240 毫米	1/32	
印　　张	9.375	插　页	2
字　　数	255 千字		
版　　次	2014 年 8 月第 2 版		
印　　次	2015 年 8 月第 2 次		
印　　数	4 101—8 200		
书　　号	ISBN 978-7-5429-4334-7/F		
定　　价	24.00 元		

如有印订差错,请与本社联系调换

前　言

在多年的教学工作实践中,我们发现,学生对本专业基本理论知识的理解和掌握基本是到位的。但是,如何运用所学的理论去分析问题和解决问题,如何将自己发现的问题从理论上去说明和解决,并科学规范地表述出来,却总是不令人满意。要提升大学的教学质量,不抓科研训练是不行的。提高学生的科研水平和能力需要多方面的努力,其中,提高对学术论文写作重要性的认识,加强对毕业论文写作的规范化教育是十分必要的。因此,在我国高等教育的教学计划设置中,将毕业论文列为大学阶段教育的必修课程之一。

然而,在本科生要不要进行毕业论文写作的问题上,有人表示反对。他们认为,在国外,许多国家对硕士研究生都没有毕业论文写作环节的要求,学生只要完成规定的学业课程的学习就符合了毕业条件。在我国,不仅要求博士、硕士研究生完成毕业论文,还要求本科生进行毕业论文写作,并作为他们是否毕业和获取学位的重要条件之一,这是不合适的。现在硕士研究生的论文都难有创新,本科生的毕业论文就更谈不上了。每年让几百万大学生都要写出创新性论文是不现实的,是教育资源和人力资源的浪费,不仅制造了大量文字垃圾,而且还诱发了抄袭和造假现象的发生。他们认为,每年有几十万的研究生,要写出几十万的创新性论文就已经很了不起了,真正有几篇创造性的论文对学术的贡献就不小了。对大学生培养的主要目标是掌握基本理论和基本技能,为顺利进入工作实践环节做好准备。

我们认为,对本科生来说,通过毕业论文写作,至少使他们熟悉和了解学术论文的基本要求,基本目的是对学生进行严格的科学研究能力的训练,培养他们基本的实践技能。毕业论文的写作包括构思、资料查询、资料整理、严格的逻辑过程、科学规范的表达方式,这为今后继续深造、从事专门的科学研究,或是在工作实践中发现问题、分析问题、解决问题,都将奠定良好的基础。

本书编写的基本原则有三:一是从实际出发的原则,就是从目前大学生学术论文写作的现状出发进行研究;二是从规范出发的原则,从学术论文的规范出发去要求学生尽快熟悉和掌握学术论文基本的表达形式,为今后顺利进行学术研究奠定良好的基础;三是从能力培养出发的原则,从学生发现问题、解决问题的能力出发,培养他们从小处着眼,从身边的一点一滴事件的观察入手,养成勤于思考、善于思考的良好习惯。

本书紧密围绕毕业论文的基本含义,从毕业论文的特点、分类到研究方法;从学术论文写作的各个环节到毕业论文的答辩,进行全方位的介绍。具体来说,本书分五个方面介绍毕业论文的写作。

第一部分包括第一章。从学习、思考与写作的关系入手,阐明写作是学习的最高层次,是学习的必然归宿。本章具有导论的性质。

第二部分包括第二章到第四章。主要介绍了三个方面的内容:毕业论文的基本含义,它具有什么特点,作用如何;毕业论文的几种类型,以及毕业论文的要素和构成。经济管理类学术论文的基本表达方式,以及经济管理类学术论文表达形式的最新进展。从事毕业论文写作时的思维方法和研究方法,特别是对马克思主义政治经济学的研究方法和现代经济学研究方法的新进展作了比较详细的介绍。

第三部分包括第五章到第十一章。介绍毕业论文写作的基本方法和写作程序。要写好毕业论文就要经过自我评价、取材、选题、提纲、起草、修改和定稿"七关"。针对在教学活动中发现的问题,在各章中就毕业论文写作应注意的若干问题进行了说明,使我们在教与学的互动中尽量避免一些常见的错误。

第四部分包括第十二章。毕业论文答辩是毕业论文写作教学的有机组成部分。本章介绍了答辩的含义,如何准备和进行毕业论文答辩,以及在毕业论文答辩中应注意的若干问题。

　　为了使学生能顺利地进入毕业论文写作阶段,在大学,特别是大学高年级阶段,抓学业作业、学年论文、社会调查与实践报告、教学实习报告和实验报告的写作是十分必要的。毕业论文的开题报告则是毕业论文的有机组成部分,是毕业论文写作的前期准备阶段。这些工作进行得如何,直接影响着毕业论文写作的质量和能否顺利地进行。因此,从本书体系安排的需要出发,将这几方面的内容以卷外章的形式反映出来,它构成本书的第五部分。

　　没有规矩不成方圆,科学规范的表述,既是学术交流的需要,也是作者思想传播的需要。针对学生对学术论文写作规则认识的模糊,在本书的最后以附录形式收集了国家关于学术规范的标准和某大学经济管理学院毕业论文工作规范,供读者参考。

王蜀磊

2014 年 7 月

目　　录

第一章　学习、思考与写作

自 20 世纪第二次世界大战结束以来,一国科学技术实力的强弱,事实上已经成为对现代社会发展和国家兴衰起决定性作用的重要力量,成为现代人类文明的主要标志。在此背景下,科学研究工作日益成为现代人的生活方式,关系着现代人的素质水平。如何学习、如何思考、如何写作,已成为我们生活和工作的重要组成部分。因此,一个人是否会学习,能否掌握正确的学习方法,并将自己学习、思考的成果正确地表达出来,亦显得十分重要。我们首先谈一谈学习、思考与写作的关系。

第一节　学习、思考与写作的关系

一提到学习,人们通常认为就是读书、听课、教学实验,以及在工作实践中学得知识和掌握技能。其实不然,学习可分为狭义的学习和广义的学习两种。狭义的学习是指单纯地了解和掌握前人已经总结出来的知识和经验,实现知识和经验的积累;广义的学习不仅包括了狭义的学习,而且还包括了思考和写作,即在了解和掌握前人已经总结出来的知识和经验的基础上,对这些知识和经验进行反思,得出新的认识,总结出新的经验,形成新的理论,并且将这些新的认识、经验和理论系统地表述出来。

一、学习、思考与写作的含义

（一）学习

人类社会的发展史就是一个学习的历史,就是不断思考创新的历史,就是不断写作的历史。在人类社会的发展初期,为了向大自然索取基本的生活资料,人们不得不依靠集体的力量,共同从事狩猎、采集果实的生产活动。人们在与周边环境的接触中,在生产和生活实践中,发现了生活和生产的诀窍,发现了气象地理环境变化的一些规律,了解了动植物的一些生活和生长习性,也开始了最初的制作工具、缝制衣服等原始的创造性活动。在生产和生活实践中产生了最初的思维,人们用手势、实际操作和发声等方式表达思想认识,交流体会,人们用线条、图画、舞蹈等方式,交流情感和传播信息。在人们的情感交流中产生了交流的工具——语言,在语言交流的基础上又逐渐形成了文字。文字记载了人们生产和生活实践中的经验和感悟,文字又成为这些知识和经验积累传承的重要方式,它有利于后人的知识和经验的积累以及进一步地实现知识和经验的积累和传播。

从知识和经验积累学习的途径和来源方式上可将学习分为两种类型:程式化学习和习得式学习。程式化学习是指对前人已经总结出来的知识和经验的了解和掌握的过程,主要表现为从书本上、从生产生活实践中的模仿和操作;习得式学习,也称干中学(learning by doing),是指人们在各种各样的生产和生活实践中感悟得到的知识和经验的积累。如果说在小学、中学和大学的课堂里主要是进行程式化学习的话,那么,在社会、市场甚至校园内进行的社会调查、实践和考察以及学术论文写作交流等活动,就较多地表现为习得式学习了。

对一个人、一个民族甚至全人类来说,学习的作用和意义都是深远的和重大的。首先,通过学习,可以培养人的思维和思维能力。思维和思维能力是人所具有的最重要的特征,因为有了它人类才能根本有别于其他的动物,人类才能告别茹毛饮血的时代,人类才能有今天的繁荣昌盛。

其次,世界纷繁芜杂,人们要研究的问题很多很多,通过学习直接掌握前人已经总结出来的知识和经验,可减少自我摸索的时间,使人们少走弯路,减少无用的探索,节约大量的人力、物力和财力,从而减少大量的、无谓的牺牲。

再次,通过学习可迅捷地掌握前人已经总结出来的科学的学习和研究方法,减少学习和研究中不必要的时间、精力和才智的浪费。

最后,通过学习可激发人们的思考,使人们能够正确地思考,正确地理解世界上万事万物的发展规律,引导人们沿着科学的道路向前探索。

(二)思考

思考是人们感性认识和理性认识的分析和研究的过程,通过思考得到新的认识和启发,使人们的认识水平、认识能力得到提高。思考是学习的一种方式,是创造性学习的范畴,是更高层次的学习,是反映一个人善于学习的标志,也是一个人成熟的标志。要能正确地思考,就必须掌握正确的思考方式和思考方法,就必须具备逆向思维、发散思维的能力,要有怀疑一切的学习态度。所谓逆向思维,就是在常人认为有结论的地方问个为什么,只有打破现有的思维模式,才可能有所发展和创新,创新是思考的最高结晶。

思考是一个过程,是人们将现有理论知识消化加工并形成自己新的看法、思想和理论的过程,思考的前提是社会实践,社会实践是思考的基本途径和方式。面对不同的学术观点,要明断是是非非,首先,明确作者研究的方法、研究的角度、研究的材料;其次,分析作者引用理论材料暗含的前提、理论材料成立的依据和事实材料的客观性、全面性;最后,分析结论的适用范围和条件。

思考的结晶可以是自己独享,也可以与别人分享。思考结晶的表述和反映的方式有多种,可以反映在生产和生活实践中,直接将思考的结晶运用于实践之中,还可以以口头语言、行为的示范形式表达出来,也可以以书面的语言、符号等形式表达出来。不同的表达介体,影响到思考结晶传播和影响的范围。

(三)写作

写作,是对思考成果表述出来的一种形式,是以书面的形式反映思维的成果。写作是创造性的学习,是学习的最高层次,是学习的必然归宿。古人唐彪在《读书作文谱》一书中讲道:"学人只喜多读文章,不喜多做文章。不知多读乃藉人之工夫,多做乃切实求己之工夫,其益相去远也。"他又说:"读十篇不如做一篇"①,就说明了写作的重要性。我们在学习写作时,除了具备一定知识条件和思想外,还要学习和掌握写作格式化的表达方式,即符合语言的语法规则,行文符合逻辑、结构合理、用词准确、简洁明快。

如果说,在人类的早期,知识的传承以口授、身教为其基本形式的话,那么在人类发展的今天,人类越来越依赖于书面文字的形式来表达自己的思想和研究的成果,并进行知识的传播。有人会认为,不进行写作也能传承思想,但是,它的传播是有限的,影响力是不大的,人类早期的口授、身教的传播形式大大限制了知识的普及和影响力。

人们常说文无章法,只是说文章可有多种多样的表达方式,不要拘泥于一种固定不变的模式,而不是说可以随心所欲地去涂抹。它还是有一定"套路"的,即具有逻辑性,符合人们思维的习惯。特别是学术论文写作,更是有一定的格式和规范化的表达方式。掌握这样的书写格式能更好地表达自己的思想,有利于思想的交流和知识的传播。

要学习和掌握格式化的表达方式,就需要在日常的学习中,不仅注意知识的理解和掌握,而且留心学术论文写作的格式化表达方式。

二、学习、思考与写作的关系

如果从信息论的角度看,学习就是一个获取信息(信息输入)到信息处理加工,再到信息输出,并在其中有信息不断反馈的过程。获取信息(信息输入),即通过阅读、实验、观察与考察等方式获取第一手资料和第二手资料,直接掌握知识和经验的过程。信息处理加工,即是对已掌握的材料进行加工,运用分析、归纳、推理等逻辑思维的方法,得出科学的结论,或提出设计方案以及假说,或建立科学的理论。信息输出,就是将科学的结论、设计方案以及假说、建立的科学理论以论文的方式表述出来,以形成新的科学文献,促进科学技术的进步,推动人类社会的发展和进步。

---

① 转引自李翰如:《学术论文格式国家标准与写作方法》,电子工业出版社 1992 年版,第 33 页。

（一）学习与思考

学习包括了思考，学习与思考是同一的。同时，学习又不同于思考，学习是思考的前提，思考是学习的必然归属。仅能学习而无思考的人是知识的储存袋，不能分辨知识的正误和知识的用途，它失去了学习的意义。思考是积极的学习，创造性的学习，学会学习就是能够学会思考，能够举一反三，会灵活机动地运用学习获得的知识，形成新的思想，只有这样，学习的意义和目的才能体现出来。

（二）学习与写作

学习包括了写作，学习与写作是同一的。同时，学习又不同于写作，学习是写作的基础，写作是学习的升华。学习不仅仅是自我身心的修养和陶冶，而且要将学习的成果与他人分享。将自己的知识积累和创新用语言文字、图表、公式、程序等形式表现和反映出来，不仅反映了学习取得的成果，而且有利于传播和他人的学习。因此，要进一步地学习，就时刻不能离开写作，会学习的人，必然也是会写作的人。

（三）思考与写作

思考是写作的前提，写作是思考的结果，是为了进一步地思考。写作过程能进一步检验思考的科学性，能加深思考的深度和广度，促使进一步地思考，是一种从已知求未知的理论生产的过程。不仅能够探索和掌握事物发展的一般规律，而且还能进行发明创造，创造出世界上不曾存在的东西。

综上所述，可将学习的层次从以下角度大致分为这样几个层次。

根据读书的内容可将读书分为三个层次：① 知识普及型（含娱乐消遣，科学普及等）；② 知识提高型；③ 学术专著型。

根据读书明理的水平可将读书分为三个层次：① 读懂，即知道文中字面的意思；② 会用，即能举一反三；③ 不仅知道字面的意思，而且还知道字里行间蕴涵的思想。

根据读书领会的深度可将读书分为三个层次：① 能用自己的语言重述作者的思想；② 能对作者的观点进行简单地评论；③ 能在评论中阐发自己的思想，批判作者和他人相类似的观点。

根据思想表达的深度可将读书分为三个层次：① 对他人的观点能分门别类地综述；② 对他人的观点能进行科学地评论；③ 能将自己的思想和创新完整而严密地表述出来。

其中，思想表达层次是读书的最高境界。因为，读书的目的不是仅仅了解他人的思想，而是在他人思想的基础上有所提高和发展。总之，在学习、思考和写作之间，学习是思考和写作的前提和基础，思考和写作是学习的必然表现，思考不仅是学习的必然表现，而且进一步使人们更会学习。写作不仅是思考的结晶，也是思考的最高反映形式。一个不会思考的民族是不能立足于当今世界的，一个不会思考的人是不能谋得生存的。

第二节 学习的特征与写作的意义

人类社会在进入工业化时期，社会发展呈现加速的趋势，特别是人类在进入 20 世纪后，这种发展速度进一步加快，新的历史时期，人们面对的世界和社会已有了巨大的变化。从科学技术的传播方式来看，生产的发展和需要是推动科学发展的根本动力。

首先，综合国力的竞争，实质上是科学技术的竞争。知识创新体系和创新能力，已成为一个国家和地区经济社会发展的重要基础和竞争力的关键因素，综合国力的强弱离不开科学技术的发展，科学技术在社会发展中的地位愈来愈重要。这就决定了学习也要适应新时代的要求，只有改变现有的学习方式和方法，才能跟上时代发展的步伐。

——科学技术成为生产发展、生活提高的重要方式，产业结构和生产方式的变化，决定了劳动力的知识结构和劳动能力由简单劳动到复杂劳动转变，创造性的劳动将成为人类社会劳动的主要形式。

——经济增长的支柱产业将由传统的农业、加工业向信息、新材料、生物技术、新能源、航空航天、海洋技术转变；经济增长的方式由粗放型向集约型转变；从资本、土地和劳动三大生产要素对经济的贡献值上看,创新人才成为国家间、企业间争夺的重要资源。

——第三产业无论在国内生产总值上,还是在就业人数上都超过了第一、第二产业,新型的商业、服务业、信息通讯、教育、科技的迅猛发展,都离不开高素质人才。

——随着人们生活方式的转变,人们不仅追求物质生活的富足,而且追求精神生活的丰富;不仅追求生活品的数量,而且追求生活质量。这种生活方式的转变,对生态和环境提出了更高的要求,绿色生产、绿色消费是社会经济发展的趋势,这也离不开高素质人才。

其次,知识保护制度的建立和完善,也使传统的言传身教的知识传播方式发生了重大变化。传统的言传身教的传授方式已经被现代的知识产权制度所取代,也要求我们在世界日趋激烈的竞争中,拥有自己的知识产权。

再次,从学术交流、知识传播的手段和媒介上看,传统的报纸、杂志的交流,电报、电话的传播,已经远远不能满足信息传播的要求了,电子计算机和网络的兴起显示了它的无限发展空间。但是,无论传播方式是否发生了变化,它传播的内容一定是新鲜的、有创造性的,对人是有启迪作用的。

一、学习的特征

从学习的特征上看,适应新的历史时期的学习特征只能是进行创造性学习,变应试教育为素质教育,这是时代发展对我们提出的新要求,是学生综合素质的集中体现。人们对教育的需求愈来愈高,终身教育成为时代的潮流,因此,学习最重要的是学会学习,正如程介明先生在总结学习时讲到[①]:

学习是求知者对知识的建构,而非知识的传播。学习者是积极的建构者,而非被动的接受者。

学习在人类与外界发生互动时才会发生,因此,学习必须通过各种

----

① 程介明:《教育问:后工业时代的学习与社会》,《北京大学教育评论》,2005 年第 5 期。

活动或学习经历才会发生。

　　不同的人,即使其学习经历相同,学习结果也会不尽相同。

　　学习过程中,理解与应用(认识与实践、知与行)是交织在一起的,而不是独立的阶段。

　　运用已有的知识解决现实中的问题是一种有效的学习途径。

　　人类可以在集体中更有效地学习,学习不纯粹是个人的行为,人类也从同伴、长者乃至晚辈身上学会学习。

　　人们已经清楚地认识到,"学习型社会"已成为历史发展的潮流,"终身学习"成为继续教育的又一个主题。"学习型社会"①这个概念已经走出了学术界,进入到政府和国际组织的政策文件中。"学习型社会"就其形式来说,就是要创造一个全民学习和终身学习的社会;就其实质来说,就是建立一个"以学习求发展的社会"。

　　二、写作的意义

　　加强写作能力的培养,是提高学习能力的要求。学习思考的成果需要一定的介体表现和反映出来,写作就是最重要的表现形式之一。同时,写作又促使人们进一步地思考,使思考更缜密和深刻。一个只会学习和思考,而不会写作的人,学习和思考是不深入和彻底的。只有在写作、思考和学习的互动和良性循环中,才能真正提高我们的学习能力。

　　加强写作能力的培养,是提高民族素质的有效途径。一个民族的素质可以从多方面表现和反映出来,在不同的历史时代,一个民族素质高低的表现形式是根本不同的。在现代社会,一个民族写作能力的高低,不仅是与人相处和交往的需要,也是素质高低的具体体现,是素质高低的集中体现。

　　加强写作能力的培养,是提高一国科技竞争力的要求。一个国家、一个民族要领先于其他国家和民族,一个国家、一个民族要实现跨越式

---

　　①　详文请参阅顾明远、石中英:《学习型社会:以学习求发展》,北京师范大学学报,2006年第1期。

发展,其重要的标志就是基础理论研究以及应用技术研究和转化的水平。这不仅反映在科技成果数量的多少上,而且反映在科技成果的分量和影响力上。这里,我们可以参考科技论文发表各国排名情况,它不仅反映出一国经济的实力、经济增长或经济发展的水平,而且反映出一国经济增长和发展的理论支持与技术支持。邓小平同志关于"科学技术是第一生产力"的论断,大概就是对此进行的高度概括。要取得这样的科技成果,离开写作是无法想象的。

加强写作能力的培养,是为信息传播输入有价值成果的要求。现代通讯手段和信息传播介体得到了飞跃性发展,传播的内容一定是有思想,有价值的成果。学术论文就是这些有思想、有价值的成果的重要内容之一。完成这一有价值的成果,就是我们观察能力、思维能力和写作能力的反映。没有这样的思维能力就没有价值成果的出现,没有正确的语言表达能力和写作能力,也不可能使这一有思想有价值的成果得到正确地反映,也不利于思维成果的传播和发挥应有的效力。写作能力看似是一种思想记载的手段,但是一种不可或缺的思维成果表达的手段。

在我国科技论文、社科论文数量和质量得到迅猛提升的同时,我们也应清楚地认识到其中存在的隐患。快节奏的生活引发的快餐文化,浅层次写作妨碍了我们思维的深度,妨碍了正确而规范的语言表达形式。与此同时,现行科技评价机制的不够完善,导致了大量"短平快"科技成果的出笼,妨碍了正常科学研究的进行。因此,改革现行科技评价体制,是促进和引导科研方向、科研态度的制度保证,也是净化科研空气的重要举措。

总之,学习是提高自我、肯定自我、宣传自我的平台。学习是通向成功的唯一途径,学习是创造的营养素,创新是社会发展的动力。学习能使人健康地成长,树立正确的世界观和积极处世的心态。如果说,人的能力大致可分社会性和技能性两类的话,社会性就包括适应社会的能力、人际交往的能力、组织协调的能力,技能性就包括发明创造的能力、实践操作的能力、表达的能力。而学习就是人们这些能力培养和建立的根本途径,其中,写作能力是其中重要的内容,是个人素质高低的标志。

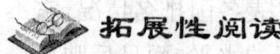
拓展性阅读

赚? 赔?

话说很久很久以前,一个 A 国经济学家和一个 B 国经济学家同时花了 500 元钱买了一头猪。过了一段时间,B 国经济学家将猪以 600 元的价格卖了。又过了段时间,B 国经济学家花 700 将猪买了回来。再过了段时间,B 国经济学家又将猪以 800 元的价格卖了。而这时 A 国经济学家以 800 元的价格也将猪卖了。

有一天两个经济学家走在了一起,讨论起了这件事情。B 国经济学家高兴地说:我经过这么一段时间,总钱数多了 200,赚了 200 元,哈哈。

A 国经济学家:你 500 买,600 卖,赚 100;600 卖,700 买,赔 100;700 买,800 卖,又赚 100。总共赚了 100。可是你要是像我一样,500 元买,800 元卖就赚了 300 元,你实际上赔了 200 元啊。

B 国经济学家又看了看自己手里的 800 块钱,又看了看 A 国经济学家手里的 800 块钱,想想我本来有 600,他小子有 500,为啥他就实际上赚了 300 元,我却实际上赔了 200 元呢?

第二章　毕业论文写作概述

什么是论文？什么是学术论文？什么是毕业论文？什么是学位论文？它们之间的区别与联系是什么？为什么要撰写毕业论文？怎样才能写好毕业论文？怎样才是一篇合格的毕业论文？为什么要进行毕业论文答辩？怎样准备毕业论文答辩？怎样进行毕业论文答辩？这些问题，是行将进行习作者关心的问题。习作者对以上这些问题，有的可能清楚，有的可能模糊，无论怎样，行前明事理，自然会少走弯路，事半功倍。本章介绍学术论文、毕业论文的含义、特点和作用。

第一节　毕业论文的含义

一、文章的分类

最初的文章是不分类的，人们把一切文字著作统称为"文学"，随着社会生产和生活的发展，科学技术的日益进步和完善，便出现了"文体"的划分。今天，人们一般将文章分为三大类：记叙文、论说文和应用文。每一个大类又有许多小的分支，其中，学术论文属于论说文体式。

论说文（也称议论文）是运用概念、判断、推理、证明或反驳的逻辑思维手段来分析研究某种问题的文章。学术论文属于规范的论说文体式。学术论文与一般的论说文的区别在于：论说文是作者通过事实材料及逻辑推理来辨明是非，阐发道理，表明自己观点的一种表达方式。而学术论文是某一学术课题在实验性、理论性或观测性上具有新的科学研究成果或创新见解和知识的科学记录，或是某种已知原理应用于实际中取得新进展的科学总结。也就是通常讲的作者对某一学科领域中的问题作比较系统、专门的研究和探讨，表述科研成果的理论性文章。学术论文是用以提供学术会议上宣读、交流或讨论，或在学术刊物上发表，或作其他用途的书面文件。

毕业论文是学术论文的一种①。从内容构成到体式风格都有严格的要求。毕业论文②是表明作者从事科学研究取得创造性的结果或有了新的见解，并以此为内容撰写而成，作为获得某一级毕业证时评审用的学术论文，是毕业前必须在指导教师指导下独立完成的作业，是比较复杂的学习、研究和写作相结合的综合训练的学习成果的总结。毕业论文是表明作者从事创造性科学研究而取得的成果，表明作者科研能力及已具有的学识水平。

二、我国的学位分类

目前，我国的学位分为学士学位、硕士学位和博士学位三级。根据《中华人民共和国学位条例暂行实施办法》，国家对学士、硕士和博士的学位论文都有明确的要求。在国家标准（GB 7713-87）《科学技术报告、学位论文和学术论文的编写格式》中明确指出：学位论文是表明作者从事科学研究取得创造性的结果或有了新的见解，并以此为内容撰写而成，作为提出申请授予相应的学位时评审用的学术论文。学位论文是论文答辩委员会用来决定是否通过并建议是否授予相应学位的依据。

学士论文规定：学士论文应能表明作者确已较好地掌握了本门学科的基础理论、专门知识和基本技能，并具有从事科学研究工作或担负

---

① 李海舰先生认为，学位论文不是学术论文。理由是，学位论文大多是长期学习的结果，它是对一个人学习能力的认可。在学位论文中，存量的东西往往占据绝大部分，以吸收别人的东西为主。参见《学术论文的规范与创新》，《经济学家茶座》，2006 年第 2 期，第 46 页。

② 也有将其称为学位论文。学位论文是表明作者从事科学研究取得创造性的结果或有了新的见解，并以此为内容撰写而成，作为提出申请授予相应的学位时评审用的学术论文。从层次上可分为学士论文、硕士论文、博士论文。从要求上看，毕业论文与学位论文在同一层次上（如硕士研究生的毕业论文与学位论文），二者是完全一致，因此，人们经常通用。当然它们之间也存在差别，有时毕业层次无相应学位等级，或者达到毕业要求而不符合国家学位条例授予要求，或者作者现有身份只能提出申请授予相应的学位，而无获得毕业资格。在本书中，我们将毕业论文与学位论文统一起来使用，而不再区分。

专门技术工作的初步能力。这就是说,学士论文侧重于对本学科基础理论和基本技能的考核,就应该熟悉和掌握学术论文的基本规范,具有分析问题和研究问题的能力。

硕士论文规定:硕士论文应能表明作者确已在本门学科上掌握了坚实的基础理论和系统的专门知识,并对所研究课题有新的见解,有从事科学研究工作或独立担负专门技术工作的能力。这就是说,硕士论文侧重于对研究课题的新的见解,论文应该具有创新性。

博士论文规定:博士论文应能表明作者确已在本门学科上掌握了坚实宽广的基础理论和系统深入的专门知识,并具有独立从事科学研究工作的能力,在科学或专门技术上作出了创造性的成果。这就是说,博士论文就要求创新性成果,能够胜任今后的科学研究工作并具有取得科研成果的能力。

毕业论文(毕业设计)是现代教育体系中,高等教育对其毕业生的学习进行总体性考察,并进行最后的综合性科学训练的专门性论文。撰写毕业论文并经过评审答辩,是学生毕业的标志性作业,也是修业期间最后阶段达标性的规范训练。就是说,不写毕业论文或毕业论文写得不合格,就没有完成规定的学业;不经过论文写作这一训练,修业所得的知识能力就缺乏升华提高,甚至可以说是不完备的。

大学不同专业的毕业论文,都有其各自的特殊要求,但是,又有其一致之处,这就是它的写作不能单靠文字表达技巧和手法来显示论文的水平,而是在几年的理论学习中,对基础理论理解掌握和对学术动态充分认识的基础上,形成自己的认识、观点和看法,才可能写好毕业论文。对于经济和工商管理专业的学生来说,还要能用马克思列宁主义基本理论,特别是建设有中国特色的社会主义理论解决所学专业涉及的现实问题。

第二节　毕业论文的特点

毕业论文既然是学术论文的一种,要了解毕业论文的特点,就必须首先弄清楚学术论文的特点,并进一步了解毕业论文自身的特殊性。

一、学术论文的特点

学术论文是记载原始科研结果而写成的书面材料。什么样的成果能称为学术论文呢?除在形式上必须要符合一定的格式外,在内容上要具备以下四个特点。

第一,学术性。学术性是学术论文区别于一般科技文章的重要标志。一般科技文章,如科技成果综述、科技成果鉴定报告、科技教科书、科普作品等,虽然它们反映的内容是科学研究的最新成果,但是它们在根本上不同于学术论文。关于学术论文的"学术"二字的理解,1911年,梁启超先生在《学与术》中讲到:"学也者,观察事物而以发明其真理也;术也者,取所发明之真理而致诸用者也。"[①]便清楚地向我们指出了学术论文的独到之处。学术论文则是对事物进行抽象地概括或论证,描述事物产生、发展和变化的内在本质和规律的专门性科技成果的表达方式。

由于学术论文侧重于对事物进行抽象地概括或论证,描述事物产生、发展和变化的内在本质和规律,因而它表现为知识的专业性、内容的系统性。学术论文的专业性就要求一篇学术论文论述的内容,都限制在一个学科研究的领域之中,有专门的组成材料,并形成完整的思想内容。丢掉了专业性,就失去了自身的特点。学术论文的专业性就要求一篇学术论文在语言表述方面具有专业的特点。一般的论文,凡是能说明观点的材料都可以用,凡是能表达自己意思的语言都可以用,而在学术论文中则不是如此。不同专业的学术论文都有各自的名词术语及其叙述形式,这就要求读者应具备一定的专业知识,才能读懂和理解学术论文的含义,不能像科普读物那么"通俗易懂",具备一般读者的知识水平就可读懂。

第二,科学性。学术论文必须具有科学性,这是由科学研究的任务决定的。科学研究的任务是揭示事物发展的客观规律,探求客观真理,

---

① 转引自李慎之:《什么是中国现代学术经典》,《新华文摘》,1998年,第12期。

成为人们认识世界和改造世界的指南。无论自然科学还是社会科学，都必须根据科学研究的总任务，探寻本学科中的研究对象，探索其规律。这就要求学术论文的作者要有良好的科学素质，有精深的专业知识，还需有对科学工作的热爱和责任感，经过不懈的努力，才可能对客观事物的认识由感性层面上升到理性层面。

科学性就是要求论文的资料翔实，内容先进。科学性是学术论文的生命，如果论文失去了科学性，不管文笔多么流畅，辞藻多么华丽，都是没有任何意义的。资料翔实是指论文的内容、材料和结果都必须是客观存在的事实，能够经得起科学的验证和实践的考验。学术论文写作时对每一个科学概念、数据都要准确无误地理解和运用，不能含糊其辞，模棱两可，必须实事求是，做到立论客观，论据充分，论证严谨。不能主观臆断，更不能为达到"预期目的"而歪曲事实，伪造数据。内容先进是指论文的内容无论在理论上，还是在实践上能达到当今世界科学发展的水平。在论文的研究和写作中，要具有严肃的科学态度和科学精神，从选题到汇集材料，从论点提出到论证过程，都必须始终如一实事求是地对待每一个问题，反对科学上的不诚实态度，既不能肆意夸大，谎报成果，也不能因个人的偏爱而随意褒贬，武断轻信，更不能弄虚作假，剽窃抄袭。

第三，创造性。创造性是学术论文区别于一般科技文章的重要特征。一般科技文章是传授或传播科技知识的作品，只要内容科学，结构合理，阐述清楚，使人易于理解和接受就行，有没有创造性的内容并不重要，也没有必要去要求一般科技文章的创造性。学术论文是为交流学术研究的新成就，为发表新理论、新设想、新方法等而写的，没有新的创见也就不成其为学术论文了。因此，从这个意义上说，创造性是学术论文长盛不衰的源泉，是社会发展的动力。

创造性是衡量学术论文价值的根本标准。创造性大，说明论文的价值高；创造性小，说明论文的价值低；论文没有创造性，对科技的发展自然没有什么作用，说明论文没有价值。一篇论文价值的大小，不是看它的篇幅有多大，罗列了多少现象，重复了多少别人已经取得的成果,而是看它提出了什么新的观点,新的理论,新的技术和新的方法。

第四,平易性。尽管在前面讲到学术论文要规范,即要用专业的名词术语及其叙述形式,要求逻辑思维严谨,要求读者应具备一定的专业知识,才能读懂和理解学术论文的含义。但是,并不是说,它的语言就是艰难深奥、晦涩难懂的,它仍然可用通俗易懂的语言文字表达思想,仍然可用形象生动的语言文字表述出来。如马克思在《资本论》中大量用到了希腊神话、寓言、诙谐幽默的语言,淋漓尽致地表达了对社会现象、社会发展规律的揭示。

学术论文的上述四个特点,可简要地概括为"根在学术,重在科学,难在创造,贵在平易"这十六个字。这既说明了它们在学术论文中各自的特点,又明确指出了它们的地位和作用。总之,学术论文应提供新的科技信息,其内容应有所发现、有所发明、有所创造、有所前进,而不是重复、模仿、介绍,甚至抄袭前人的研究成果。

二、毕业论文的特点

毕业论文除具有学术论文一般规定性和特点外,还具有其自身特点和要求。

第一,学业规定性。学术论文是科学工作者发自内心的,对科学孜孜探索的研究成果,是一种责任和使命推动了他们从事科学的研究。而毕业论文是学生从事理论研究、表达研究成果的重要实践活动的载体和反映形式,要求学生必须按申请学位等级或毕业层次完成相应水平的毕业论文,否则就不能毕业和(或)取得相应学位。这一点在我国的学位条例中就作了明确的规定。

第二,写作限时性。学术论文的写作一般没有时间的限制,往往取决于课题的大小和研究的难易程度,短则几天,长则数十年,甚至终生。而学生进行毕业论文的写作,必须在教学计划规定的时间内完成毕业论文写作及答辩的全部工作,否则就不能按时毕业和(或)取得相应学位,或就不能毕业和(或)取得相应学位。本科生毕业论文的写作时间一般为两个月,硕士生的毕业论文的写作时间一般为一年,博士生毕业论文的写作时间一般为一到两年。毕业论文写作时间的规定性客观上也在时间方面限制了学生论文选题的大小和论文的难易程度,自然也在一定程度上限制了论文的创新程度。

第三,导师的指导性。学术论文一般是一个人或一个团队合作完成的,是没有论文写作的指导者的。在研究的过程中能得到他人的指导,主要表现在与同行专家的学术交流上。若在一个团队中有指导者,这个指导者本身就是课题的负责人和主要研究者,而无独立于研究之外的什么指导者。毕业论文的写作,则必须要在导师指导下进行。因为,对学生来说,还是一个初学者,还需要导师的引领,以便更好地达到预期目的和得到有效训练。但是导师的指导主要体现在对研究方向的把握,对研究方法和写作方法的点拨,而不是直接向学生提供论点,代查材料,更不是(能)"捉刀代笔",当然不排除在具体论点、论据以及论证方法上的指点。要尊重导师的意见,有引路人和自己摸索是不同的。当然,任何层次的毕业论文都必须经过自己努力,否则,就写不好论文,也学不到写论文的本领。

另外,各个层次的毕业论文在通过指导教师的指导后,还需经论文评阅人的审议,并要进行毕业论文的答辩,只有答辩通过了才最终完成毕业论文写作的全部工作。而学术论文则没有指导教师的指导和论文评阅人的审议,自然也没有答辩检定环节。学术论文能否发表则取决于论文的质量和学术期刊编辑的审查。

第三节　毕业论文的作用

一、毕业论文的作用

毕业论文写作是大学期间整个学习的重要组成部分,它既是一次总复习总检验,也是一次最重要的综合训练,又是国家有关部门对毕业生"验收"的凭据。因此,它是对学生全面的综合的考核。

毕业论文写作是对学生进行科学研究的训练,是对学生多种能力的培养和综合性考核。它不仅需要作者有一定的写作知识和写作能力,还需要有扎实、系统的专业知识,需要正确的世界观和方法论,需要有发现问题、解决问题的能力。因此,不经过毕业论文写作的训练和实践,是写不出毕业论文的。

毕业论文写作过程是培养学生应有的好学风好文风的过程。古人讲,文如其人,说明文章的好坏、风格反映了一个人的修养和品行,是有积极意义的。现在我们进一步强调这一点,在于行文规范是科学研究的需要,也是学术交流的需要。因此,毕业论文写作的训练和实践过程,就是培养学生应有的好学风、好文风的过程。

毕业论文写作同时也为今后工作、学习和研究奠定基础。学术论文写作不是大学学习才做的工作,而是一个人一生的行为,因为在今后的工作中,总是不断地接触新问题,研究新问题,解决新问题,这一活动最终体现的载体将是学术论文。因此,几年的大学学习,不仅掌握了专业知识,而且是为今后工作、学习和研究打下了基础,有利于我们才智的展示,为社会做出较大贡献。

二、端正毕业论文写作思想

在毕业论文写作之前,应该端正写作思想,才能保证写作工作的顺利进行。在具体讲述怎样写毕业论文之前,有几个问题需要先明确或解决好。

第一,要明确写作目的。毕业论文写作的目的是检查学生理论学习情况,特别是用理论来联系实际解决问题的能力;同时,通过科研活动这一科学规范的写作训练,提高科学研究和表达研究成果、进行理论宣传的能力,学会和掌握写作学术论文的基本方法。

第二,要有严肃认真的态度。毕业论文要公开考评,要作为学业成绩存档,也可以公开发表以反映我们对理论发展和社会实践作出的贡献,因此,在写作中绝不可马虎敷衍。

第三,克服两种错误的倾向。

一是消除神秘感,增强自信心。近年来,由于受一些文章玩弄名词、故弄玄虚风气的影响,再加上理论文章写作确有一定难度,致使部分学生对学术论文写作产生了神秘感和畏难情绪。对一个东西、一件事望而生畏,往往是因为不了解它。学术论文就是用理论观点去研究现实社会的问题(历史现实和当前现实),提高到理论高度而写成的文章,本身并没有神秘之处。通过在大学进行的几年理论学习,树立了正确的世界观、方法论,具有了专业知识基础,处于中国改革开放和经济体制转型时期,我们要敢于实践,只要方法得当,完全有条件写好理论文章。其实,毕业论文只是写理论文章的入门和初试身手,应该增强写篇好文章的信心。有些学生会从此"捅破窗户纸"写出更多更好的学术论文。

二是防止动辄建立一个理论体系,全面推翻现有理论的倾向。一些学生经过几年的理论学习和社会实践,有了自己新的认识和看法,认为现有理论要么远远落后于实践,要么难于指导实践,要么理论发展不到位,于是决心在理论研究上有所作为,不鸣则已,一鸣惊人,表现出非等闲之辈之气势,视基本原理而不顾,全面突破和发展理论,并建立一个新的理论体系等等。这样的精神是可贵的,勇气是令人赞赏的,但完全抛开现有理论的基本部分,去创立崭新的理论体系或框架,是很难做到的。很难相信在一年甚至几周内在一篇毕业论文的习作中去完成这样的宏伟蓝图。这一探索精神应在今后的理论研究中坚持下去,定有所成。但在毕业论文写作中,应量身定做,量力而行,作出符合学业要求等级水平的毕业论文来。

总之,毕业论文是教学环节的一个重要部分,是学生在完成某一学业时必须独立完成的作业,是比较复杂的学习、研究和写作相结合的综合性训练上学习成果的总结。目的在于培养学生综合运用所学知识解决实际问题的能力,并使学生受到科学研究训练,获得初步从事学术论文写作能力。

第四节 毕业论文写作的意义

加强毕业论文环节教学是时代对高等教育人才培养的要求。教育是社会生产力发展的产物,并随着时代的发展而发展。高等教育是在近代社会中产生的,并伴随着工业化发展而迅猛发展起来。当我们进入新的世纪,经济、社会、文化、科学技术的迅猛发展,对教育、高等教育的人才培养目标又提出了新的更高的要求。国际国内形势发展变化的大背景成为教育改革的契机。就要求我们对过去教育取得的成就、格局和发展进行重新审视,要求我们在继承传统教育精华的基础上,扬弃不符合时代发展要求的教育。这首先就对现有的教育体制、人才培养模式提出了变革要求,就是在教学的各个环节上协调配合,培养时代需要的人才。毕业论文环节的教学是一综合性教学过程,它的成功与否,直接关系着我们人才培养的水准,更体现了时代要求,因此,在教学改革中绝不能忽视这一环节。

加强毕业论文环节教学是素质教育的要求。素质教育,就是教育工作者有意识地培养、发展人在后天形成的某些稳定的性质的社会实践活动。现代教育告诉我们,教育是一种人类有目的、有组织的传授文化科学知识、塑造人的社会实践活动,它必须遵循社会发展规律和人的发展规律,不仅是把文化科学知识传授给受教育者,更重要的是让受教育者融会贯通,熟练地掌握和创造性地运用和发展知识,这样,传统的应试教育就难以适应了。毕业论文环节教学也恰恰反映了素质教育的要求,它正是通过这个环节的教学,训练和培养受教育者独立地运用所学知识与技能去发现问题、分析问题和解决问题的能力,使受教育者综合运用知识的技能得到提高。如果说,毕业论文环节教学在应试教育模式中不会引起足够重视还能理解的话,在提倡素质教育的今天,则要大力提升毕业论文环节教学在教学过程中的地位了。

加强毕业论文环节教学符合教育认知规律的要求。学生在学习过程中,首要的是掌握和了解理论的基本思想、内在联系和思维方法,在此基础上把握理论发展的走向与趋势,并且进一步将理论运用于实践之中,在理论与实践结合中,促进和推动学科的发展和创新。前者如果说体现在我们的学校教育和终身教育中,后者则体现在我们的积极思维和知识转化中。在大学教育阶段中,毕业论文环节教学正是这一尝试和实践,只有学生真正具备了这一能力,才真正达到了教育的预期目标。

加强毕业论文环节教学是提高学科知识教育的要求。每一学科都是对自然、社会某一方面研究的理论结晶，都有自身特定的研究对象和内在发展逻辑。这种内在的发展逻辑的进一步理论发展，以及新的学科的创立和完善，不是靠少数精英的努力，而是需要千千万万人孜孜不倦的探求，接受高等教育的学子们则更应承担起这一重任，真正使学科知识在我们手中发展与传递。这一使命的履行不仅要在学科知识掌握中进行，更应在知识创新中体现。

加强毕业论文环节教学是就业模式变革的要求。随着中国市场化趋向改革的深入，高校毕业生就业模式也发生了根本性变革。由人事部门计划分配到由用人单位与受聘者在市场上双向选择的转变，对毕业生的全面发展提出了更高要求。不仅要求毕业生有扎实的基本理论知识和熟练地掌握基本技能，而且对他们在临场发挥中知识运用能力、理论动态把握能力、分析问题解决问题能力、口头表达能力、书面表达能力、社交能力等也提出了新的要求。这些能力的培养不仅体现在四年大学生活和教学活动的全过程之中，而且也体现在毕业论文教学环节之中。

 拓展性阅读

消除歧视：政府还是市场

歧视是劳动力市场上的重要现象。什么是歧视，歧视产生的原因是什么，如何甄别歧视与前市场差别，如何衡量歧视的发生及歧视的程度，都有待我们去研究。如何减少和消除劳动力市场歧视，学者间也产生了不同的认识。

一些学者认为，在消除歧视方面，政府干预是有意义的，首先就是通过法律和政策手段规定给予受歧视者同等的就业机会和工资水平。其次是运用恰当的货币和财政政策来解决歧视，最后是为受歧视者提高教育和培训的机会，提高他们在劳动力市场上的竞争力。一些学者认为，政府干预对于消除歧视是最没有必要和最没有效率的。例如，美国著名经济学家弗里德曼认为,竞争性的市场体系完全有能力消除歧视。具有与生产效率无关偏好的雇主,与那些没有与生产效率无关偏好的雇主相比处于劣势,有更高的成本压力。在竞争性的市场上,这些歧视性雇主将被驱逐出市场,遭到淘汰。

第三章 毕业论文的要素和类型

一篇完整的毕业论文都是由基本的要素构成的。要素是论文组成的基本构件,本章从论文的内容和形式上介绍毕业论文的组成要素,同时从不同角度对毕业论文进行分类,以便于了解和掌握毕业论文的基本文体。

第一节 毕业论文的要素

一、毕业论文的内容要素

从内容上看,文章反映作者的思想和情感。要反映这种思想和情感,就离不开表达思想和情感的基本要素。文章的基本要素如同构成生命的最小单位是细胞一样,是由段、句、词、字组成的,其中字是文章的最小单位。仅有这些要素还是远远不够的,因为,字的简单堆砌不是思想本身,要有思想,就要有特定的表达形式。毕业论文作为一篇完整、有目的的文章,自然也离不开这些组成文章的元素,但还有自己特定的表达形式。

二、毕业论文的形式要素

毕业论文主要的表达方式是议论,是由一组完整的"议论"方式构成。议论是通过材料和逻辑推理来证明观点,借以说服人的表达方式,它的三要素是论点、论据、论证。

论点,是在论题范围内和明确的写作目标下,对搜集的材料进行分析、研究、思考所形成的观点、看法和主张;而论题是作者所要论述的问题,它是文章所要涉及的内容和范围。因此,论题和论点的关系是包容与被包容的关系。例如,一篇文章的论题是关于"中小企业产业集群化发展战略",论点是：① 竞争是市场经济的生命力；② 中小企业产业集群的竞争优势；③ 中小企业产业集群化不同于垄断；④ 中小企业产业集群化是与垄断对抗的有效形式。

合格的论点必须要正确、鲜明、集中、深刻和有新意。正确是指符合客观实际，符合事物发展的规律；鲜明是指作者提出的论点必须是明确的，不是含糊其辞、躲躲闪闪的，让人摸不着头脑的；集中是指论文中所有的论点必须是围绕一个论题而展开，而不是各论点互不搭界，服务于不同的论题；深刻是指论点必须有思想性，有一定的理论深度，而不是肤浅的；新意是指论点有新的思想，有新的创意，而不是重复他人的观点和思想。

一篇文章的论点是一系列看法和主张，但它们不是散兵游勇各不相干，应形成一个体系。这首先要求在构思论文时，要确定论文的总论点，即中心论点、基本论点；论点不是主题，总论点才是主题；光有总论点还形不成体系，正如光有主题还不是文章一样，还要有分论点，即支撑或从属、构成总论点的小论点。总论点和分论点以特定关系构成论点体系。

论据，就是论证论点的材料。论点依靠它才能立住，才能有使人信服的力量。列宁说："作出科学的解答，只有依靠确切证明了的科学材料。"[①]材料包括事实材料与理论材料两类。事实材料是指典型的具体事例和准确的统计数据。事实材料既包括现实的材料，也包括历史的材料，既包括社会科学的材料，也包括自然科学的材料。事实材料与理论材料如何运用和搭配，怎样最有效地发挥材料作用，后面将会论及。

既然论据是论证论点的材料，就要求论据是真实的。论点的说服力关键在于论据的真实可靠，没有真实可靠的论据是无法论证论点的，就是运用了，也没有任何说服力，反而使论文无法成立，有损于作者的水平和声誉。

既然论据是论证论点的材料，就要求论据是典型的。论点的说服

---

① 列宁：《国家与革命》，人民出版社 1964 年版，第 76 页。

力还在于论据的典型。只有反映事物的本质和发展规律,并有一定代表性和概括性的材料,才能有说服力。有时列举的材料虽然典型,但只是一些偶然的、个别的现象,只能在极端的情况下成立,用这样的典型材料就无法准确地反映事物的主流和发展规律,材料的说服力就要大打折扣。

既然论据是论证论点的材料,就要求论据是新鲜的。论点的说服力还离不开论据的新鲜。随着时代的发展,不断地涌现新事物、新观念和新理论,以此为论据才有时代感,才能开拓人们的思路,给人新的启迪。说材料要新鲜,并不是对传统的否定和背弃,人类文化遗产必须继承和发扬光大,因为它已经被历史证明是正确的;而是说,要不断推陈出新,用新材料解决新问题。

既然论据是论证论点的材料,就要求论据是恰当的,论点的说服力还在于论据的恰当。恰当就是论据的意义和要论证的论点是完全一致的,只有这样的论据才有说服力,才有实际的意义,才能起到论据的作用。否则,再真实、典型和新鲜的事实材料也没有存在的意义,再真实、典型和新鲜的理论材料也没有用武之地,反而是画蛇添足,失去了材料的应用价值。

论证,就是用论据证明论点的推理过程。确定论证体系,就是在论点体系的基础上,考虑怎样用论据(事实材料与理论材料)来进行论证。即作者用事实材料作论据,论证它与论点之间的联系,不是将事实材料摆到那里就说明一切问题了,必须将事实材料中蕴涵的意义和论点的意义联系起来,说明它们之间的内在联系,才能作为论据去论证论点。理论材料是人们经验的总结,是已经证明其科学性的理念形态,但是,不是将理论材料摆到文章中就说明一切问题了,必须将理论材料中蕴涵的意义和论点的意义联系起来,说明它们之间的内在联系,才能作为论据去论证论点。因此,论证实质是找出并剖析论点和论据之间的内在联系,以合乎逻辑的方式来说明研究命题的科学,引领读者的认识步步深入,使读者信服,从中受到教益。揭示论据与论点之间关系进行论证的形式是各种推理。论证方式可以是从论据推出作为论点的判断是正确的，或者是运用反证法、归谬法去论证论点的判断是错误的，借以达到阐明观点、表明是非的逻辑过程。

总之，在这三个要素之间的关系中，一个是提出论点，一个是提供证据，一个是予以证明。即论点是解决"要证明什么"的问题，论据是解决"用什么来证明"的问题，论证是解决"如何证明"的问题。只有将三者有机地结合起来，才能构成一篇完整的论文。

第二节　毕业论文的构成

毕业论文的构成可以从两个不同的角度加以理解，一个是从形式上理解，一个是从内容上理解。从形式上说，毕业论文一般的结构形式包括三个部分，即导论、正论和结论；从内容上说，毕业论文也包括三个部分。

一、毕业论文的形式构成

导论，又称绪论、引论，是学术论文的开头，有统领全文的作用。它是交代作者写作动机、目的、意义，提出主要问题、揭示中心论点，对全文作概括性论述。换句话说，即从"提出问题、分析问题、解决问题"的程序看，它是"提出问题"，以下的论述都围绕这个问题展开。因此，也有人把它称作"正体"。"正体"提出问题也不是一个模式，既可以直接提出问题，也可以从实际事物、生活生产实践引出问题；既可以用疑问句、设问句提出问题，也可以用一种有代表性的说法或谚语、俗语引出问题；当然还可以从当前形势、写作动因等导出问题。

还有一种与此相反的形式，就是把"解决问题"放在前边，可把它称为"变体"，它也不是只有一种模式。它或者把结论放在开头作导论，然后在正论里分析、论证；或者将论文全貌勾勒出来，再在正论里具体论述；在即事说理式的论文中，也可以把事情的结果作为导论，然后解释说明，进行论证。

导论的任务是导入正论，而不是正论的一部分，目的是导人入门，引人入胜。因而要简洁明了，不落俗套，不要用陈言套话，也不要太花哨，还要防止落笔太远，写得过多，从而难入正题，令人生厌。

正论，也称本论。是论文的正文，是论文的核心和主体部分。它担负着逻辑严密地表达作者论题研究的过程和结果的任务。写完导论，就要逐点分析，进行论证或反驳，这就是正论的工作。它是论文主体，要合乎逻辑地展开。办法是，以总论点（主题）为中心形成一条主线，围绕主线安排层次、部分（各部分应大体匀称）；各部分之间要以逻辑关系排列，或一层一层分析进去，各部分随主题发展（纵式结构），或一方面一方面分析开来（横式结构），各方面围绕主题安排。这样就能体现有中心有层次的原则，写出来中心突出，层次清楚。

结论，是全文的归结，它是本论部分分析论证的必然结果。因为它是正论的自然延伸，因此，写时表现为用鲜明准确的语言下断语，就是作出论断，这论断是正论部分分析论证的必然结果。结论与结尾不同，结论是论文所必须有的，而结尾可有可无，在"正体"中，多数情况下可以用结论作结尾，但是，如果意犹未尽，要鼓动几句或直扣导论提出的问题，或引人再往深处思考，可以在结论部分再加几句或一段作结尾。"变体"形式把结论放在导论处作开头，当然不要再写结论，可以戛然而止，也可以写个结尾，结论部分在全文中不宜太大。

从论文整体看导论、正论、结论三者的关系是：导论导出正论，正论必须紧跟导论，提出什么问题就分析论证什么问题，不能岔开，结论是分析论证的结束，它的出现应是水到渠成。

总之，论文中导论、正论、结论都要有，却未必是独立的三部分或三大块。常见的有三种形式：一种是三部分齐全，导论提出问题，正论分几层进行分析论证，最后归结起来得出结论。一种是把结论提前融进导论或作为导论，以解决问题导入，正论再一层一层剖析论证，最后没有专门的结论部分，或戛然而止，或写个结尾（结尾不同于结论）。还有一种是上述两种类型的结合，导论提出问题，正论分析"为什么"，再得出结论；然后接着结论提出"怎么办"，最后写上结尾。但无论采取什么表现手段和方法，在一篇完整的论文中，总是能够看到导论、正论、结论的影子，反映相应部分的内容。

二、毕业论文的内容构成

从内容上说,毕业论文一般具有三个要素:第一,对某一个论题有一定的研究。熟悉和了解该论题具体的研究资料、不同学术观点的分歧。熟悉和了解该课题研究的重点、难点,主要研究手段,以及未来前景。第二,取得一定的研究成果。研究者在把握前人研究的基础上,在论点、论据、论证方式上或理论体系、论述角度、研究手段等方面要有所创新,提出新的思想,将该问题的研究向前推进一步。第三,表明研究成果的适用范围和解释力,或是指明有待进一步研究的问题和研究的方向。任何一篇学术论文或一本学术论著,仅是对该学科领域中的某一问题或某几个问题进行研究,并且是在一定的研究手段和技术手段下进行的。因而研究成果都存在一定的"局限性",既不可能穷尽理论,也不可能终结理论。它都直接或间接地反映出研究成果的阶段性、时效性和适用性。

第三节　毕业论文的类型

一、毕业论文的分类

人们生活的世界是一个矛盾体的组合,各个事物之间既相互对立、相互排斥,又相互依存、相互联系,是一个矛盾的统一体。面对一个"混沌"的世界,如何去认识世界,如何去感知世界,如何去发现事物的本质和其中的规律,在主观对客观世界的认识中,根据事物之间的区别,将对它们的认识结果划分为不同的学科,在分门别类中去认识事物的本质。不同学科的划分,并不是割裂了一个完整的世界,而是理性感知世界的方式,在分门别类的研究中,寻找它们的统一。因此,随着人们认识的深化,学科体系的划分也在不断地变化,旧的分类在消失,新的分类在产生,在分分合合中推动了人们认识的深入。

由于人们只能对世界的某一方面或某一侧面进行研究和探索,因此,明确学科的分类是十分必要的,这便于把握研究的对象,便于深入探讨其中的问题,而有所收获。学科的划分如此,作为学术论文的一种,毕业论文也符合这样的分类。

对毕业论文进行分类的意义在于:利于文献的整理和归类,利于文献资料的收集和保存;可直接了解毕业论文的学科归属,便于读者阅读时进行选择。

对毕业论文可按照不同的标准或从不同的角度进行分类。按所研究的领域和内容不同,可将毕业论文划分为自然科学类和人文社会科学类;按学科专业划分的不同,可将毕业论文划分为哲学、经济学、法学、史学、教育学、文学、理学、工学、医学、军事学、管理学等;按学科层次不同,可将毕业论文划分为基础理论研究、应用研究、开发研究等;按创新程度的不同,可将毕业论文划分为创造型、评析型、实验性、描述型、综述型;按毕业论文入题方式不同,可将毕业论文划分为立论和驳论两种。

这里,结合学生的实际情况和毕业论文写作中常见的问题与要求,着重按创新程度和论文入题方式的不同,对这两种分类作介绍。

二、创新型论文

前面曾经讲到,学术论文"难在创造",创造性是学术论文长盛不衰的源泉,是社会发展的动力,创新是学术论文的生命所在。什么是创新,创新程度的大小如何把握,为什么创新和怎样创新是一个相互联系的整体,缺一不可。这里仅就什么是创新,创新程度的大小以分类的形式作出回答。

什么是创新? 人们对学术论文的创新认识是不同的,这里还可以对创造型论文的"创造"难度层次作进一步的细化。一种是以对科学的发展影响力来划分,可分为划时代的原创性成果、决定学科领域发展的重大原创性成果和决定学科发展的重大原创性成果;一种是以领先水平或填补空白来划分,世界领先、国内领先、部门和地区领先,填补了世界空白、国内空白、部门和行业空白;一种是从类别方面来划分,创新大到开创一门新学科、新的理论体系,小到推翻一个论点,或者发现有价值的信息。从广义上看,提出一个新概念,对旧概念的重新界定,赋予新的含义,旧理论的新发展,对旧理论的新超越,提出新的方法,对研究的问题给予新的假定,提出新的理论架构,提出新的观点,得出新的理论,形成新的思维①,这些都属于创新的范畴。有人将创新或学位论文是否有价值的标准归为:新现象新事实的揭示,新概念的提出或概念的新界定,新观点的提出或既有观点的新表述,对原有结论或实践方法的新论证,新方法的提出和应用,新工具、新手段的发明和采用,新政策、新策略的提出和实施,建立新的理论体系和策略体系等八个方面②。

创造型论文是在充分掌握和熟悉研究课题的理论、研究动态和学术观点的基础上,对前人尚未研究或没有研究成果的领域进行研究,并取得了突破性进展,提出新的理论,或是证明了前人提出假说的真伪;推翻了前人研究的成果,证明了前人在这个问题研究的成果是错误的;开辟了新的研究领域,并证明了新领域未来发展的科学前景。

评析型论文是对学术界的某种学说和某种思潮进行评价。所谓“评”,就是对某种学说或思潮的观点进行评论,所谓“析”,就是对某种学说或思潮的观点进行分析。在“评”与“析”中,不是简单地、机械地介绍,而是要有分析,在分析中提出自己的看法和见解。提出自己的看法和见解,可以是对前人错误观点的批判,可以是在前人观点的基础上进一步的发展,可以是在前人观点的启发下提出新的见解。总之,提出自己看法和见解的过程就是创新的过程。

实验型论文是以研究试验成果为主的论文,主要运用实验及其实验成果的观察和分析,探讨客观事物的规律,揭示事物的本质,研究现象发生的原因;或者介绍实验设计和装置,实验方法,讨论各种条件对实验的影响;或是围绕一新的产品的研制工艺条件、性能及现实性等问题进行论述。

描述型论文亦称说明型论文,它是对已经存在的观点、见解和现象进行分析和描述。描述观点和现象形成的过程、形成和演变的缘由,以及对社会产生的影响。描述型论文要求我们在描述的基础上,提出自

---

① 李海舰,《学术论文的规范与创新》,《经济学家茶座》,2006 年第 2 期,第 50～55 页。
② 黄津孚:《学位论文写作与研究方法》,经济科学出版社 2000 年版,第 5～19 页。

己对该观点和现象演变过程的看法、见解,得出新的结论和指出未来发展的趋势。

综述型论文是作者就某一课题在某一时期在学术界研究的情况和成果作一综合性的评述,评述的内容可以是某一学派的形成,可以是某一学术观点的论争,也可以是某一学术现象。综述的目的是弄清学术观点和现象形成的来龙去脉,使学术争鸣的观点明朗,使我们分清主次轻重。在评述的过程中,也可以发表自己的见解和看法,在指明各种观点差异的同时,提出分歧产生的原因。当然,综述型论文着重于对学术界研究的情况和成果的综合性评述,为研究提供系统全面的学术信息。通过对学术界研究的情况和成果的综合性评述,为今后科研工作的开展奠定基础,为今后的深入研究指明方向。

无论所写的毕业论文是属于哪种类型,都要求我们熟悉该课题研究的现状,问题存在的焦点,只有这样才可能有所创新。

从创新的内容上看,创造型、评析型、描述型、综述型的创新内容的大小呈依次递减之势。创造型论文大都属于该学科领域重大的、带方向性的科研成果,有重大的理论性突破。后三种形式的创新内容相对较小,可以是一个方面的内容,也可以是一个问题上的某一点。由于创新内容的不同,它们对学科领域的理论贡献和影响力也不一样。

从创新的难度上看,创造型、评析型、描述型、综述型呈依次递减之势。创造型论文更多的是反映该学科领域原创性成果,是治学的最高境界,它要求作者具有深厚的理论功底,通晓该领域的专业知识,并且思维敏捷、条理清晰和具有较强的分析和综合能力。后三种形式的创新难度就要低一些,论文写起来相对容易一些。

从创新的水平上看,创造型、评析型、描述型、综述型呈依次递减之势。从创造型论文的内容和难度上可知创造型论文的水平是很高的,始终处于学科的前沿,具有该学科领域的领先水平。后三种形式的创新水平要求相对较低,但必须有作者新的思想、新的见解或新的研究方法,不是对前人研究成果的简单重复,不是对前人研究成果的机械模仿。只能是在对前人研究成果评析的基础上,提出自己独到的见解,得出新的结论。

　　从创新的知识积累上看,创造型、评析型、描述型、综述型依次呈递减之势,创造型论文不仅要求作者有扎实的理论功底,而且要有非凡的、敏捷的洞察能力。后三种形式的创新水平相对就低一些,只要作者有扎实的理论功底,有对学术前沿动态的充分了解,有一定的创新意识和能力,就一定能取得创新性成果。

　　对大学生的毕业论文来说,要达到创造型论文的水平是很难的,一般都属于后三种形式中的一种,尤以评析型、描述型论文居多。在评析或描述的"议论"中体现和反映论文的创新。大学生的毕业论文写作属于从事科研活动的起步阶段,着重要学会如何收集和整理资料,把握学术研究的前沿,掌握科学的研究方法,培养全面地、辩证地、系统地看问题,具有初步的分析问题和解决问题的能力。因此,在毕业论文的写作中,不要动辄就要创立什么崭新的科学体系,或要在理论上有什么革命性的突破。

　　三、立论和驳论

　　立论和驳论是论文写作中两种不同的论证方式。立论,就一定事实或问题,从正面提出和阐述自己观点和见解的文章。它着重于立,它要求文章观点正确,有充分的论据,并且合乎逻辑。

　　驳论,就一定事实或问题,发表议论,批驳片面、错误乃至反动的观点和见解的文章。它要求文章抓住要害,注意分寸,破中有立。写作方式为直接批驳对方的论点、论据、论证方式,达到驳倒论点,确立新的、正确的、全面的观点。它侧重于破。

　　立论和驳论这种划分是基于论文观点、主张和看法的阐述主流而定的,并不是说"立论"中就没有"驳","驳论"中就没有"立"。二者常常在同一篇论文是并存的或者说是交织在一起的,并不是截然分开的。立论和驳论是互为矛盾又密切相连的论证方法。在任何立论中都包含着"驳"的因素,而任何驳论,最终的目的又都是为了"立"。不管是立论还是驳论,都是在运用事实证据的同时,讲述某种道理。所以,在论文构思和写作中,"驳"和"立"总是不能分开的。立论和驳论从形式上看,立论是从正面的理论出发,而驳论是从对错误的观点的分析出发,各自阐述自己的观点。从本质上看,都是通过"理"的开拓、"理"的说明,形成相互联系的理论体系,达到对真理的说明。

写作驳论,重要的是认识"靶子",选准"靶子",要找准对方言论的谬误。对方言论的谬误主要包括错误的观点、错误的论据、错误的论证。如果说论点是论说文的灵魂和核心,那么,错误的观点就成为驳论体的主攻目标和主攻方向。因此,在写驳论体的过程中,首先是选好论文的错误论点,即认识"靶子",选准"靶子"。如何认识"靶子",选准"靶子",主要是看它的观点是否符合客观事实,理论存在的前提和条件是否真实,理论能否反映理论存在的历史条件。

学术论文是通过逻辑推理,对论题和论点进行论证的,从而完成理论体系的建构。逻辑推理不仅成为这类文章形成的特殊手段,而且成为人们认识真理进行交际的一种有效的形式,所以对错误论证的分析和批判,也是批驳错误论文的重要内容。

错误观点的形成和确立,离不开错误的论据。论说文的形成,观点的形成和确立是离不开论据的,论据的可靠和翔实,直接关系到论点的确立,因此,在驳论文中,对对方错误论据的分析和批驳,也是批驳错误论文的重要内容。

谬误的产生,一方面是作者的基本立场和知识的局限性。主要表现为:一是作者基本立场的错误。根本违背客观事实的存在和事实的真相,用歪曲事实的手法去分析和看待问题。二是作者在研究问题时,使用了错误前提和错误的假定,最终推出的结论也自然是不正确的了。三是作者在对事物进行观察时,没有准确地观察到事物发展变化的趋势,没有正确把握事物产生的原因,从而得出了错误的结论。四是作者对前人资料的理解和掌握不准,没有正确把握前人得出结论的假定条件或结论适用的范围,以为对方的观点和结论是错误的,从而进行的分析与批判是不正确的。可针对以上错误产生的不同原因进行分析批判。从而在正确理解对方观点和结论形成的前提下,进行批驳,达到明辨是非的目的。

谬误的产生,另一方面是论文的逻辑错误。根据这类谬误产生的原因,可分为无进展谬误、归纳谬误、演绎谬误等三种情况。

1. 无进展谬误

无进展谬误是指前提没有提出对结论有任何支持而人们误认为提供了充分支持的论证。具体表现为:

(1) 文不对题。在论证和反驳中,提供的论据实际上并不能论证命题。一种表现是中途改变话题。例如,一篇论文在分析山西一知名的洗衣机生产企业为何由盛到衰的原因时写到:在 20 世纪 80 年代中期,该厂是一个二轻局下属的小企业,因制度的优势,使它得以发展壮大,在 90 年代中期,由于没有进一步加快企业制度的改革,在集体企业产权不清的情况下,逐渐丧失了市场竞争能力,最终走向了衰落,到 2002 年进入破产程序,由此归纳为"成也萧何,败也萧何",这本身就说明了一切了。可是紧接着作者笔锋一转,又认为,由于没有自己的品牌,没有自己的核心竞争力,从而导致了企业今天的样子。我们不禁要问,洗衣机生产的核心竞争力是什么,这个企业是不是因为没有洗衣机的核心竞争力,侵犯了他人的知识产权而导致了破产?该文的作者犯的就是"提供的论据并不能论证命题"的错误。另一种表现是回避论题、对别人的命题不做回答,而是谈另外一个与此无关的话题。

(2) 循环论证。循环论证是指所用材料互为因果关系。用原因去分析产生问题的结果,反过来又用得出的结论去论证问题产生的原因,原因与结果之间互为因果,从而使要论证的问题没有得到丝毫的推进。

(3) 概念不周延。就是在逻辑推理过程中,没有把握概念之间的周延与不周延关系,而得出错误的结论。例如,在电视剧《亮剑》中有一段李云龙师长在战地医院养伤时与护士田雨的对话。当田雨说李云龙师长没有文化时,李云龙师长认为自己有。其基本的逻辑是,军事指挥员的劳动是不是脑力劳动?是。从事脑力劳动的人是不是知识分子?是。知识分子是不是有文化?是。这样的逻辑推理貌似科学有力,实际上犯了一个重要的错误,就是没弄清脑力劳动与知识分子两者之间的联系与区别,它们的外延关系是什么。知识分子的劳动主要是从事脑力劳动,但不是说从事脑力劳动的人就是知识分子。

2. 归纳谬误

即前提不能保证结论有较大可能是真,而作者主观上认为是真的论证。这种不能必然推出结论的推理称为归纳谬误。主要表现为:

(1)观察谬误。对同一事物,因观察的角度、条件、背景和心理不一样,就会得出不同的观察结论。产生的主要原因有两种:一是无意的过失,是一些观察到的情况经过人的大脑进行加工改造后,掺入了人的主观因素而无意识地产生的一种错觉,它不是观察者有意识造成的。二是观察和思考问题的能力限制,观察者尽了自己的全力,并且在对观察到的现象进行加工改造中也符合实际观察到的本身,但是,由于观察者知识能力的限制,不能从观察对象中发现问题产生的根本原因,仅仅是了解了一些皮毛,而对问题的研究无太大的帮助。

(2)统计谬误。未能正确理解和运用统计数据,而导致的结论与事实不符的谬误。产生的主要原因有两种:一是简单的运用平均值反映事物的全貌,平均值会造成事物的假象;二是对统计数据得出的条件背景了解不清,在运用中无法说明要论证的问题。

(3)轻率概括。在看问题时不能全面地认识事物本身,只从事物的某一方面进行观察就得出结论。产生的主要原因有三种:一是过于相信经验;二是以事情发生的先后定因果;三是误用差异法。

3. 演绎谬误

推理是从一个或几个判断中得出一个新判断的思维形式。任何推理都由推理所依据的判断和推出的新判断两部分组成。前者叫做前提,后者叫做结论。我们在运用推理论证中有这样一条形式逻辑规则,如果你接受了前提,又不接受它的结论,或者是你不接受它的前提,却又接受它的结论,就犯了演绎谬误。主要表现为:肯定前提的谬误,或是否定前提的谬误。例如:

前提:所有辩证唯物主义者都是无神论者;

　　　所有的马克思主义者都是辩证唯物主义者。

结论：所有的马克思主义者都是无神论者。

在以上前提下，只能推出这样的结论，而不能是其他的结论，否则就是犯了演绎谬误。

（1）合成谬误。根据一整体的若干组成部分的某种性质是真的，则推断出整体在这种性质下也是真的。

（2）分解谬误。分解谬误与合成谬误相反，它是由已知整体具有某种性质，推论出由整体分解出来的各个部分也同样具有某种性质。

（3）断章取义。把若干命题从其所在的语言环境中分离出来，并加以任意的理解，或是把它作为论据进行使用，或是把它作为反驳的根据。例如，马克思在分析商品生产和商品交换存在的原因时讲到，一是存在社会分工，二是产品归不同的私人劳动。过去我们误认为，马克思讲的商品生产和商品交换存在的原因就是社会分工和生产资料私有制。首先，我们要清楚马克思在第一篇考察的是简单商品生产；其次，他认为未来社会中不存在商品生产和商品交换；再次，从字面上看，产品归不同的私人劳动，并不等于是生产资料私有制。

常用的几种批驳的方法：

归纳批驳。根据一系列具体事实验斥对方的论点，即运用归纳推理的方式进行反驳，以证明对方论点、论据的错误或没有根据。这是一个从个别到一般的推理方式。

演绎批驳。根据一般原理驳斥对方的论点或论据，即运用演绎推理的方式进行反驳，以证明对方论点、论据的错误。这是一个从一般到个别的推理方式。

类比批驳。根据两个或两类事物在基本属性上的相同，进而推出它们在其他属性上也相同的推理。类比批驳就是一个从个别到个别的推理方式。

归谬法。首先假定对方的观点是正确的，按照逻辑的推理，得出与论点相反的结论，从而证明论点错误的分析过程。例如，马克思在分析工资的本质时，对"工资是劳动的价值或价格的转化形式"经典命题分析,没有首先亮出劳动力是商品的命题,而是采用了归谬法。

　　针对劳动是商品的观点,首先假定劳动是商品,进而分析到,如果劳动是商品,它在出卖之前就能独立存在;商品是有价值的,劳动这个商品的价值是由劳动的社会必要劳动时间决定的;货币即对象化劳动同活劳动的直接交换,也会或者消灭那个正是在价值规律基础上展开的资本主义的生产,或者是消灭价值规律本身;在市场上交换时,与资本家相对立的是劳动力,而不是劳动,要交换的是劳动力,而不是劳动。从而证明劳动不是商品,工人出卖的劳动不是商品,劳动力才是商品。劳动力具有商品的基本属性,从而证明了工资不是劳动的价值或价格的转化形式,工人得到的工资是劳动力的价值或价格的转化形式,有力地揭示了剩余价值的来源,它是工人剩余劳动时间创造的价值。科学地说明了工资的本质,解决了导致李嘉图学派破产的难题。

　　总之,我们所讲的论文谬误或观点错误的论文,不仅指意识形态方面的错误,不符合客观事物发展规律的错误,而且也是指理论存在的条件,研究问题的角度,研究问题方法等错误,甚至是指资料占有不足等引起的谬误。

第四节　经济管理类毕业论文的常用表达格式

　　经济学和工商管理专业的毕业论文如何写,或者说用什么样的方式来表达自己研究的成果,对初学者来说也是非常关心的。这里介绍几种常用的表达格式以供参考。

一、传统经典型

（一）传统经典型论文的含义

　　这里讲的传统,不是与现代相对应的概念,而是经济学、工商管理研究中比较经典的和历史悠久的论文表现格式,目前仍然是多数经济学、工商管理论文常见的表现格式,也是多数人常用的论文表现格式。这种格式在对基本理论和规范分析阐述性文章中是较常见的。

　　传统经典型的表现方法是从现实问题出发，着手进行理论分析，或者是从现有的理论观点或概念出发，着手进行理论分析。抽象分析是其基本的分析方法，研究的出发点通常是从最简单的概念入手，再上升到现实的层面，由此构造成理论体系。

　　这类文章着重定性的分析，虽有定量的分析，主要是对数据进行了一些数学的分析处理，主要是用数据作为证据证实自己的论点，抽象程度和理论的深度，因作者研究的水平和程度不一。

　　（二）传统经典型论文的形式

　　理论先导式。首先阐述论文要分析问题的相关理论；其次是分析和陈述所要研究议题存在的现实问题和理论的观点分歧，在此基础上提出解决问题的对策，得出研究的结论。

　　问题先导式。首先提出问题，分析和陈述所要研究议题存在的现实问题和理论的观点分歧；其次阐述论文要分析问题的相关理论，在此基础上提出解决问题的对策，得出研究的结论。

　　辨析式。着力于对某一种观点和看法的辨析上，或是对某一事实的考究。此形式接近于理论上的纯思辨的说理性。要求作者首先亮明要讨论的观点，然后从理论材料和事实材料上进行分析，最后得出符合客观实际的结论。

　　改进式。首先是进行理论文献的回顾和综述，在比较中指明理论的分歧，确定研究的出发点和论文的基本构想；其次是分析和陈述所要研究议题存在的现实问题和理论的观点分歧，在此基础上提出解决问题的对策，得出研究的结论。

　　从四种表达方式的比较上看，第一、第二种形式，主要是在前两部分的顺序上不同，一个是以研究问题的理论作先导，另一个是以问题为先导。虽然没有专门的文献综述，但仍要求我们熟悉和了解前人在此问题上研究取得的成果和研究的不足，否则就要重复别人已有的研究成果。由于前两种形式没有文献综述这一部分，对不是这一领域研究的专家来说，无法从论文中了解他们对前人研究情况的掌握程度，给初次接触该问题的读者带来一定的困难。还有可能会出现作者没有对前人的研究有充分的了解,而在论文研究的问题重复了前人研究的成果,给人的印象是抄袭了他人的研究成果,自己感到冤枉。还有一种可能是没有对前人的研究有充分的了解和掌握,研究的成果或结论没有创新,没有新意,作了无用功,导致人力、物力和财力的浪费。

辨析式论文,由于首先要交代或亮明对方的论点、或论据,或论证方式,可以使我们从论文中了解到前人对此问题的研究情况;但是,它还不同于对前人研究成果的回顾和综述,因为,作者是仅就要批判的部分进行分析和介绍,而分析和介绍的角度往往是从批判的角度进行,我们有时无法看到全貌,这是其一。其二,分析和介绍的内容可能不是全部,而是其中要批判的一部分内容。

改进式论文突出了对前人研究成果的回顾和综述,使人们能清楚地了解该课题的研究进展情况,知道问题是什么,哪些问题需要研究,甚至怎样去研究问题的基本思路。在硕士生和博士生的毕业论文写作中是不可缺少的组成部分,从这一部分内容,我们可以清楚地知道他们对该课题前沿动态的把握水平,并初步了解到他们课题研究的价值,以及他们研究的功力。对本科生的毕业论文来说,由于篇幅较短,在论文中一般都没有专门对前人研究成果的回顾和综述部分,为了避免类似或疑似问题的发生,必须有对前人研究成果的回顾和综述部分,至少在毕业论文的开题报告中有十分明确的成果反映(要了解这部分的内容,只能在他们的开题报告中看到),无论在最终形成的毕业论文中是否出现该部分的内容。

学术论文要求有对前人研究成果的回顾和综述,有人认为,这增加了论文写作的困难。其实它首先方便了自己,便于自己弄清理论发展的脉搏,有助于提高学术研究的水平和学术研究的严谨性;同时对读者也是一种负责任的做法,还使科学鉴定变得简便易行。

在传统型论文的分析中也普遍存在分析时的假定,进行合理的抽象,舍掉次要的、枝节的问题进行分析,但是从根本上不同于现代分析方法的假定方法。在传统型论文的分析中也普遍存在定量分析,但是不同于现代分析方法中数学模型的定量分析方法。定量分析主要是用数据来论证问题本身。

　　关于经济学专业、工商管理专业的学生是否在论文写作中要求定量分析的问题,应视论文的内容而定,不要一概而论。如果是写经济史、基础理论方面的学术论文,可能定量分析的成分就要少些;如果是现实性强的,定量分析更能说明研究的论题,就必须运用定量分析。

二、历史考据型

　　历史考据型主要是在经济史和经济思想史的研究分析中常用的方法,也是一种传统的经典的方法。由于它主要采用考据的方法对经济史和经济思想史进行研究,而与理论型分析方法不同。

(一)历史考据型的含义

　　对写经济思想史和经济史方面论文的同学来说,考证法是一重要的研究方法。胡适认为:"'考据'便是'有证据的探讨'。"①他又说:"历史的考据是用证据来考定过去的事实。史学家用证据考定事实的有无、真伪、是非,与侦探访案、法官断狱责任的严重程度相同,方法的严谨也应该相同。"②在我们看来,所谓考证实际上就是寻找可靠材料来分析问题和解决问题。在经济思想史和经济史上,存在的材料是非常丰富和庞杂的,我们应当采用什么材料,如何鉴别材料的真伪,就是面临的第一要务,因为它直接关系着结论是否符合历史的本来面目。在运用考证法时,应遵循以下四点:

　　首先,一切凭材料说话。历史是已经发生的事实,事实是客观存在的,没有事实材料就没有发言权。因此就需要物证,即用考古发现的材料,用新挖掘的史料去说明论证;需要言证,即从古人的论述分析中寻找线索和答案;需要人证,即用当事人的现身说法去证明。

　　其次,材料以古为尚。当事人的证言的真伪,由于在不同时期的历史背景,政治形势和认知能力下,他们的表述是不尽相同的,甚至是前

---

① 胡适:《胡适文集》第 1 册,北京大学出版社 1998 年版,第 295 页。
② 胡适:《胡适文集》第 10 册,北京大学出版社 1998 年版,第 193 页。

后矛盾的。因此,要用最早的材料,因为,它们距事件发生的时间近,对当时情况的描述,更为真实,没有事后追忆的记忆误差和感情的评价,也较少受时代条件的限制。

再次,孤证不为定说。在考察一个历史事件或事实时只能用一个材料去论证,而没有其他相应的材料作支撑给予辅助性的旁证,这样的材料一般是不能用的。因为,它没有足够的说服力,结论往往是不可信的。

最后,防止循环论证。循环论证是指所用材料互为因果关系。用原因去分析产生问题的结果,反过来又用得出的结论去论证问题产生的原因,原因与结果之间互为因果,从而使要论证的问题没有得到丝毫的推进。

此外,考证还要求不能隐匿、曲解、伪造证据。胡适说:"文字的材料是死的,故考证学只能跟着材料走,虽然不能不搜求材料,却不能捏造材料。从文字的校勘以至历史的考据,都只能尊重证据,却不能创造证据。"①他又说道:"文史科学、社会科学没有法子创造证据。我们的证据全靠前人留下来的;留在什么地方,我们就到什么地方去找。不能说找不到便由自己创造一个证据出来。如果那样,就是伪证,是不合法的。"②

(二)历史考据型的基本方法

一是本证。直接从研究对象中找出证据来分析问题和解决问题。

二是旁证。从研究对象之外找证据来分析问题和解决问题。注意这里所说的旁证,并不是与要证明的无关,而是存在因果关系。

三是逻辑推理。即利用相关知识运用逻辑推理的形式进行分析论证。

四是田野考察。在历史事件发生地去寻找答案。通过对古地理的变迁,包括河流、湖泊、村落、道路、地形、气候的变迁,复原当时的情形,

----

①　胡适:《胡适文集》第 4 册,北京大学出版社 1998 年版,第 110 页。

②　胡适:《胡适文集》第 12 册,北京大学出版社 1998 年版,第 143 页。

印证古文献记载材料的真实性。

在历史考据型的分析上,虽然材料是死的,谁也不能更改任何材料,但是,如何分析、应用和评价材料,却与运用材料人的立场、观点和方法有密切的关系。一类是马克思主义的阶级分析观点,另一类是历史考辨,弄清历史事件变化轨迹。两种分析方法之间并不矛盾,而且对它们的综合使用,能增强论文的说服性。并且只有用阶级分析的观点去考察历史,我们才能更加符合历史发展的必然性,才能历史地看问题。

对经济思想史方面的研究,要分析理论和学派形成的历史条件,观点辨析、新的研究、结论和学派的思想渊源。对经济史方面的研究,要考察历史背景、起因、事件经过,从中得出研究的结论和启示,对历史上流传下来的观点、看法进行分析,弄清是非曲直。

同样是对经济史的考察,在现代经济学中,美国经济学家诺思成功地将现代经济学的微观经济分析方法引入到对经济史的考察中,创立了新的历史分析方法,走出了一条不同寻常之路。

在表达方式上,现代经济学中对历史的考察,突出了用现代经济学的经典理论去解释,着力用实证的分析方法进行,有一套完整的理论体系和判断的标准;同时,引进了现代经济学最新的研究成果,例如制度分析、博弈论等。而传统的历史考据方法着力用规范的分析方法进行,放在特定的历史条件下,考察当事人生活的环境,思想的形成,用历史的眼光去分析考察。由于作者的意识形态、世界观不同,研究的出发点、占有的材料不同,会得出不同的结论,甚至矛盾的结论。

三、调查统计型

调查统计型是指论文以调查统计数据为依据,通过对数据的关联性进行分析,了解和掌握经济发展的趋势。简言之,用数据反映人类经济活动的现实状况。调查统计型可分为统计方法型和调查研究型。

(一)统计方法型

就是从权威部门公布的统计数据出发,在对数据本身及对数据的处理上,反映事物发展变化的状况,指出经济运行存在的问题,分析解决问题的方法和结论、对策和启示。

对数据的处理是统计方法型的重要工作,既可以运用初等数学,也可用高等数学,还可建立模型对数据进行分析。总之,对数据的任何处理不是目的的本身,而是要服从研究的需要,符合现实的经济运行状况。这类论文对研究者的数学功力要求较高,没有一定数学功底和不懂得数学方法的人是不适用的。

(二)调查研究型

就是从对现实经济活动的运行的调查入手,确定调查的对象、内容、目的、意义、方法,以及调查手段和信息处理手段,通过对调查材料的分析,指出存在的问题,并得出解决问题的对策、结论和启示。因此,要完成好这种类型的论文写作,首先就要作好调查工作,搜集到翔实可靠的数据资料。如何进行调查,如何进行问卷的设计,如何确定调查的对象和方式,如何整理调查中获得的材料,可详见卷外章有关社会调查部分。

无论是统计方法型论文,还是调查统计型论文,其基本表达方式就是重在用事实材料论证说明,从事实材料中得出研究的结论,因而,不同于传统经典型格式的表现形式。

四、实验方法型

(一)实验方法型论文的含义

一提到实验,人们马上想到它是物理学、化学、生物学等自然科学学科的基本研究方法,要求我们在比较纯粹的、没有外界因素干扰下进行的科学研究的方法。实验方法型是现代经济学发展产生的一种崭新的研究经济现象的方法,与此相适应就产生了实验型论文的表现形式。

所谓实验方法型就是以实验的方式对经济现象进行分析考察,在实验过程中探询经济活动的发展状况,从而揭示经济活动的趋势和发展规律。对经济实验过程和结果的理论分析以书面语言形式表述出来的学术论文就构成实验方法型论文。

(二)实验方法型论文的基本构成

在实验型论文的基本格式中,正文一般有材料和方法、结果、讨论三个部分,但也可因材而异,灵活运用。

首先,介绍实验的动机、目的、意义、对象和内容。

其次,介绍实验材料和方法。介绍实验材料和方法是为了向读者介绍获得成果的手段和途径。它是作者从事研究工作的思想方法、技术路线和创造性的具体反映。

介绍实验对象和实验材料,包括材料的来源、材料的制备、材料的性质;介绍实验设备、装置和仪器,包括它们的名称、型号、精度、生产厂家等。使用的装置和仪器不是标准设备时,必须注明它们的精度,以便判断实验结果的可靠性和准确度。如果是自己研制的设备或对已有设备的改进,应着重说明设计的理论来源、改进的原理及改进后与改进前的效能。介绍实验方法和过程,包括创造性的观察方法、观察结果的运算方法和公式、实验过程中出现问题的处理方法、操作时应注意的问题、观察结果的记录方法,以及实验的手段(实验手段和实验获取信息处理的手段)等。

再次,对实验结果的分析。结果是实验过程中所观察到的现象和数据,它是实验型论文的核心内容,分析是对实验过程中所观察到的现象和数据进行的分析,总结出实验中发现的趋势以及离差。

数据必须准确可靠,数据是分析结论的基本材料,有时检验结果的微小差错就可能推翻整个实验分析的结论,实验中如果产生反常的实验现象,应该在论文中说明。数据一定要充分,重复性好,这样的论证才有说服力,证明得出的结论才可信。

科学处理和选择实验数据,论文中的结果要将实验中所有的原始数据都列出,不是实验结果的照抄,应该对数据进行科学的分析和筛选,应围绕主题选择数据。同时,也应防止为我所用,随意地取舍实验的材料。

实验结果按一定的逻辑顺序排列,这样做不仅能使论文条理清楚,增强可读性,而且体现了论文的科学性。

在实验型论文中尽量通过图表表达,因为它直观形象,一目了然,避免单纯的文字描述的单调、枯燥;同时,在使用图表时注意对图表的说明性文字与文章论述文字间的关系,不要出现两张皮现象。

最后,对实验的讨论。即对实验方法和结果进行的综合分析和研究。作者创造性的发现和见解主要是通过这一部分表现出来的。包括对实验结果进行综合分析,分析要符合逻辑,有理有据,客观真实,突出重点,不要臆想和猜测。要与别人有关的实验结果进行比较,说明异同,根据实验结果得出结论、或提出假说或学说;阐明本项实验结果的理论意义和实践意义,解决问题的对策和启示等。此外,还应根据实验的结果提出进一步优化和继续研究的问题。

五、现代分析型

(一)现代分析型论文的含义

在经济学与工商管理类毕业论文的常用方法中,还有一种被学术界称之为"软科学"的方法。其基本思路是:从现有的研究成果出发,根据假定条件建立模型,运用数据进行检验,分析相关问题,最后得出结论,提出相应的解决问题的对策,或建立新的概念体系。这就是现代经济学的分析框架和研究方法[①]。由于这种分析框架和研究方法具有非常的普遍性、高度的规范性和逻辑的一致性,使现代经济学的基本分析框架和研究方法是无地域和国家界限的,并不存在独立于他国的经济分析框架和研究方法。现代经济学的某些基本原理、研究方法和分析框架可以用来研究任何经济环境和经济制度安排下的各种经济问题,研究特定地区在特定时间内的经济行为和现象。几乎所有的经济现象和问题都可以通过下面要介绍的基本分析框架和研究方法来进行研究和比较。它的精髓是要人们在做研究时必须考虑到,并界定清楚某时某地具体的经济、政治和社会环境条件。现代经济学不仅可以用来研究不同国家和地区、不同风俗和文化的人类行为下的经济问题和现象。它的基本分析框架和研究方法甚至也可用于研究其他社会现象和人类

---

① 综合了田国强先生《现代经济学的基本分析框架与研究方法》(《经济研究》,2005 年第 2 期)和李海舰先生《学术论文的规范与创新》(《经济学家茶座》,2006 年第 2 期,第 49～50 页)总结的分析内容进行介绍。

行为决策。

（二）现代分析型论文的构成

现代分析型的学术论文，一般可由"三大块"组成，谓之"新三段式"。其中，每一段式3点，一共9点。第一段式，找切入点。一是前沿综述，即到目前为止，国内外在这个问题上的研究进展、主要观点。一方面可以避免重复研究，另一方面可"站在别人的肩膀上往上爬"。要求高度概括、凝练、整合，而不是对大量学术观点进行简单的堆积。它脉络清晰，凝练性强，篇幅较小，但信息量大，根本不同于学术综述论文的文献梳理和观点介绍。二是简单评议，找出研究不足。三是本文的研究定位，即本文将从哪里切入，从而为下面的研究"撕开一个口子"。第二段式，基本论证。一是本文的若干研究假定，假定一定是合理的。二是在一定假定下，本文的基本架构和观点。三是科学求证、验证其观点。第三段式，政策建议。一是简要结论。二是政策建议，这一点要解决新观点的"立地"问题，要有一定篇幅。三是本文的研究不足及进一步研究的问题。

现代分析型的主要形式是模型分析方法。现代经济学的基本分析框架和研究方法具有高度的规范性和一致性。它首先给出想要研究的问题，或想要解释的某种经济现象，即经济学家首先需要确定研究目标，然后试图回答所要研究或所要解释的问题。

一个规范经济理论的分析框架基本上由以下五个部分或步骤组成。任何一篇逻辑清楚、层次分明、论证合理的经济学论文，无论结论如何或是否作者意识到，都基本上由这五部分组成，特别是前四部分。

首先，界定经济环境。现代经济学分析框架中的首要组成部分，就是对所要研究的问题或对象所处的经济环境作出界定。经济环境通常由经济人、经济人的特征、经济社会制度环境以及信息结构等组成。对经济环境的界定可分为两个层次：① 客观描述经济环境；② 精炼刻画经济环境特征。对经济环境描述得越清楚、准确，理论结论就会越正确；对经济环境刻画得越精炼和深刻，论证起来就越简单，理论结论也越能让人理解和接受。界定好一个经济环境，就是要将这两个层次有机地结合起来。在现代经济学大多数问题的研究中，经济环境都假定为外生给定的，而不是由理论模型延伸出来的，否则就无法讨论问题，因为总需要将一些经济因素或变量当做参数给定。

为什么即使现实经济环境相同，所要研究的问题相同，还会得出不同的经济理论呢？有些人因此对现代经济学及其研究方法产生怀疑甚至否定的态度。其实，许多经济理论间的结论差异往往是经济学家对经济环境界定的差异所造成的。这种差异不仅可能是客观经济环境上的差异所造成的，而且还可能是由经济学家如何对经济环境进行界定所造成的。如上所述，由于经济环境十分复杂，在许多情况下，经济学不能像自然科学那样只进行描述性分析，还需要对经济环境行为方式进行抽象式的精炼，找出最主要的特征。不同的主观判断，就会导致对经济环境的不同界定，从而导致了不同的经济理论、经济学派或理论结果。

其次，设定行为假设。现代经济学分析框架中的第二个基本组成部分是对经济人的行为方式作出假设。这个假设至关重要，是经济学的根基。一个经济理论有没有说服力和实用价值，一个经济制度安排或经济政策能不能让经济持续快速地发展，关键看所假定的个人行为是不是真实地反映了大多数人的行为方式。

一般来说，在给定现实环境和游戏规则下，人们将会根据自己的行为方式作出权衡取舍的选择。这样，在决定游戏规则、政策、规章或制度安排时，要考虑到参与者的行为方式并给出正确的判断。面对不同行为方式的参与者，所采用的游戏规则往往不同。这样，为了研究人们是如何作出激励反应和权衡取舍的选择，对所涉及人的行为作出正确判断和界定是非常重要的一环。在研究经济问题时，如研究经济选择，经济变量间的相互作用和它们的变化规律时，确定经济人的行为方式也非常重要。

一个比较合理和现实而又通常被经济学家所采用的人类行为假设是：人是自利的。每个人、每个企业都会在给定的约束条件下争取自身的最大利益。尽管理性假设不完全真实,但与现实基本接近,至少从长远来看是如此。和理性行为假设一样,有限理性假设也是自利行为假设的一种,只是后者是前者的推广和延宕,后者比前者更一般化。它包括了前者,作为一个特殊情况,根本谈不上有限理性否定或者推翻了现代经济学。这就如同爱因斯坦的相对论是牛顿力学的推广和延宕一样,前者比后者更一般化,但不能说爱因斯坦的相对论否定或推翻了牛顿力学。

再次,给出制度安排。现代经济学分析框架中的第三个基本组成部分是给出制度安排,也即游戏规则。对不同的情况,不同的环境,面对不同行为方式的人们,往往需要采取不同的因应对策或游戏规则。不同的游戏规则将导致人们不同的激励反应,不同的权衡取舍结果,从而可能导致非常不同的结果。这对经济学的研究也同样成立,当经济环境确定后,人们需要决定经济上的游戏规则,在经济学中称之为经济制度安排。现代经济学的任何一个理论都要涉及经济制度安排。一个经济的制度安排可以是外生给定,也可以是内生决定的。

标准的现代经济学主要是研究市场制度安排的。研究在市场制度下人们的权衡取舍选择问题(如消费者理论、厂商理论及一般均衡理论)以及研究在什么样的经济环境下市场均衡存在,并对各种市场结构下的配置结果作出价值判断(判断的标准基于资源配置是否最优、公平等等)。在这些研究中,市场制度安排通常假定是外生给定的。将制度安排作为外生给定的好处是将问题单一化,以便将注意力集中于研究人们的经济行为及人们是如何作出权衡取舍选择的。

当研究一个具体经济组织或单位的经济行为和选择问题时,经济制度安排更应是内生决定的。新制度经济学、经济机制设计理论、转轨经济学、最优合同理论、信息经济学、现代企业理论、委托代理理论等就是研究经济组织及经济制度的设计问题。将经济制度安排作为未定,研究在给定的经济环境下的经济制度安排的最优选择。将经济机制看作内生的好处是,由于经济环境往往在一定时间内是给定的,人们需要给出相应的经济机制,也即制定出相应的游戏规则。那么,在给定经济环境下,人们应该选择什么样的经济机制使之达到所想要达到的目标呢? 这正是经济机制设计理论及其分支——最优合同理论和委托代理理论等所想要解决的问题。

从次,选择均衡结果。现代经济学分析框架中的第四个基本组成部分是作出权衡取舍的选择,找出尽可能佳的结果。由于做任何一件事往往存在着多种可行方案,这样人们需要作出选择。那么人们是如何作出选择,特别是经济上的选择呢? 一旦给定经济环境和经济制度安排及其他必须遵守的约束条件之后,人们将会根据自己的行为方式作出激励反应,在众多的可行结果中通过权衡取舍来选定结果,称之为均衡结果。

最后,进行评估比较。现代经济学分析框架的最后一部分是对经济制度安排和权衡取舍后所导致的均衡结果进行价值判断和作出评估比较。当经济人作出选择后,人们希望对所导致的均衡结果进行评价,与某种给定的标准进行比较,从而进一步对经济制度安排给出评价和作出优劣的价值判断——判断所采用的经济制度安排是否导致了某些"最优"结果。还要检验理论结果是否与经验现实一致,能否给出正确预测,或具有现实指导意义。最后,对所采用的经济制度和规则作出优劣的结论,从而判断是否能给出改进办法。

帕累托最优这个概念对任何经济制度都是适用的。评估一个经济制度安排好坏的另外一个重要标准就是看它是否激励相容(incentive compatibility)。所谓激励相容就是将自利的个人利益和他人的利益统一起来,使得每人在追求其个人利益时,同时也达到了其制度安排设计者所想要达到的目标,由于每个人从所要做的事中获得利益与付出代价,通过对利益和代价的比较,将会对游戏规则作出合理的激励反应。一个好的经济制度安排就是要看它是否给主观为自己的个人以激励,使他们客观为社会而工作。

现代经济学中通常采用以下基本研究方法和注意要点。

1. 研究平台、参照系和度量标尺

现代经济学的研究方法是,首先提供各种层次和方案的基本研究平台,建立"参照系",从而给出度量均衡结果和决定制度安排优劣的度量标尺。提供研究平台和建立参照系对任何学科的建立和发展都极为重要,经济学也不例外。提供研究平台和建立参照系有利于:① 简化问题,抓住问题特征;② 建立评估理论模型和理解现实的标尺;③ 理论创新。

研究平台:现代经济学的研究平台是由一些基本的经济理论或原理组成,它们为更深入的分析打下了基础。现代经济学的理论基础是现代微观经济学,它们是现代经济学中最基本的研究平台或奠基石。这就是为什么所有的现代经济学教科书基本上都是从讨论消费者理论和厂商理论着手的。

参照系或基准点:参照系或基准点指的是理想状态下的标准经济学模型,它导致了理想的结果,如资源有效配置等。参照系是一面镜子,让你看到各种理论模型或现实经济制度与理想状态之间的距离。一般均衡理论就提供了这样一种参照系。将完全竞争市场作为参照系,人们可以研究一般均衡理论中假设不成立(信息不完全,不完全竞争,具有外部性,非凸的生产集、不规范经济环境等),但也许更合乎实际的经济制度安排(比如具有垄断性质或转型过程中的经济制度安排),然后将所得的结果与导致了资源有效配置的竞争市场均衡进行比较。

通过与完全竞争市场这一参照系相比较,人们就可以知道一个经济制度安排在资源配置和信息利用的效率方面的好坏,以及现实当中所采用的经济制度安排与理想的竞争市场机制相差多远,并且提供相应的经济政策。

度量标尺:尽管作为参照系的经济理论可能有许多假定与现实不符,但是它们却非常有用,是用来作进一步分析的参照系,这些参照系本身的重要性并不在于它们是否准确无误地描述了现实,而在于建立了一些让人们更好地理解现实的标尺,为进一步解释现实的理论提供基准点或参照系。

2. 分析工具

对经济现象和经济行为的研究,还需要有分析工具。现代经济学不仅需要定性分析,也需要定量分析,需要界定每个理论成立的边界条件,使得理论不会被滥用。这样,需要提供一系列强有力的"分析工具",它们多是数学模型,但也有的是由图解给出。这种工具的力量在于用较为简明的图像和数学结构帮助我们深入分析纷繁错综的经济行为和现象。

3. 经济理论的作用、一般性与相对性

经济理论的作用:经济理论至少有三个作用。一是它能够用来解释现实中的经济现象和经济行为,这是现代经济学主要讨论的内容。二是它能够对给定的现实经济环境、经济人行为方式及经济制度安排下所可能导致的结果作出科学的预测和推断,并指导解决现实经济问题,只要理论模型中的前提假设条件大致满足,它就能得出科学的逻辑结论并据此作出科学、正确的预测和推断,而不一定需要实验就能知道最终结果。三是许多理论上的不可能性结果可以用来避免实施许多现实中不可行的目标和项目。这是因为如果一个结论在理论上不能成立,只要理论的前提假设条件符合现实,这个结果在现实中也一定不可能成立。

经济理论的一般性:从以上对现代经济学的基本框架的讨论可以看出,经济学中每一个理论或一个模型都是由一组关于经济环境、行为方式、制度安排的前提假设以及由此导出的结论所组成的。一个理论的前提假设条件越一般化,理论的作用和指导意义就会越大。如果一个理论的前提假设条件太强,它就没有一般性,这样的理论也就没有什么用处。这样,成为一个好的理论的必要条件就是它要有一般性,越具有一般性,解释能力就会越强,就越有用。一般均衡理论就具有这样的特点,它在非常一般的偏好关系及生产技术条件下,证明了竞争均衡存在并且导致了资源的最优配置。

经济理论的相对性:在希望一个理论具有更大一般性的同时,也必须要注意到它的适应范围、边界以及局限性。这样在应用一个经济理论时便可避免犯两种错误。第一种错误是高估理论的作用。在讨论问题和运用某些经济学原理时,要注意这些原理后面的前提假设条件和它的适应范围,不能滥用,否则就会得出错误的结论。记住了定理的边界条件,就不会轻易地下结论,否则就会误用某个定理。另外一个错误是低估理论的作用。事实上,世界上没有一门学科的所有假设或原理完全地合乎现实(如没有空气阻力的自由落体等物理概念)。不应根据这一点来否定一门学科的有用性。对现代经济学也是如此。学习现代经济学,不仅仅是了解它的基本原理、它的有用性,更重要的是学习它思考问题、提出问题和解决问题的方法。有些经济理论本身的价值并非直接解释现实,而是为解释现实发展更新的理论提供研究平台和参照系。借鉴这些方法,人们可以对如何解决现实中的问题得到启发。由于环境的不同,一个理论是否对一个国家或地区适合,不能机械地生搬硬套,需要修改或创新原有理论,根据当地的经济环境和人们的行为方式发展新的理论。

4. 区分充分条件与必要条件的重要性

在经济问题的讨论中,区分充分条件与必要条件也是非常重要的,它能帮助人们很清楚地思考问题和避免不必要的争论。必要条件是一个命题成立所必不可缺少的条件,充分条件是能保证命题一定成立的条件。例如,市场经济是导致一个国家富强的必要条件而不是充分条件。这就是说,要想国家富强,一定要走市场经济的道路。这是由于在世界上找不到任何富裕但不是市场经济的国家。但走市场经济之路,只是必要条件,不是充分条件,我们也必须承认市场机制不一定导致繁荣昌盛。其原因是,尽管(根据目前观察到的事实)市场机制是使一个国家繁荣昌盛必不可少的,但还有许多因素也能影响一个国家的繁荣富强。

另外,就是经济学语言和数学语言的相互间转换。经济学研究的产品是经济论断和结论。一篇规范的经济学论文写作一般由下面三个部分组成:① 提出问题,给出重要性,确定研究目标;② 建立经济模型,严格表达并验证论断;③ 通俗表达论断并给出政策含义。这就是说,一个经济结论的产生一般需要经过三个阶段:非数学语言阶段—数学语言阶段—非数学语言阶段。第一阶段提出经济观念、想法或猜想,这些观念、想法或猜想可能由经济直觉产生或根据历史经验或外在经验而来。由于还没有经过理论论证，人们可将它们类比为一般生产中的初等品。这一阶段是非常重要的，它是理论研究和创新的来源。第二阶段需要验证所提出来的经济想法或论断是否成立。这种验证需要经济学家通过经济模型和分析工具给出严格的证明，只要可能，还需要得到实际经验数据的检验。所得出的结论和论断往往都是由数学语言或专业术语来表达的，非专业的人士不见得能理解，从而不能为社会大众、政府官员、政策制定者所采用。所以将这些由技术性较强的语言所表达的结论和论断类比为一般生产中的中间产品。第三阶段就是将由技术语言所表达的结论和论断用通俗的语言来表达，使得一般的人也能够理解，用通俗语言的形式给出这些结论的政策含义、深远意义及具有洞察力的论断，这些才是经济学的最终产品。值得注意的是，第一阶段和第三阶段都是用通俗、非技术、非数学的语言来给出经济想法和结论，但第三阶段是第一阶段的一种飞跃、升华。这种三阶段式，由通俗语言阶段到技术语言阶段，然后再回到通俗语言阶段其实也是大多数学科所采用的研究方式。

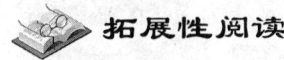 **拓展性阅读**

暗 含 前 提

任何经济理论都是建立在一定经济条件的基础之上的，任何思想都是客观现实的反映。离开了这样的现实条件，任何理论和思想都不可能产生。然而，我们在运用这些理论去分析和指导实践时，常常发现理论是不正确的，人们不禁对理论产生了质疑。其实，不是理论出现了错误，而是我们忽略了理论存在的前提。我们将这一前提称为暗含前提。暗含前提是指理论研究者对该理论存在的前提视为大家共知的，而无需专门指出和强调的。下面以大家熟知的基尼系数为例作一介绍。

人们在谈论一国居民收入差距与收入不公时自然要以基尼系数为其重要指标。通常认为，基尼系数在 0.3 以下为社会收入分配平均，在

0.3～0.4 之间为正常,0.4 为公认的警戒线,一旦基尼系数超过 0.6,表明收入差距过于悬殊,可能导致贫富之间的严重对立,引起社会的动荡。目前我国的基尼系数达到了 0.456,超过了国际上公认的警戒线,但并没有发生这样严重的社会动荡。这是为什么呢? 我们在运用基尼系数时[1],应注意以下几点:① 基尼系数经验数据产生的社会背景。它产生于市场经济发育比较充分,人口较少,地区经济差异较小,城乡二元结构基本消除的西方国家。② 应认识到经济发展水平影响基尼系数水平。国际劳工组织的研究表明,基尼系数的高低同人均国内生产总值密切相关,即经济发展水平越低的地域,其社会的收入水平也普遍趋于不平均。③ 在城乡二元结构经济中运用基尼系数的可靠性较差。④ 基尼系数反映经济公正性同样有局限性。基尼系数反映的是一个静态的结果,它只反映分配的结果,而不考虑分配的初始条件和分配中各群体投入的劳动。因此,它是一个单纯指示结果公正的工具,而不反映程序的公正与否。⑤ 基尼系数反映的一些客观差异在全球具有普遍性。即使在发达国家,基尼系数统计也反映出一些差异,如城乡差异(部分因为生活费用)、地区差异(资源禀赋)、年龄差异(退休养老体系不完善)、性别差异(社会的性别不公正)。从上可知,在理解和运用他人总结出的理论时,只有清楚了理论形成的历史条件和内在机理,才可能正确地运用它和正确地评价它。也许正是基于以上原因,我国多年未公布基尼系数了[2]。

① 参见尹继佐:《科学解读基尼系数》,《文汇报》,2006 年 3 月 16 日。
② 崔烜,刘舒羽:《中国基尼系数十年未公布　收入差异堪比动荡国家》,东方网,2012 年 1 月 5 日。

第四章　毕业论文写作的思维方法和研究方法

思维方法和研究方法在毕业论文写作的整个过程中具有举足轻重的作用。思维方法和研究方法的科学与否，直接关系着资料的搜集，论点、论据的确立，论证方式的运用，关系着最后结论的正确与否。因此，掌握和学会基本的思维方法和研究方法是论文写作不可缺少的武器。

第一节　科学研究的思维方法

一、树立科学世界观的意义

掌握正确的思维方法和研究方法与一个人的世界观是分不开的。每个人都有不同的世界观、人生观和价值观。在对待科学，对待科学的发展上，没有一个正确的世界观去指导，也就不会正确地认识世界，也就不会正确地发现问题，也就不会正确地解决问题。自然科学的研究如此，社会科学的研究也是如此。因此，科学的研究方法的掌握是建立在科学的世界观基础之上的。

有人认为，许多自然科学研究者并没有进行过系统的世界观熏陶，无论他们是否承认客观世界独立于人的意识，是否清楚意识与物质间的关系，他们都能认识和探索到自然的奥秘，发现人类未知的世界。许多社会科学研究者并没有进行过系统的世界观熏陶，无论他们是否承认人类社会发展的规律，甚至认为某种社会形态是永恒的存在，他们仍然能够对社会现象背后的原因进行科学的揭示，给以合理的解释。仍然能够解释社会经济间复杂的关系，找到解决问题的出路。仍然能够对人类社会的发展变化得出科学的结论，提出解决问题的正确方法。

对于自然科学研究者来说,他们都承认世界是相互联系的,相互依赖和相互促进的,自然界是发展变化的,变化是有规律的。他们都承认人是能够认识客观世界的,即使现在由于科学技术和实验手段的限制,人们还不能去认识它们,但是,人类总有一天能够认识它们。对于社会科学研究者来说,在他们各自的研究领域中,对问题的研究层次是有区别的:一些是与社会制度联系紧密的理论问题;一些是与社会制度联系不紧,而与体制——具体制度——联系紧密的理论问题;一些是比较单纯的技术性问题。如果他对人类社会发展的规律不能正确地认识,他们在与社会制度联系紧密的理论问题上就难以得出正确的结论,但这决不妨碍他们在具体制度的理论问题和比较单纯的技术性问题上取得卓越的成绩。

如何确立科学的世界观,一方面,要求能正确地认识和看待我们面对的自然世界,认为它们是独立于人们的思维之外,又能够被人们所感知的。承认自然界是相互联系、相互依赖和相互促进的,自然界是发展变化的,变化是有规律的。只有这样,我们才能正确地认识世界,才能探寻自然界发展变化的规律,才能有科学研究的成果面世,才能为人类社会的文明服务。另一方面,要求我们能正确地认识和看待我们生活的人类世界,承认人类世界是相互联系、相互依赖和相互促进的,人类社会是发展变化的,变化是有规律的。只有这样,我们才能正确地认识世界,才能探寻人类社会发展变化的规律,才能有科学研究的成果面世,才能为人类社会的文明服务。

二、科学研究的思维方法

人们的视觉、听觉、味觉和触觉在与客观事物的接触中,都会对客观事物有直观的反映,思维也是人们的大脑对客观事物的反映,但是,它不同于感官的反映,是对客观事物概括的、间接的、能动的反映。思维反映的是某类事物的本质特征,反映的是事物之间的本质联系和内在规律。它是借助人类创造的语言来对感知的认识进行由此及彼、由表及里的分析、比较、综合和归纳的加工整理,积极主动地反映客观事物。思维过程不仅存在于日常的生活当中,也存在于科学研究之中。

从事科学研究和表述科研成果的写作过程，就是有目的、有计划的复杂的思维过程。

任何研究方法的运用都是思维活动的结果，因此，任何研究方法都不能离开思维方法而存在。在进行创造性活动时，更需要有正确的思维方法，才能有助于科学研究的展开并取得相应的研究成果。在毕业论文写作和研究过程中，主要涉及科学研究的思维方法是逻辑思维方法和创造性思维方法。

（一）逻辑思维

它是以抽象的手段来阐明问题、解决问题的一种思维方法。主要包括归纳法和演绎法、分析法和综合法、历史方法和逻辑方法、比较法和类比法、线性方法和非线性方法、定性分析法和定量分析法。

1. 归纳法和演绎法

归纳法是从研究诸多同类的个别的、特殊的事物或现象入手，得出同类事物或现象的一般性结论的方法。它是由个别到一般的逻辑推理过程。具体地说，它通过对一些个别事例的分析和研究，归纳它们的共同属性，综合它们的共同的本质和规律，从而得出一个带有普遍性的结论。演绎法则是从一般性的前提出发，得出关于个别的、特殊的事例或现象结论的逻辑推理过程，它是由一般到个别的逻辑推理过程。

归纳和演绎的辩证关系体现在两者相互依赖的关系中。唯物辩证法认为，任何事物都是一般和个别、共性和个性的统一，所以，归纳法和演绎法是相互依存、相互促进的辩证统一。一方面，归纳离不开演绎，因为归纳是不能穷尽客观事物的，归纳的知识带有或然性。正如列宁所说："以最简单的归纳方法所得到的最简单的真理，总是不完全的，因为经验总是未完成的。"①所以，不明确结论产生的条件，得不到正确原则的指导，归纳就概括不出正确的结论，因此，没有演绎就没有归纳；另一方面，演绎也离不开归纳，演绎前提的真实性有时往往得不到保证，因为，不以归纳为基础的演绎，就难以确保真实的前提，所以，没有归纳

---

① 列宁：《列宁全集》第38卷，人民出版社1963年版，第191页。

就没有演绎。人们正是依赖这两种方法的结合,才不断地使认识从感性上升到理性,从个别到一般,从而达到更高的认识层次。

2. 分析法和综合法

分析法是把整体分解为各个部分或方面,把复杂事物或现象分解为各个要素,通过对各个部分和各个要素的研究而认识事物或现象的本质和规律的方法。综合法就是把事物的各个部分、各个要素统一起来作为一个整体来加以考察,从而认识事物的本质。分析法和综合法是一种相反的逻辑思维方法,前者是分解,后者是综合,它们的思维运动虽然是对立的,但作为思维的方法,又是相互依存的,即分析中有综合,综合中有分析,贯穿于思维活动的始终。在运用综合法时,就是将各个部分结合起来,但这种结合不是现象的简单罗列,也不是事物各个部分的简单的、机械的相加,而是依照事物各因素、各部分之间内在的联系,对事物作全面的、整体的考察,从而从整体上把握事物的本质特征,找出其规律,进而掌握和运用这些规律。

分析法和综合法是辩证统一的,在一个统一的认识过程中,两者是互为前提,互为条件的。一方面,没有综合,分析也就失去了依存的价值,就会使事物的各个部分脱离整体,也就失去了分析的目的。同样,没有综合,就无法得到事物的整体,就无法全面地认识和感知事物的联系和规律。另一方面,综合也离不开分析,因为综合总是以分析的结果为先导,如果没有分析,综合的整体就脱离了事物的各个部分、各个要素,综合的结果就是空洞的,就是没有内容的,综合也就失去了存在的意义。总之,它们在人们认识的不同阶段上,发挥着各自独特的作用。

3. 历史方法和逻辑方法

历史方法是从历史演进的角度考察事物发展的全过程,了解其来龙去脉,弄清其发展变化的原因,从而认识事物本质和规律的研究方法。要真正了解事物发展的规律,就不能离开它的历史进程。只有了解了它的过去,才能深刻地了解它的现在,也才能正确地预测未来。逻辑方法是根据事实材料,遵循逻辑规律来形成概念、作出判断和进行推理的研究方法,是我们的思维把握历史的一种途径和方式。运用逻辑的方法之所以能把握历史的发展脉络,在于它本身就是对历史进程在主观层面的再现,它的表现形式是主观的,所反映的内容完全是客观的。

历史方法和逻辑方法是辩证统一的。历史方法是对事物发展的进程进行具体描述的方法,同历史相对而言的逻辑,是通过理论思维对历史的再现,是对历史发展过程的理论总结,以理论的形态概括地反映历史过程。采用历史的方法能形象、生动和完整地再现客观事物的真实面貌。采用逻辑方法能排除历史过程中的偶然现象或枝节的干扰,取得对客观事物规律性的认识,在历史的基础上达到历史和逻辑的统一。因此,运用历史和逻辑的方法,在找到事物发展的规律,掌握事物本质的前提下,可以较准确地由已知推论出未知,由过去和现在推论出未来,它对科学的发展、科学的研究都有重要的作用。这在后面的马克思主义政治经济学研究方法中还要进行进一步的介绍。

4. 比较法和类比法

比较法是根据一定的标准把彼此有某种联系的事物加以对比,找出它们内在的矛盾,从而确定其相同或相异之点,达到对事物的初步分类,认识事物的本质和内在的联系。类比法是根据两个或两类事物在某些属性上的相同,进而推出它们在其他属性上也相同的研究方法。

比较法和类比法是辩证统一的。没有比较就不能发现事物之间的区别与联系,只有在比较的基础上,才能更好地认识事物的本身,才可能对两个事物进行类比,发现它们相同的属性。同样,在对两个事物进行类比的过程中发现它们的差别,从而更好地对它们进行分类,研究它与同类的联系。

比较分析和类比分析,不仅在对不同学科的学习比较中研究事物的存在和联系,就是在同一学科领域内也是这样。如我们在学习政治经济学资本主义部分时,讲到欧洲殖民者通过对非洲黑奴商业性的猎获,对美洲金银产地土著居民的剿灭,对东印度的征服和掠夺,以及对本国农民的"羊吃人"行径,完成了资本主义的原始积累。在这个过程中,暴力起着重要的作用,因此,马克思讲到,"暴力是每一个孕育着新社会的旧社会的助产婆"①。在学习中自然就会问:社会主义社会有没有原始积累? 如果有,它的原始积累是通过什么方式、什么途径进行的? 原始积累的量有多大? 对社会经济的发展起到了什么样的作用? 用这样的思维方式提出问题,显然就是运用类比的方法。

5. 线性方法和非线性方法

线性方法是用线性科学所揭示的理论和特性、概念和方法对研究对象中的线性现象进行研究。非线性方法就是运用非线性科学所揭示的理论和特性、概念和方法对研究对象中的非线性现象进行研究。在线性系统中,部分之和等于整体,遵从叠加原理。非线性则指整体不等于部分之和,叠加原理失效。线性运动一般表现为时空中的平滑运动,而非线性运动则表现为对规则运动的转化和突变。在线性系统中,初始值只具有一般意义,而非线性系统中其系统的长期行为存在着对初始值极为敏感的依赖性。线性方法和非线性方法是辩证统一的。

6. 定性分析法和定量分析法

定性分析法是从事物质的规定性上判断事物的性质,确定它是什么和不是什么,定量分析法是从事物的量的规定性上确定事物数量的大小,任何事物都是质和量的统一,没有只有质而无量的事物存在,也没有只有量而无质的事物存在。定性分析法和定量分析法是辩证统一的。例如,马克思在考察简单的、个别的、偶然的价值形式时,首先分析等式两端相对价值形式和等价形式的质的规定性,说明处在相对价值形式的物品自身不能表现和反映其价值,而处在等价形式的物品成为价值的表现材料,进而考察相对价值形式和等价形式交换的比例和量的规定性,说明它们变化的关系。

(二)创造性思维

创造性思维是指在科学研究中用"求异手段"反映客观世界中别人没有发现或别人没有涉及过的事物以及在分析别人认识的基础上提出

---

① 马克思:《资本论》第一卷,人民出版社 1975 年版,第 819 页。

新的看法与见解的思维活动。科学的发展与创新,是科学赖以存在的基础。创造性思维主要包括形象思维和灵感思维的方法。

1. 形象思维

形象思维是指以"形象"的手段,把人们实践过程中获得的感性材料,通过想象、联想和幻想,并伴随着强烈的感情和鲜明的态度,用集中概括的方法再现或再造形象以表达某种认识和某种感情的思维形式。

2. 灵感思维

灵感思维是指在科学探索、艺术创作以及日常交往和处事应对过程中,对某一问题的思考使思想高度集中,情绪极其高涨时,因受到有关事物的偶然启发或触动,思想顿悟,心灵豁然开朗而突然表现出来的一种创造性的思维活动,它是人们在一种不知不觉中突然发生的思维形式。

灵感思维是人们大脑的高级反映形式,它的发生不是凭空想象的,不是坐在房间中的苦思冥想,而是同艰苦的思想劳动、长期的知识积累以及外界的某种刺激的触发等因素综合的结果;是人们大脑中存储的、隐伏的信息与偶发实践相撞而迸发出的思想火花,是将思考的内容与既有知识有机沟通的产物。正如人们常说的"茅塞顿开",是潜意识的显性化的结果。

正确掌握和运用这些思维方法是非常必要的,是形成良好的科学素养所不可缺少的。而学术论文的形成,离不开正确的研究方法。没有科学的研究方法,收集到的资料只能是杂乱无章的死东西,不能派上任何用场,也不会有任何收获。因此,只有掌握了科学的研究方法,才能正确地认识世界,才能探索到世界的本来面目。我们可形象地把研究方法称为开启知识的钥匙。

第二节 科学研究方法

对科学研究的方法,可以从不同的角度进行分析,常用的方法主要可以分为经验的方法、理论的方法和现代科学的研究方法。

　　所谓经验的方法是指通过我们的感官认识世界、了解世界的方法。即通过视觉、听觉、味觉和触觉，在与客观事物的接触中，将感官感觉到的东西加以理性的分析，从而达到对世界认识的方法。它是通过对事物的外部表现，发现它们之间的内在联系和事物发展变化的规律。这种方法是人类认识最基本的方法。经验的方法主要有：观察方法、实验方法和情报整理方法。

　　所谓理论的方法是指人们运用逻辑思维的形式去分析研究自然和人类社会所形成的一系列研究方法，在对事物内在联系的考察中提示事物发展变化的规律。理论的方法主要有：演绎法和归纳法、分析法和综合法、比较法和类比法、历史方法和逻辑方法等。

　　所谓现代科学的研究方法是指 20 世纪中叶以来人类在对自然界的探索和考察过程中产生的研究方法，这些研究方法又都先后运用于社会科学研究之中。现代科学的研究方法主要有：系统论、控制论、信息论、耗散结构论、协同论和超循环论等。本节我们仅对经验方法、现代科学研究方法摘其要点进行一些介绍。

一、观察与实验

　　观察是指对客观对象进行的有计划的、周密细致的感觉活动。实验是指根据科研的需要，人为地控制和模仿客观现象，排除各种干扰，专门研究规律的一种特定的实践活动。实验在自然科学领域里运用相当广泛，一切科技成果的获得均离不开实验。

　　观察实验是独创性的萌芽和基础，占有重要地位，甚至起决定作用。因为，没有观察和实验，我们就不能发现问题，就不能知道事物的产生和发展，就无法了解和掌握事物发展变化的规律。

　　进行观察实验，不仅要有耐心、有效力，还必须要细心、用心，善于分析比较，从中发现问题。善于将每次观察实验的情况及结果进行分析比较，找出不同的特点和规律，也是至关重要的。因为只有这样，才能有所发现，才能在思想认识上产生飞跃，由感性认识上升到理性认识，才能有新发现，推出新理论，得出新方法。

　　观察和实验都必须遵照循序渐进的原则，按照一定的程序进行操作,不能异想天开,突发奇想,不按规则办事,否则,最后的结论就是主观的产物,没有任何科学的价值。

二、假设方法

假设是对研究对象的抽象,由于事物是相互联系、相互影响的,如果要将所有的影响因素全部都考虑进来,我们就不可能解决任何一个问题。自然科学的研究可以在实验室中,在一个比较纯粹的环境中去探询自然的秘密,而社会科学就要用抽象力,排除一些次要的因素,从它们的基本变量中去探索事物间的相互联系,发现变化的规律。如在经济学的研究中,我们首先就要确定哪些是内生变量,哪些是外生变量,所以,从这一点来说,假设不假,完全是符合客观世界的,只不过是经过了思维的抽象。最后得出的结论要运用到实践中去,就需要逐步放松假设条件,去指导实际工作。恩格斯曾明确地肯定了假设在科学研究过程中的作用和地位,他说:"只要自然科学在思维着,它们的发展形式就是假说。"①

三、数学方法

早在一百多年前,马克思对数学在一门学科中的运用就极为推崇,他说过:"一种科学只有在成功地运用数学时,才算达到了真正完善的地步",数学现在已经成为现代经济学研究中最重要的工具。由于科学假设为研究提供了平台,建立参照系和给出的分析工具都需要数学,所以,经济学数学化是经济学研究不断向纵深发展的必然,而经济学者之间的工具竞争加剧了经济学数学化的趋势。这就不难理解为什么数理分析的方法在现代经济学中成为主要的研究方法。如果经济学没有采用数学,经济学就不可能成为现代经济学。可以说,学好数学几乎是学好现代经济学的必要条件。数学在现代经济学的作用是:第一,使得所用语言更加准确和精炼,假设前提条件的陈述更加清楚,这样可以减少许多由于定义不清所造成的争议。第二,分析的逻辑更加严谨,并且清楚地阐明了一个经济结论成立的边界和适应范围,给出了一个理论结

---

① 《马克思恩格斯选集》第3卷,人民出版社,1972年,第561页。

论成立的确切条件；否则的话，往往会导致一个理论的滥用。第三，利用数学便于得到直观难以得到的结果。比如，从直观上来看，根据供给和需求法则，只要供给和需求量不相等，竞争的市场就会由看不见的手，通过市场价格的调整，达到市场均衡，但这个结论并不总是成立。第四，它可改进或推广已有的经济理论。

然而，光懂数学还不能成为一个很好的经济学家，还要深刻理解现代经济学的分析框架和研究方法，对现实经济环境、经济问题有很好的直觉和洞察力。学经济学时不仅要从数学的角度去了解一些术语、概念和结果，更重要的是，即使它们是用数学的语言或几何的图形给出的，也要尽可能弄清它们的经济学含义。因而在学习经济学时不要被文中的数学公式、数学符号等迷惑住。社会经济关系是错综复杂的，一些经济关系是无法用数学语言能够表达的，如果一味地去用数学来装点门面，势必使研究的结论无任何实际的意义。

同时，我们也应注意到在历史进程中出现的炫耀性使用数学、过度性使用数学的趋势。1973 年诺贝尔经济学奖获得者瓦西里·里昂惕夫、1988 年诺贝尔经济学奖获得者莫里斯·阿莱等一些著名经济学家都提出了批评："当代经济学文献在完全人为的脱离现实的数学模型的指导下，过于经常地越来越受到数学形式主义的左右，而这在根本上说是一种大大的退步。"[①]对初次进行学术论文写作的人来说，正确的使用数学工具，对论文的研究和完成是大有裨益的。

四、类比方法

类比方法，也称类推方法，是充分利用已有知识，对未知的问题进行科学概括的试探性研究方法。它是根据两个或两类问题之间的某些方面的相似或相同而推出它们在某些方面可能相似或相同的逻辑方法。

---

① 转引自张恩众：《经济学家为什么需要数学》，《经济学家茶座》，2006 年第 3 期，第 65 页。

类比方法不仅在科研与创造发明中起着重要作用,而且能够启迪人们的思维。黑格尔说:类比的方法"在经验科学里占很高的地位,而且科学家也曾按照这种推论的方式获得很重要的结果。"①如在经济学研究中,将自然科学研究的成果,如系统论思想,类比到经济学中,说明经济社会的运动规律符合系统论的一般原理,从而建立了经济学系统观的理论和方法。

由于类比是一种偶然性比较大的推理形式,我们在运用类比方法时,一定要明确,它的前提真实并不能保证结论的真实,因为,前提和结论并没有直接的因果关系。而且是将一类对象所具有的属性移植到另一类对象上去,其结论不是必然地成立。只有在运用类比方法的同时,运用其他的逻辑方法,才可能保证结论的科学。

五、"老三论"与"新三论"

随着现代科学技术的发展,人类在研究方法上又取得了突破性进展。在20世纪中叶,现代科学形成了系统论、控制论、信息论,在20世纪后半期又形成了耗散结构论、协同论和超循环论。通常人们将前者称为"老三论",后者称为"新三论"。

系统论的创始人贝塔朗菲认为:应当把事物看成一个整体或系统来研究,并用数学模型描述和确定系统的结构和行为。他进一步将系统方法上升到理论高度,从而创立了系统论这一新的学科。控制论的创始人维纳认为,各门学科之间相互渗透已成为科学发展的潮流,因此,我们要用正负反馈的方法来揭示科学技术和社会实践过程调节控制的规律。信息论的创始人申农提出了对信息传输和信息处理系统进行数量化的研究方法,研究了信息的获取、加工、处理、传输和控制的科学理论。普利高津对一个远离平衡的开放系统,在外界条件变化达到某一特定阀值,量变可能引起质变时,如何在能量转化中保持稳定和有序状态,提出了耗散结构论。协同论是描述非平衡系统在演变过程中,在外部作用下,系统中子系统间的自发的独立运动而产生

① 黑格尔:《小逻辑》,商务印书馆,1980年版,第368页。

的协同。这是哈肯告诉我们的。艾肯在超循环论中认为循环现象较常见,并进一步认为存在高等循环或循环组成的循环来保证系统的正常运行。

虽然"老三论"与"新三论"都是在自然科学领域中取得的,但是对于社会和经济管理来说,仍有重要的理论意义和实践意义,成为现代经济学研究的重要方法,因为人类社会自身就是一个系统,如何认识系统间的依存关系,如何维持系统之间的平衡是我们的一项重要工作。任何社会经济活动和决策的作出都离不开信息,离不开信息的传导、反馈和处理。只有具备了系统观的思想,才可能了解现实经济的运行。

如何保持一个社会经济的能量交换与运行的有序,如何从无序走向有序,如何维持社会经济各环节的良性循环,是世界各国社会经济追求的最高目标,也是维持世界稳定的重要内容。"老三论"与"新三论",不仅给社会经济管理提供了直接的启迪,而且它们的基本原理和伟大思想已直接运用到社会经济的各个方面。因此,在学习和研究经济管理的基本问题的同时,更应该多学习自然科学的基本理论,从中获取丰富的营养。

第三节　马克思主义政治经济学的研究方法

纵观经济学的发展史,我们会看到,经济学理论的发展和经济学理论发展的研究方法在一同发展,可以说,它们是经济学发展这一整体的两个方面。马克思主义历来重视科学的研究方法,没有科学的研究方法将无法观察世界,了解世界,从而不能解决任何问题。在政治经济学的研究中,马克思的鸿篇大作《资本论》,就是科学方法应用的产物,是科学方法应用的典范。正如列宁所说:"虽说马克思没有遗留下'逻辑'(大写字母的),但留下了'资本论'的逻辑,应当充分地利用这种逻辑来解决当前问题。在'资本论'中,逻辑、辩证法和唯物主义认识论(不必三个词,它们是同一个东西)都应用于同一门科学,而唯物主义则从黑格尔那里吸取了全部有价值的东西,并且向前推进了这些有价值的东西。"①这里,我们不准备全面、系统地介绍马克思主义的研究方法,仅就其中重要的研究方法作一简要的介绍。

一、矛盾分析法

马克思曾明确地把《资本论》的研究方法概括为唯物辩证法,而对立统一的方法即矛盾分析的方法,则又是辩证法的核心和实质。资本主义到处都可以看到矛盾的分裂、斗争、统一和向新的范畴转化,即旧的矛盾的解决和新的矛盾的产生,正是矛盾运动推动了资本主义的产生、发展到灭亡的历史过程,因此,矛盾分析法是马克思主义研究社会经济关系的基本方法。正如列宁所说:马克思"首先分析资产阶级社会(商品社会)里最简单、最普通、最基本、最常见、最平凡,碰到过亿万次的关系——商品交换,这一分析从这个最简单的现象中(从资产阶级社会的这个'细胞'中)揭示出现代社会的一切矛盾(或一切矛盾的胚芽)。往后的叙述为我们表明这些矛盾和这个社会的发展,在这个社会的各个部分总和中的、从这个社会的开始到终结的发展(既是生长又是运动)。"②可见,矛盾分析法在马克思经济学分析中的重要地位。矛盾分析法是人类优秀思想成果在马克思主义政治经济学中的凝结。

客观存在的任何事物为什么不是一成不变的,而是总处在变化发展中,总是由低级向高级发展,总是旧的灭亡了新的产生了,总是新的事物取代旧的事物? 这一切根源于事物的内部构造,根源于内部的对立统一的关系。所以,物的动与"不动"的存在不是以外力是否作用,而是以内在的矛盾运动为前提。人类对事物的发展变化的认识,经历了一个长久的认识过程。在人类发展的初期,人类的思维还处于很低的水平,还不能进行辩证的思维,还不懂得事物内部的矛盾运动规律。随着人类实践经验的不断积累,对客观世界认识的不断深化,人类的辩证

---

① 《列宁全集》第38卷,人民出版社1963年版,第357页。

② 《列宁选集》第3卷,人民出版社1972年版,第712～713页。

思维也逐渐形成,逐渐认识和掌握了事物本质的内在矛盾规律。马克思将黑格尔揭示的对立统一规律建立在唯物主义的基础上,不仅成为人类认识自然世界的重要方法,而且运用于人类社会之中,揭示了人类社会的发展变化规律。

在马克思主义政治经济学中,马克思从最简单、最普遍、最一般的商品出发,通过对商品内在矛盾的分析,揭示了劳动的二重性,揭示了简单商品经济下的矛盾,进而又揭示了资本总公式的矛盾,揭示了资本主义生产的秘密,揭示了资本积累的矛盾,揭示了资本流通的矛盾,揭示了剩余价值分配的矛盾,揭示了无产阶级与资产阶级的矛盾,揭示了资本主义的基本矛盾,揭示了资本主义积累的历史趋势。总之,马克思正是运用矛盾分析法揭示了人类社会的发展规律,创立了广义政治经济学。

二、研究方法与叙述方法

如何建立政治经济学体系,在经济学说史上有过两种方法,第一种方法是由具体范畴到抽象范畴的叙述方法,第二种方法是由抽象范畴到具体范畴的叙述方法。前者是 17 世纪政治经济学产生时期,配第等人走过的道路,他们从人口、民族、国家等生动的整体出发,最后抽象出一些最一般的规定。后者是由斯密、李嘉图从已经抽象出来的简单范畴,如劳动、分工、交换价值等出发,上升到国家、国际交换、世界市场等具体范畴,从而开始出现了各种经济学体系。马克思指出:第一种方法是错误的,"后一种方法显然是科学上正确的方法。"[①]因为,科学抽象出来的简单范畴只是反映客观具体的、片面的、局部的规定性,而具体范畴则反映客观具体的、全面的、整体的规定。因此,逻辑的叙述是从具体到抽象,那是逆行的思路。从抽象到具体,那是顺行的思路。具体是"许多规定的综合,因而是多样性的统一。因此,它在思维中表现为综合的过程,表现为结果,而不是表现为起点,虽然它是现实的起点,因而也是直观和表象的起点。"[②]

---

①、②　马克思:《马克思恩格斯全集》第46卷上册,人民出版社 1979 年版,第38 页。

当然，马克思指出：第一条道路是错误的，是就叙述方法而言，并不是说研究资本主义社会可以不用具体到抽象的方法，相反，这两种方法在研究时是紧密结合起来的。马克思在《资本论》第一卷1872年第二版跋中讲到，"在形式上，叙述方法必须与研究方法不同，研究必须充分地占有材料，分析它的各种发展形式，探寻这些形式的内在联系。只有这项工作完成以后，现实的运动才能适当地叙述出来。这点一旦做到，材料的生命一旦观念的反映出来，呈现在我们面前的就好像是一个先验的结构了。"①

叙述方法不同于研究方法，在于它略去了由具体到抽象这一步，它的任务在于把具体在理论上再现出来，是本质的再现，因此，它在形式上根本不同于研究方法。

三、抽象到具体的方法

由抽象到具体的叙述方法，是以详细占有材料进行大量的研究工作、完成由具体到抽象这一步为前提的。研究的任务在于把表象中的具体加工成思维中丰富的总体，而这个过程必须经过一系列的抽象。第一步对具体进行分解，抽象出一些最简单的、最一般的规定，"从表象中的具体达到越来越稀薄的抽象，直到达到一些最简单的规定"②。第二步再从简单的规定出发，找出它由简单到复杂、由低级到高级发展的形式和内在联系，达到思维的整体。由表象中的具体达到最简单的规定，是低层次的抽象，由简单规定达到思维中的总体，是高层次的抽象。经过思维的加工，呈现在我们面前的具体"已不是关于整体的一个混沌的表象，而是一个具有许多规定和关系的丰富的总体了"③。所以，研究包括两个阶段，没有具体到抽象，客观的具体在头脑中就只能是混沌的整体的表象；而没有抽象到具体来补充，就只能得到一些无关联的个别要素，不能获得一个有机联系的丰富总体。因此，就研究方法而言，

---

① 马克思：《资本论》第一卷，人民出版社1975年版，第23～24页。
② 马克思：《马克思恩格斯全集》第46卷上册，人民出版社1979年版，第37页。
③ 马克思：《马克思恩格斯全集》第46卷上册，人民出版社1979年版，第38页。

学说史上由第一条道路到第二条道路是思维认识客观具体的必然过程,符合思维的发展规律。

用抽象到具体的方法建立起来的逻辑结构,在形式上看起来似乎是纯思辨的,但是,它根本不同于黑格尔的纯思辨的逻辑方法。

客观具体在思维中表现为抽象到具体的范畴运动,虽然抽象范畴如交换价值在现实中总是作为一定的具体总体(某个国家或社会)的一个单方面的关系而存在,但思维是在纯粹形式上把握交换价值,在范畴运动的开端,交换价值被抽去和具体整体的一切联系,表现为独立自在的东西,通过范畴的运动导致具体的再现。在黑格尔看来,客观上存在的具体不是独立于人们的头脑之外,而是因人们思维而存在,是思维的产物;经济范畴不是经济关系在理论上的抽象,经济关系倒被看做经济范畴运动的外化。因此,黑格尔认为,现实世界如资本主义社会不是客观上以交换关系为发展的结果,却是人们头脑中固有的范畴,是概念发展的表现和结果。由于颠倒了范畴运动和现实运动的关系,黑格尔把抽象上升到具体的方法看成是具体本身的产生过程,而不是思维对客观具体的反映和推理的过程。马克思指出"其实,从抽象上升到具体的方法,只是思维用来掌握具体、把它当做一个精神上的具体再现出来的方式。但绝不是具体本身的产生过程"①。

四、典型分析法

典型分析法是马克思研究社会经济关系的重要方法之一。从事物的内在矛盾运动来看,当矛盾还处在萌芽状态,矛盾还没有充分地表露出来时,我们还不能充分地认识它,即使认识了还是十分有限的,还是不深刻的,反映出认识的局限性和阶段性。而对发育水平较高国家社会经济的考察研究,就可以更加充分和深刻地认识事物的矛盾运动,更有利于我们把握事物发展变化的规律。

由于人类社会的发展是不平衡的,虽然每一个国家的发展会受自然的、历史的、文化的、民族的、习俗的等因素的影响,表现出较大的差

---

① 马克思:《马克思恩格斯全集》第 46 卷上册,人民出版社 1979 年版,第 38 页。

异性,但是,人类社会的发展是有规律的,从先行一步国家总结出来的理论和经验,对后发国家是有重要借鉴意义的。因此,马克思说道:"到现在为止,这种生产方式的典型地点是英国。因此,我在理论阐述上主要用英国作为例证。"同时他还讲到:"工业较发达的国家向工业较不发达的国家所显示的,只是后者未来的景象。"①这不仅对我们理论研究具有重要的指导意义,而且对认识我国社会经济的发展,学习和借鉴发达国家的理论和经验也具有重要的指导意义。

五、逻辑与历史统一的方法

历史发展是纷繁复杂的,逻辑不能处处与历史一致。逻辑与历史的统一是指逻辑反映历史进程的内在必然性。逻辑的形式与历史的形式有很大的区别,历史由于受多种因素的干扰,常常是跳跃式的、曲折的前进。逻辑则以纯粹的形式反映历史,它排除了历史发展的偶然的、非本质的因素,使思想进程更加连贯。逻辑反映历史也不是处处按照经济关系出现的先后顺序,"它们的次序倒是由它们在现代资产阶级社会中的相互关系决定的,这种关系同表现出来的它们的自然次序或者符合历史发展的次序恰好相反"②。因为既然研究的对象是资本主义社会,运用逻辑方法建立政治经济学体系,就必须时刻把握研究的主体,安排范畴的进程要反映资本主义社会的本质及其发展过程。在资本主义社会,资本是支配一切的经济权力,因此,要认识资本主义社会,资本应成为研究的起点和终点,只有按照经济范畴在资本主义社会的内部结构排列,才能把研究对象本质地再现出来。在《资本论》中,马克思处理资本积累和原始积累,近代商业资本、借贷资本和历史上先于资本主义生产的商业资本、高利贷资本的关系时,都体现了逻辑对历史的"修正",而这种"修正"正是按照现实的历史过程本身的规律修正的③。因而能达到更好地说明历史,反映历史本质联系的目的。

---

① 马克思:《资本论》第一卷,人民出版社 1975 年版,第 8 页。
② 马克思:《马克思恩格斯全集》第 46 卷上册,人民出版社 1979 年版,第 45 页。
③ 马克思:《马克思恩格斯选集》,第 2 卷,人民出版社 1972 年版,第 122 页。

　　马克思还指出,资本主义社会是人类历史上最发达、最复杂的生产组织的社会,因此"那些表现它的各种关系的范畴以及对于它的结构的理解,同时也能使我们透视一切已经覆灭的社会形式的结构和生产关系"①,归根到底,是历史发展引出逻辑形式,而不是逻辑形式引出历史发展。

　　除此之外,还有特殊到一般、一般到特殊、科学假定方法、定性分析与定量分析、动态分析等方法,这些重要的研究方法都值得我们认真研究和学习。

第四节　　现代经济学常用的研究方法

　　我们注意到,每门科学又有自己的研究方法,经济学自然也不例外;并且经济学在自身的发展中也不断向其他学科学习,从其他学科中吸取和借鉴了许多研究方法,成为经济学研究的重要方法。现代经济学在理论自身发展的同时,其研究方法也在不断地完善和发展,下面我们着重介绍和分析现代经济学的一些重要研究方法。

一、边际分析法

　　边际(margin)一词的最一般含义是指事物在时间或空间上的边缘或界限,它是表示事物数量的概念。经济学中的边际分析始于伯努里对货币边际效用变化现象的考察,而边际分析的首创者则是 1750 年的加利阿尼。以后主要在级差地租的研究上有所发展。但自 19 世纪 70 年代到 20 世纪 30 年代,才是边际分析在西方经济学的大发展时期,通常被称为"边际革命"时期。

　　人类的经济活动呈现出一种数量关系,经济学可以用数学语言和图表、曲线来说明问题,当微分概念的引入,数学分析被广泛地运用于经济学中来解决经济问题,各种经济变量的关系就变得清晰、可靠了,经济学越来越精确了。数学在经济学中的成功运用,大大提升了数学

在经济分析中的地位,使人们用更大的精力注重经济学的数量化分析。数量分析、经济模型在经济学研究中逐渐占据重要地位,成为经济学研究的一个基本方法。

在这一研究方法的倡导下,边际主义分析者认为,人们从事经济活动的目的是为了实现利益最大化,唯有用数学方法来对各种经济变量之间的函数关系进行分析,才能通过数学模型来求解经济活动中的各种数量组合,并以此为依据来指导人们的经济活动。

二、实证方法和规范方法

实证研究方法最早始于自然科学领域,随后进入经济学等社会科学领域。其历史可以追溯到古典经济学时期的纳索·丹尼尔和约翰·穆勒,最早以理论形式出现在大卫·休谟的《人性论》中。最为突出的是实证方法和规范方法。

实证分析方法是指那些摆脱或排斥一切价值判断,只研究经济本身的内在规律,并根据这些规律来分析和预测经济行为效果。即一种根据事实加以验证的陈述,而这种实证性的陈述则可以简化为某种能根据经验数据加以证明的形式。在运用实证分析方法来研究经济问题时,就是要提出用于解释事实(即经济现象)的理论,并以此为根据做出预测。这也就是形成经济理论的过程①。显然实证分析要解决的是"是什么"(What is)的问题,说明它本身是什么,而不带有任何的价值评价。

实证分析方法的理论组成是:一个完整的理论包括定义、假设、假说和预测。理论的形成是:首先要对所研究的经济变量确定定义,并提出一些假设条件。然后根据这些定义和假设提出一种假说。根据这种假说可以提出对未来的预测。最后,用事实来验证这一预测是否正确。如果预测是正确的,这一假说就是正确的理论。如果预测是不正确的,这种假说就是错误的,要被放弃,或进行修改。

---

①　关于实证分析方法精辟的论述可以参看 M·弗里德曼:《实证经济学的方法论》,《弗里德曼文萃》,北京经济学院出版社 1991 年版,第 191~235 页。

　　规范分析方法是指从一定的价值判断入手，提出某些分析和处理经济问题的标准，并以此树立起经济理论的前提，作为经济政策制定的依据。规范分析方法要解决的是"应该是什么"（what ought to be）的问题，说明经济行为本身应该是什么，是人们对事物本身的一种评价，反映价值判断的标准。

　　虽然现在人们对实证方法和规范方法提出了种种质疑①，但是，仍然不失为一种重要的研究方法。实证分析方法不是经济学研究方法的唯一选项，规范分析方法仍然是经济学内在的本质规定性，它不会随着实证分析方法的进一步成熟和完善而趋于终结。

　　三、制度分析方法

　　在市场机制的作用下，经济活动并不总是具有最高的效率，市场失败成为一种并非偶然的现象。人们发现经济活动中存在着十分复杂的经济关系，定量分析的精确性却不能有效地解决复杂的经济关系。因此，人们开始关注现实经济生活中的各种经济关系和经济制度问题，更多地从经济关系和制度的角度来研究经济问题，通过寻找一种新的制度安排来处理经济活动中的各种利益矛盾。

　　20世纪中期以来，新制度经济学的兴起，又从新的角度拓展了对制度问题研究的思路，制度分析方法在经济学研究中得到了人们极大的关注。一个是诺思在对经济史研究中取得的新成果，另一个是以科斯为首的以交易费用、契约理论为主轴的研究思路。

　　总之，现代经济学以研究方法综合化为特点的经济学研究方法创新，其实质就是要综合运用各种研究方法。通过机制研究方法，揭示客观经济规律对经济活动产生自发作用的内在机理；通过数量研究方法，揭示各经济变量之间内在的数量关系；通过制度研究方法，揭示经济关系的本质以及人们主观行为与经济发展的内在联系②。

---

　　①　参见杜金沛、邢祖礼：《实证经济学与规范经济学：科学标准的辨析》，《财经研究》，2005年，第12期。

　　②　详见顾钰民：《经济学研究方法的比较研究》，《经济学动态》，2006年，第6期。

另外,每门科学虽有不同的研究对象,但有一些共同的研究方法;同时,一门科学的研究方法也会在另一门科学中运用,例如,博弈论在经济学中的广泛应用就是典型的、成功的范例。

 拓展性阅读

国际贸易与国家利益

国际贸易理论的主流学派一直倡导自由贸易政策,其基本论断是:无论是对各个国家还是整个世界来说,自由贸易可以产生基于比较优势的资源配置效应,从而增加整个社会福利。在18世纪古典政治经济学中,亚当·斯密不仅在国内经济生活方面,而且在对外贸易方面也赞成完全自由。他断言,国际间的地域分工是"自然"形成的。为了论证自由贸易的优越性,大卫·李嘉图发展了斯密的国际分工理论,提出了所谓比较成本学说。这个学说被后来的经济学家所极力推崇,并被看成是支配国际贸易的永恒规律。

他们作为自由竞争和自由贸易的倡导者,其自由观点基于三个假定前提:第一,个人是政治经济学的基本角色和分析单位;第二,个人是理性的;第三,个人是通过商品交换来实现其效用满足最大化。政府的经济角色相对有限,任何形式的政府干预会限制市场力量,从而阻碍贸易的发生。诚然,自由主义者也承认某些"公共物品"应由政府而不是由市场提供,认为政府在维护自由竞争中起到了不可缺少的作用。推广到国际经济领域,自由主义者强调了不仅国家内部而且国家之间利益协调的重要性。一个有力的历史佐证是,19世纪英国废除谷物法取得自由贸易的伟大胜利,不仅给英国而且给其他国家带来利益。自由贸易将增进各国福利水平,从而亦使国家冲突和战争缺乏经济基础。同样,政府也需要管理国际经济,通过建立各种经济制度,来保证国际竞争的公平进行。

自由贸易政策将提高世界范围内的要素配置效率,增进各国的经济福利。贸易保护经常盛行的国际贸易政策演进,然而,形形色色的贸易保护主义却是国际贸易政策的现实,而且当今世界各国广泛使用的政策工具与国际贸易理论分析也是相违背的。一般认为,造成这种反论的根本原因在于,国际贸易纯理论的假定前提,在现实世界中并未得到充分的满足。新贸易理论则引入了不完全竞争和规模经济,在纯经济分析方面作了进一步的创新阐释。贸易政策的政治经济学强调贸易政策并不仅仅简单出自建立在经济学家的成本—收益之上的效率计量,而且与政治因素密切相关。通过运用政治行为的经济分析,考察政治决策过程中贸易政策的选择和变化、各国的相互作用和国内的结构特征。经济效率最优的保护政策工具应是针对国内生产直接进行补贴,而不是征收关税,更不应该是采用配额、许可证、自愿出口限制等保护成本很高的非关税壁垒。但在现实中,政府通常更偏向于以非关税壁垒为工具。为什么现实与理论相悖?

　　(参见严建苗:《国际贸易政策的政治经济学分析》,《经济学动态》,2002 年第 5 期。耿伟:《关于贸易保护政策选择的理论分析》,《中央财经大学学报》,2003 年第 7 期。)

第五章　自我评价

对毕业论文写作顺序的基本路径和方法，可用一句俗话概括，就是要过好"七关"，即自我评价、取材、选题、构思、起草、修改和定稿。只要逐一过了这七个"关口"，毕业论文就最终完成了（详见图5-1）。以上七个方面的工作是毕业论文写作必不可少的，但不是截然分开的，它们之间也存在着包容和交叉的关系，有时还会进入下一阶段后再回到上一阶段作进一步的补充和完善，个别关口的先后顺序也是可以互换进行的①。无论怎样，"七关"缺一不可，没有经过七个环节的严格训练，是不可能完成论文写作的。即使侥幸完成了，质量也无法得到保证。

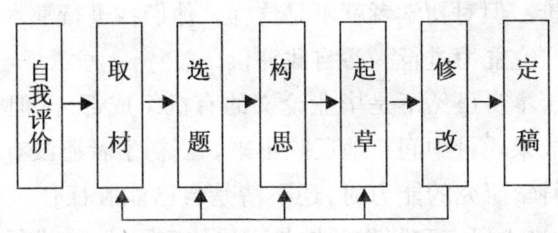

图 5-1

本章将介绍毕业论文写作的第一关——自我评价。勇于解剖自己，熟悉自己进行科学研究的基本情况，才能扬长避短，发挥优势。

---

① 在先选题还是先取材的逻辑顺序上，人们有不同的认识。只有取得了材料，有了一定的知识积累，才可能从中去选题；选择了论文题目的方向，才能集中精力和目标去获取相关的材料。其实在选题和取材上，它们往往是交织在一起的，有时很难分出先后的。有了一定的材料，就为确定选题奠定了基础和明确了方向；有了选题，就进一步明确了选择材料的方向和选取什么样的材料。因此，二者是相辅相成的，相互促进的。针对目前大学生毕业论文写作时的实际，笔者认为，先有搜集和鉴别材料，后有选题的过程是较为适宜的。

第一节　自我评价的意义

一、自我评价在毕业论文写作中的地位

自我评价是关系毕业论文成败的第一关。这里说的自我评价，不是讲作者对自己的身体素质状况进行的评价，也不是讲作者对自己政治思想素养高低的评价；也不是单指作者对自己的知识结构和各方面能力的评价，而是指作者在毕业论文写作时对自己的个人经历、心理素质、专业知识结构和研究能力水平进行的基本评价。

对于常年进行理论研究的专家学者来说，由于他们熟悉自己的专业特长和研究方向，非常清楚研究领域的基本动向，知道自己能在什么方面有所突破，并取得相应的成绩。因此，自我评价在他们的科学研究中是完全可忽略的，或者说他们在进入该研究领域之前就已经对自己进行了基本评价，而无需在每次研究时都要对自己的知识结构和能力进行自我评价。但对初学者就不是这样。他们在进行学术研究时则必须对自己的研究能力进行一番自我评价。

自我评价本身虽然不是毕业论文的有机组成部分，但它会在论文完成的最终成果质量中间接地反映出来。当初学者还没有能够充分了解自己从事科学研究的能力时，还不清楚自己能胜任什么样的科学研究时，就匆忙进入研究和写作领域是不妥的。因此，在进行毕业论文写作前要对自己的能力、特长有一个基本的了解是十分必要的。实践证明，没有经过或没有很好经过自我评价这一关的人，就难以顺利进行毕业论文的写作。

二、自我评价的意义

自我评价可以保证作者在选题和研究过程中能正确地把握自己，防止走失了方向。因为，毕业论文是理论性很强的文章，它要求作者应具备一定的理论基础，并且在某一方向上、某一方面上有较坚实的理论素养，这不仅对发现问题、解决问题创造了条件，而且也为研究的深度提供了保证。我们要确定论文题目，要较顺利预期完成，要有感而发，

要有所创新,就不能离开对自己知识结构和研究能力的水平进行总体评价。因此,自我评价,对初次进行毕业论文写作的学生来说,不仅是必要的,而且是十分重要的。

自我评价可以保证作者在选题和研究过程中能正确地把握自己,防止研究难以进行。毕业论文是一个理论性很强的工作。基础理论型论文和应用技术型论文都存在理论层面的问题,但它们对理论材料和实践材料的掌握和运用的要求是不同的,对能否进行创新的方向要求是不同的。因此,通过自我评价,发现自己的知识结构状况,在什么方面擅长、有优势,从而有针对性地选择适合自己的议题,便于进行创新性活动。

自我评价可以保证作者在选题和研究过程中能正确地把握自己,防止增加不必要的难度。毕业论文是一个综合性很强的能力训练,不仅要求我们要进行材料搜集、处理和运用,要进行必要的社会调查,而且也要求有一定的数学基础和文字表达能力。但是,论文选题不同,对以上各方面的要求也就不同。因此,通过自我评价,可以发现自己在哪一方面的能力更突出一些,自己是在理论材料的搜集和整理上有优势,还是在事实材料的搜集和整理上有优势;自己是在定性分析上有优势,还是在定量分析上有优势。从而决定自己选题的方向和研究的重点。

总之,毕业论文的选题不同于我们参加的命题考试,在不脱离自己专业的前提下,它有一定的选择性,可以最大限度地发挥我们的主观能动性。如何去选择适合自己的课题,就首先要通过自我评价,扬长避短,充分发挥自己的优势和强项,选择利于自己能力发挥的课题,这样做不仅能保证毕业论文写作的顺利完成,而且能够高质量地完成毕业论文。

第二节 自我评价的内容

一、对个人经历的评价

个人经历是人们参与社会生活的记录,也是人们对社会生活的认识、感悟的记录。这种经历形成了人们观察事物、理解各种现象的基本视角,也形成了特定的世界观、人生观和价值观。因此,对于以观察和理解经济现象为目的的经济研究来说,同样也离不开个人经历和经验的帮助。每个人特定的人生经历为他观察现实世界、观察经济生活提供了一种特定的视角。

每个人总是生活在社会的某一特定的位置,所走过的也往往是一条特定的人生道路。不同的人对现实社会的认识不同,对社会生活的感受也就不同。一种经济现象在有些人看来也许理所当然、司空见惯,但对另一些人看来则可能新奇和不解。每个人总是生活在不同的家庭之中,家庭在社会中所处的阶层、地位,构成对现实社会认识的不同,对社会生活感受的不同。一种经济现象对这个家庭经历的人来说是习以为常的,对另一家庭经历的人来说则是不可理喻的。一个人因某种偶然因素导致人生轨迹的变化,也会因路径依赖而改变对人生的态度,对世界的看法。甚至结交朋友圈的改变,也会从不同的视角去看待世界,认识现实经济生活。总之,一个人在社会经济生活中的各种经历、各种体验、各种观察,各种感受,常常会成为研究某一问题的最初来源。许多有价值的、有创造性的、切实可行的研究问题,正是从每个人的经历和经验中,特别是从个人特定的生活环境、特定的生活感受中发现的,从而有了与众不同的选题。当然,一次旅行见闻,一场与朋友偶然的交谈,一件身边偶然发生的事件,一个小人物的只言片语,都有可能成为研究课题的起因。

二、对自身素质和创新意识的评价

毕业论文是对学生理论知识掌握和运用的检验,是对学生文字表达能力的检验,更是对分析判断能力的检验。在自我评价中,健康的心理素质是论文写作的前提,良好的道德素质是论文写作的基础,积极的创新意识是论文写作的条件。只有具备积极探索的进取精神,才可能写出有思想、有见地的学术论文来。

所谓健康的心理素质,是指具有良好的、正确的、较强的情绪控制能力和乐观向上的自我意识。自信和理智是心理素质健康成熟的标志。始终能积极地、客观地、正确地认识自己，认真地对待现实和在现实中遇到的挫折和矛盾，积极寻求解决矛盾的办法和途径，从挫折中吸取经验教训；而不是一蹶不振，破罐子破摔，或是情绪失控，作出不理智的举动。乐观向上是我们战胜一切困难，并取得成功的重要法宝。健康的心理素质，不仅是我们做人处世的行为方式，也是从事科学研究不可或缺的重要条件。

良好的道德素质是论文写作的基础。道德是意识形态的一部分，调整人们之间及个人同社会之间关系的行为规范的总和。通过各种形式的教育和社会舆论的力量，使人们逐渐形成一定的信念、习惯、传统而发生作用，是人们参与社会行动的准则。良好的道德素质就要求人们，做人要遵守社会公德和社会规范，做人要以诚待人，做人要执著敬业，做学问要遵守学术道德，做学问要求真务实，科学严谨，做学问要持之以恒，潜心研究。

积极的创新意识。人的思维习惯是先天禀赋与后天影响合力作用的结果，它是在长期的耳濡目染并经过不断的、无意识的强化作用中形成的。思维习惯的形成，利于人们在日常生活中的互相理解，互相沟通，也利于人们相互学习，相互认同。但是，也应注意到，思维习惯存在着一定的惰性，产生一些负面的、消极的影响，从而限制了我们思维的拓展，有碍我们的创新。不良的思维习惯主要表现为：定势思维，线性思维，封闭性思维，服从性思维。这四种思维习惯是进行创新的大敌，要克服和纠正不良的思维习惯，就要求我们有怀疑一切的精神，遇到任何一个问题都要问为什么，判断它是一个有意扰乱人们视听的老问题还是新问题。要密切注意事物的发展变化，不要总停留在原有的、常态的生活氛围和思维习惯之中，要打破常规性思维。创新在疑惑中萌芽，在反思中成长，在批判中前进。

正确地对待传统。传统是人类在千百年的社会实践中形成和积淀下的文化。由于各个民族生活的地域和环境的差异，从而形成了不同民族特有的传统。这种传统必然融入于人们的意识之中，影响着人们的思维和行动。传统本身没有高下和优劣之分，但是，随着时间的推移，一部分传统就会过时，由过时的传统影响下的意识还会继续存在，并成为社会进步的绊脚石。如果我们仍困于这样的思维之中，就无法前进半步，传统就会成为创新的大敌。所谓创新，就是对传统的辩证否定。能不能正确地对待传统，不仅反映了我们对传统的基本态度，而且关系着创新。任何创新都是在传统的基础上展开的，如果拘泥于传统，时时处处被传统羁绊，我们的思维不能从传统中解放出来，就不可能有任何创新，只能在传统面前亦步亦趋；反之，如果我们藐视传统，置传统而不顾，也不会有任何创新。因为，任何有价值的创新，都是建立在传统的基础之上的，任何试图脱离和摆脱传统的创新都是不可能的，创新最终还是要借助强大的传统作用体现出自己。

总之，我们对世界的看法必须是唯物的和辩证的，才能真正具备创新的意识和素质。正如马克思所言，"辩证法在对现存事物的肯定的理解中同时包含对事物否定的理解，即对现存事物的必然灭亡的理解；辩证法对每一种既成的形式都是从不断的运动中，因而也是从它的暂时性方面去理解；辩证法不崇拜任何东西，按其本质来说，它是批判的和革命的。"[①]只有这样我们才能适应瞬息变化的世界，只有确立开放性、多维性、发散性的思维，而不是封闭性、单向性、收敛性的思维，我们才可能走出思维习惯的困境。

三、对基本理论学习和知识掌握的评价

首先，对几年理论学习的评价。现有学科专业的划分，表明每一学科都有特定的研究对象、研究方法和基本理论。在大学几年的学习中，我们系统学习和掌握了所学学科的基本理论和研究方法，有了一定的实践基础，这是我们从事理论研究的基础与出发点。在写毕业论文前，可以将它们认真地梳理一遍，进一步明确自己理论学习掌握的情况，自己对哪些理论了解、掌握得更熟练、更准确、更深刻。

其次，对自己关注问题的理论掌握情况的评价。在经济学类或工商管理类这个大学科中又可进一步细分，就是在某一门课中又可以细

---

① 　马克思：《资本论》第一卷，人民出版社 1975 年版，第 24 页。

分为若干理论。这样,每个人对问题和重点的关注可能不同,因而理论掌握的熟练程度不同,掌握理论知识的多少也是不同的。对某一方面理论动态了解和掌握的程度,自己应该清楚,这往往决定着论题的选择范围或方向。

再次,对自己关注问题的发展动态情况的大致评价。理论是现实的反映,现实又为理论的修正和发展提供了土壤。关注现实,关注理论发展,这又成为我们确定论文题目的依据。因为最熟悉的,就是最了解的,也是资料掌握最好的;是最容易找到问题的地方,也是最容易寻找到理论创新突破口的地方。

最后,对在给定时间内完成毕业论文的初步评价。毕业论文是一个学业论文,要在规定的时间内完成,把握研究问题的大小,难易程度,就不能不考虑时间的限制。因此,应选择能在既定时间内完成的研究,那些过于复杂、过于庞大的题目就应避免,可留待今后继续研究。了解和熟悉自己在四年的学习中知识的擅长和优势所在,就能最大限度地发挥主观能动性,保证论文写作的正常进行。

四、对社会环境的评价

科学探索是没有禁区的,但是,社会有没有创新所需的宽松自由的环境和学术氛围,直接限制了我们的学术研究和科学探索。在我国历史上曾存在过"文字狱",在"文化大革命"这样特殊的时代,极"左"思潮就直接扼杀了我国正常的学术研究,窒息了科学的探索。我们相信,恶劣的社会环境,可以暂时中断科学研究的进程,但是,它不能阻止科学研究的步伐。中国改革开放的时代,为科学探索提供了广阔的空间,是科学研究大好时光。只要我们本着实事求是的原则,科学探索无禁区。

毕业论文的写作,离不开理论资料和事实材料,要考虑理论资料和事实材料收集的难易程度。我们所能接触的图书馆,能否找到自己论文写作所需的理论材料和部分事实材料?我们所能接触的网络是否方便快捷地提供所需的理论材料和部分事实材料?我们从社会中搜集事实材料是否有条件,所搜集的事实材料能否保证科学研究和论文写作所需?如果这些条件不能满足或只能部分的满足,就要重新考虑我们的选题范围和目标,做力所能及的科学研究和论文写作。

对指导教师的选择,也是自我评价的分内之事。各个学校在安排毕业论文工作时,不仅要给学生们提供备选论文题目,还要提供指导教师的年龄、学历、学缘、职称、学术方向、学术专长等详细基本情况,供学生选择指导教师时参考。此时,就须对指导教师的情况进行分析,看哪一位指导教师更适合指导自己的毕业论文。通过对自己的特长和教师专长的对比分析,选择适合自己论文写作的指导教师,便于我们与指导教师达成默契,从而利于论文写作和指导的顺利进行。

第三节　自我评价的方法

一、自我评价法

结合自己的兴趣爱好和特长,看自己适合做哪种类型的论文,研究的重点应该偏向哪个方面,在哪一方面更有优势。

结合自己的生活环境和生活体验。经济学和工商管理的研究对象是与我们的生活息息相关的,从生活经历中发现题材、挖掘题材最有实践意义。一位来自黄土高原的学生和一位来自云贵高原的学生在毕业论文选题时都是写目前中国的"三农"问题,而写论文的思路和解决问题的对策迥异。因为他们曾经有完全不同的生活体验,从生活中搜集的材料完全不同,得出的结论自然也不相同。因此,结合自己的生活环境和生活体验去发挥优势,这样产生的选题更适合大学生去做,也更有条件去完成。

结合自己未来的工作志向。现在的大学毕业生都要自己到社会中去寻找工作,到高年级时就开始有了职业的初步规划,就开始有意识地为今后的工作作准备。我们在论文选题时若能与未来的工作志向结合起来,既可在理论上作准备,也为自己今后的工作实践打下更坚实的基础;既是对自己理论知识的检验,知其不足,也明确了今后努力的方向。

结合自己的考研活动。考研不仅是对所学理论知识温习、巩固和提高的专门准备,而且在复习过程中还对该领域的学术动态有了进一步的了解和掌握,相对于其他方面的理论知识来说,这一方面的理论的功底将会更扎实,更透彻,也为论文的写作提供了便利。

二、征求意见评价法

我们在进行自我评价时可能对自己了解把握得不那么准确到位,此时,我们可以向同学和老师征求意见。同学老师与自己几年相处,他们会更清楚自己的秉性、长处和短处,知道自己的优势所在。听取他们的意见和建议,能帮助自己明确选题的方向和目标。即使他们的意见与自己的认识相差甚远,我们也可以将征求来的意见做一参考。尤其是在选题上,各学校在安排学生毕业论文写作时,都要为学生提供毕业论文备选题目,供学生选题时参考。自己有时不免会眼花缭乱,眼高手低,听听别人的意见,让别人帮助参谋是非常有意义的。

三、进行自我评价时应注意的问题

首先,正确地认识自己,防止两种错误的倾向:一方面不要夸大自己的能力。夸大自己的能力主要表现为,选择与自己能力不相符的论题,自己要么不能胜任,要么在规定时间内无法完成。另一方面不要轻视自己的能力。轻视自己的能力主要表现为缺乏自信心,认为创新高不可攀,那是专家学者的事情,只有博士研究生、硕士研究生的毕业论文才有创新,大学生不适宜做这样的工作,从而缺乏自信心和完成任务的决心。

我们在论文指导中常常发现学生写得很艰难,既不是选题无价值,也不是资料搜集和整理得不够;既不是提纲拟定得不合理,也不是写作能力不高,而是因为没有很好地评价自己,选择了自己的能力难以企及的论题。

其次,注意发挥自己的优势和潜能。许多学生在进行自我评价时,往往注意对自己现有的知识水平和能力进行评价,而往往忽略了对自己潜能的评价。潜能是蕴涵在我们身体中的一种未开发的,在紧急时刻爆发出的一种能力,这种能力是我们平时不能见到和难以想象的。当全心贯注地投入在论文写作过程中时,我们会发现自己原来没有的想法现在涌现出来了,百思不得其解的问题顿然开朗了,真是"山重水复疑无路,柳暗花明又一村"。

最后,注意可能性与现实性相结合。毕业论文写作是一创造性劳动,是在前人研究的基础上的发展和创新。因此,我们的工作不能离开前人研究的成果,只有客观地评价了自己的能力,才能明确自己在毕业论文中能将理论向前推进多少,能对现有的理论作多大的改进和完善,能在研究的思路上有什么新的想法。

总之,扬长避短,选择有利于自己水平和能力发挥的选题,定会事半功倍。自我评价的准确到位,就为论文的取材和选题指明了方向,也为论文的顺利完成奠定了基础。

第四节 营建良好的学术氛围

一、营建良好学术氛围的必要性

学界的学术失范问题、学术不端行为和学术腐败现象,大有燎原之势,它已成为今日学术界的痼疾,引起国人的普遍关注。其表现形式中较隐蔽的是所谓"学术合作",公开的方式则集中体现在学术论文的抄袭、造假上面。抄袭由抄袭别人的观点到抄袭别人的文章,抄袭的方式由过去的"剪刀加糨糊",发展为"复制加粘贴",甚至简单到直接从网站上下载文章;造假由数据造假到事实造假,由隐蔽的造假发展到公开的造假。以代写论文为生的"枪手"成为 360 行之外的一个专门的职业,并在学校周围形成了不规则的市场,甚至还有人在网站上公开发帖子"明码标价",什么样的论文都能提供。这些都直接扰乱了我国的学术创作,不仅降低了我国在世界上的学术地位,而且也败坏了社会风气。

学术论文的抄袭造假,从大的方面讲是社会的浮躁,权力对学术的侵犯。"先当领导,再当院士"之语,"官有多大,学问就有多大"之言,虽说的有点过头,但这是对现实的真实写照,从一个侧面反映了我们学术园地的不纯洁。从小的方面讲,学术日益功利化,违背了学术的基本准则。学术评价机制的缺失也是形成学术造假的重要原因,各级行政部门决定学术成果的水平,简单地以论文的数量取胜,以出版社和期刊的级别判定著作和论文质量的高下,等等,可以说是我们现行的评价机制助长了学术造假的孳生和蔓延。另外,目前对学术论文的造假,在制度上的打击不力,使造假者的造假成本太低,违法的成本也太低。产生这些问题的根本原因在于人们的趋利动机,防范学术造假,显然不能从人的趋利行为上做文章,只能在制度上加强对这种行为的防范,在制度上加大对造假的打击力度,使人们在法律允许的范围内自由的进行学术创造活动。

二、杜绝学术失范的方法

面对日益严峻的学术失范形势,如何杜绝毕业论文的抄袭和造假现象的发生呢? 我们可以从两个方面入手。

一方面,要求我们从自身做起,树立正确的世界观、价值观和荣辱观,加强自律意识,清楚造假的危害和严重的后果。在毕业论文写作过程中,常常有人以找工作忙为借口,而不愿认真对待。大学就业制度的改革,使得四年级学生既要写毕业论文,完成最后的学业,又要为毕业后的就业问题而奔波,时间上确实存在一定的冲突,但是,这仅仅是表面上的矛盾,只要合理安排,它不能成为我们不努力并高质量完成毕业论文的借口,更不能成为抄袭造假的理由。

另一方面,加强对学生思想教育的宣传,倡导做人的道德底线,树立学术的良心,形成良好的社会风气,明确将毕业论文的抄袭造假与毕业证或学位证的发放挂起钩来;同时,要求我们在制度上完善对学术造假的界定和规范。在治标上,我们可从加大对造假者违法的成本上入手,使造假者的造假成本高到使他在学术界无立足之地,并承担相应的经济责任;在治本上,要求我们在科研评价制度和评价机制上做到科学、规范。建立由专家学者组成的科研评价委员会,有科学规范的学术成果评价指标体系,有权威的科研成果认定机构,有科研成果申诉的仲裁机构;有明确的科研奖励和惩罚措施。

科研评价制度和评价机制的规范,既可以使人们有章可循,按照科学创造的标准进行学术研究,又可以为人们进行科学创造提供有力的制度保障。具体到毕业论文的写作工作上，我们可以在毕业论文的指导、评审和答辩的各个环节严把质量关，坚决查处造假制假贩假的行为，纯洁校园的学术空气。

如何识别毕业论文的抄袭和防止造假论文的出笼呢？针对毕业论文写作的特点，我们可以从以下几个方面进行识别和判断。首先，询问作者论文构思的思路。了解他们为什么要写这方面的问题，为什么要从这样的角度去思考问题。其次，查验资料来源。了解他们是在校图书馆或其他什么地方发现该资料的。若是在网络上查到的，是在哪个网站的什么地方看到的。并让他们叙述该资料的基本论点和作者论证该问题的基本思路。再次，了解学术观点。让论文作者介绍这个问题谁最先进行了研究，该研究取得了怎样的成果，在学术界有什么样的影响。该问题其他人也对此进行了研究，他们研究的过程和结论之间有什么不同。另外，前人在该问题研究中的基本假定和思路有什么不同。最后，询问作者在论文中阐述的观点与前人的研究有什么联系，与前人的研究有什么不同之处。该论文中的创新之点是什么，有怎样的学术价值。

为防止毕业论文的抄袭和造假事件的发生，应该要求学生在论文写作的各个环节严格按论文写作规程进行。

在毕业论文开题报告写作上，要详细介绍学术界研究的动态，写明每一位学者的研究成果，以及他们研究成果之间的不同之处；同时，要介绍你对此观点的基本看法和评价。

在参考文献的标注方式上，不是将参考文献简单地堆放在文章的后面，而是要将引用的文献和观点一一在论文中首先出现的地方标明。

对以社会调查资料为基础写成的论文，要查看调查问卷的设计、调查过程，了解数据的真实性和代表性，数据的处理方式和结果。明确哪些是作者自己调查得来的数据，那些是借用别人调查的资料，以及口径是否一致，资料是否具有可比性等。

对以实验数据为基础写成的论文，要查看实验设计的构想、实验的环节和实验的全过程，了解实验数据的真实性和代表性，实验数据的处理方式和结果,以及论文的结论与实验数据的一致性。明确哪些是自己实验获取的数据,哪些是借用别人实验的数据资料,口径是否一致,是否有可比性,等等。

 拓展性阅读

研究的兴趣是最重要的

邹至庄的父亲邹殿邦是广州商界的领袖。邹至庄自小从父亲处得到了两个最重要的教诲:一是要设身处地、将心比心地理解对方的观点和立场;二是要有恒心和毅力,只有不断积累过往的经验并学习新的东西,才能提高自己的能力。

后来邹至庄自己从经济学中得到了另一条体会,即与别人共事,一定要考虑对方的利益。他发现,从本质上讲,经济学是一门以个人主义哲学为灵魂的学科:单独决策要讲求自身利益最大化;合作决策则要讲求激励兼容,即设法在实现自身利益最大化的同时实现对方利益最大化。父亲教导的人生哲理与经济学理论原来也是"兼容"的。经济学不仅是一门研究事实的学科,更重要的是,可以从中学到待人处世的哲学。

邹至庄真正独立地进行经济学研究,是从寻找博士论文题目开始的,他感慨地说,这一过程非常不容易。1951年,邹至庄到芝加哥大学攻读经济学硕士与博士学位。由于第一年就通过了学科考试,所以在1952年他就取得了硕士学位。于是满怀把握,以为两年之内就可以把博士论文写完,谁知花了整整一年的时间,竟还找不到合适的题目。

他这样折腾一年,决非白白浪费时间,他得到了很多无形的训练。从写博士论文开始,他就形成了这么一个研究进程:先花时间把有关的经济理论弄清楚,然后再接触实际的数据资料,之后研究成果就会水到渠成地出来。他最后终于找到了一个合适的题目,那就是研究美国的汽车需求。最终在1955年完成了他的博士论文——《美国汽车需求》。

对于如何做学问,邹至庄有自己的一套想法。他觉得,只要每天有三四个小时头脑清醒全力以赴地思考问题,就够了;即使是富于独创性的问题,有五个小时也可以了。至于思考什么问题,可以在每天起床时先考虑一下。如果对一个问题,每天都能思考得更深入一些,日积月累起来,几个月后,问题就能迎刃而解。而对大的研究方向,邹至庄则觉得应以兴趣为主,机会为辅。如果没有兴趣,研究一定做不好。但如果光有兴趣,没有机会,也难以成事。不过总的来说,邹至庄认为,兴趣是最重要的。

　　(摘自王则柯主编:《经济学家成长的故事》,中信出版社 2001 年版)

第六章 取 材

在明确了论文写作大方向后,就要围绕论题去搜集、鉴别和使用材料。没有充分地占有材料,没有从搜集到的资料中挖掘出有价值的材料,并整理好这些材料,就不可能为下一步选题工作的开展创造良好的条件。因此,任何毕业论文的写作都不能跳过取材这一关。它是决定论文写作成败的第二关。

第一节 取材的意义和分类

一、取材的意义

材料对毕业论文来说,是形成论点的基础,又是证明论点的论据,因此,没有材料就不可能有论点和论据,自然也谈不上论文写作了。冯友兰指出:"历史学家研究一个历史问题,在史料方面要作四步工作,每一步工作都必须合乎科学的要求。第一步的工作是收集史料,这一步工作的要求是全。第二步的工作是审查史料,这一步工作的要求是真。第三步的工作是了解史料,这一步工作的要求是透。第四步的工作是运用史料,这一步工作的要求是活"[①]。他谈的是历史研究的史料搜集,其基本方法对经济理论和工商管理理论的研究也同样是适用的。

虽然一些学生会先确定论文题目,然后才能在其比较明确的方向上去寻找资料。这时虽已经掌握了一些材料,但是,它离写出文章还相差甚远,所以,积极广泛地搜集材料,才可能为选题打下良好基础。毕业论文的取材工作阶段主要是两步:一是搜集,二是运用。前者是基础

---

① 冯友兰:《中国哲学史料学初稿》,上海人民出版社 1962 年版,第 2～3 页。

工作,后者是搜集材料的归宿。在搜集与运用之间还有一联结中介,这便是鉴别研究,即对搜集到的材料进行分析研究,确定它与论文的关系。

二、材料的分类

写作论文的资料是多种多样的,毕业论文所需材料从是否是理论材料的角度上,可以将其分为两类,即事实材料和理论材料。所谓事实材料是指以数据、图形和表格等形式表现的材料,理论材料是指经过人们研究得出的理论总结。毕业论文所需材料从是否是直接获得的角度上,也可以将其分为两类,即直接材料和间接材料。凡是未经中间人修改、省略和转写的材料就是直接的资料,凡是已经中间人修改、省略和转写的材料就是间接的资料。从是否经过他人整理的角度上,可以将材料分为第一手资料和第二手资料。所谓第一手资料,就是在现实的实践中,直接从观察、实验和社会调查中得到的第一手资料。第一手资料是最为鲜活的和珍贵的,是直接把握世界的材料,运用到论文中会增强论文的说服力。第二手资料是从文字记载的文献书籍、报刊以及其他资料中获得的。第二手资料同样是宝贵的,能开拓我们的视野,增强理论分析的力度。

直接资料和间接资料与理论材料和事实材料是依据不同的方式划分的,直接资料中既有理论材料,也有事实材料。间接资料中既有理论材料,也有事实材料。在搜集资料时,不仅要搜集直接资料,也要搜集间接资料,这样才可能搜集到写作论文时所需的材料。两种材料划分方法不同,但要搜集的材料内容是完全相同的。下面从理论材料和事实材料搜集的角度进行取材的分析。

第二节　理论材料的获取

搜集理论资料要以论题为中心,从论题的需要出发。对目前关于本课题的研究情况,如历史定论、现实各种观点及国内外研究动态都要详尽了解,这样既可避免写作中重复他人已经研究的成果,又可使论文获得应有的价值。所搜集的间接资料要尽可能系统全面,既有具体数字,又有相关理论资料。这样,写起来会相对顺利和容易一些。

一、理论材料的含义

理论材料是指和自己论题、论点有关的原理原则、理论观点或论述,它是毕业论文正反面的理论依据。理论材料,也称文献。文献是一个发展的概念,它的内涵在不同时代各有不同。古代的文献既包括历史的图书、档案,也包括有知识的人所说的话等。现在,在《文献著录总则》中,文献是指"记录有知识的一切载体。"可以理解为已经正式发表的或虽未发表但已被整理、报道过的那些记录有知识的一切载体。载体,不仅指图书、期刊、档案、学术报告等常见的纸制印刷品,还包括记录了一定知识内容的实物形态的材料,如磁带、磁盘、光盘、电影、胶片等。载体具有三个特征:一定的知识内容,一定的物质载体和一定的记录方式。

理论材料一般包括两方面:一是古今中外作家经典理论和基本观点。在阅读古今中外作家的经典理论观点时,首先要具体掌握他们都有什么样的理论和观点主张,弄清楚他们是在什么历史背景情况下讲的,精神实质是什么,特别要注意时代发展变化了,作者的这些理论观点发生了怎样的变化和发展,防止用作者后期的理论去反驳作者早期的论点。二是与论题有关的理论动态和学术信息。我们除了了解中外作家的经典理论观点外,还应进一步了解和熟悉其他专家学者在该问题研究的成果、新的观点、新的主张和新的假说。在了解理论动态和学术信息时,应注意出过哪些论著,报纸杂志上登过哪些文章,文章中都有哪些论述,有几种不同的观点,观点之间的联系与区别。同时还要弄清哪些论述与自己的论文写作有关,哪些可资借鉴。还要弄清哪些观点是正确的,是自己赞成的;哪些观点是错误的,是自己要反对和批驳的。另外,对研究社会主义经济理论的人来说,理论材料还有一重要途径,那就是中国共产党在新的历史条件下的路线、方针和政策。要了解和熟悉党的十一届三中全会以来,特别是"十八大"以来的理论文献,密切关注理论提法有何新的变化以及理论上的重大发展。如果在材料搜集和整理中忽视了这一部分理论材料，搜集的理论材料就不完整了。

有人说，写文章不要管别人说没说，怎么说，自己说自己的就是了。这是万万不行的。有时经过苦苦调查、思索，写出文章来，其实别人早说过了，而且比自己说得还清楚、深刻。这样，自己的文章就没有多少意义了，至少是无创造性。要是在材料搜集时先看到这些文章，并能正确地理解，自己就可以站在他们的"肩上"，更上一层楼，写出点新意来。任何人写理论性文章都不是凭空的，都要在前人基础上才能有所前进。在学习写作阶段，更不能离开前人研究这一基石，凭空落笔。理论材料可以给出立论的依据，论证的材料，也可以开阔眼界，拓展思路，启发理论思考和创造力。当然，理论材料不能照抄照搬，而是要化入自己的体系之中，为我所用。

理论材料主要来自图书、报刊以及网络。要多读，更重要的是会读，这就要好好利用图书馆、阅览室。此外，会议、课堂、广播电视以及与志同道合的同学好友的议论交谈，也能提供理论材料及其线索，也能触发新思想的产生。

二、理论材料的检索

查找理论材料，应从目录索引入手，利用编目索引、报刊目录索引来查找工具书、文件和公报等。利用目录索引查找资料的意义在于，目录索引可以告诉我们在某一领域有哪些书，目录索引可以告诉我们读哪些书，这样可大大节省翻阅资料的时间。

利用目录索引查找资料的基本方式是检索。检索一词具有查找、寻求、索取的意思，检索的工具主要是目录、文摘和索引。

三、图书馆的编目

进行科学研究和论文写作首先要学会文献检索。文献检索就是从浩如烟海的文献资料中，选出需要的文献资料的操作过程。图书馆藏有大量的文献资料，因此，学会文献检索，充分利用好图书馆，提高工作效率，对于每一个研究工作者来说都是十分必要的。

（一）要熟悉图书分类法

图书分类法是根据图书内容的学科性质或其他特征划分类型，予以系统地组织编排并揭示的方法。它一方面是图书管理的基础，另一方面是为读者服务的工具。

目前，国内图书分类法主要有：《中国图书馆图书分类法》，简称"中图法"，由北京图书馆等组织全国力量编制。《中国人民大学图书馆图书分类法》，简称"人大法"，由中国人民大学图书馆编制。《中国科学院图书馆图书分类法》，简称"科图法"，由中国科学院图书馆编制。为了使检索体系标准化，我国确定以中国图书馆图书分类法为国家试行的标准草案。

现在通用的《中国图书馆图书分类法》把图书资料划分为"马克思主义、列宁主义、毛泽东思想"、"哲学"、"社会科学"、"自然科学"和"综合性图书"5个基本部类。在基本部类的基础上又分为22个大类，每个大类以一个大写的英文字母作为代表，如"F"为经济，"K"为历史等。大类属一级类目。在一级类目下，根据图书的属性又划分为若干个二级类目。在二级类目的基础上又划分为若干三级类目及再下一位的四级类目。例如"F 经济"这个一级类目下共分9个二级类目：

F0　政治经济学

F1　世界各国经济概论、经济史、经济地理

F2　经济计划与管理

F3　农业经济

F4　工业经济

F5　交通运输经济

F6　邮电经济

F7　贸易经济

F8　财政、金融

如在"F8 财政、金融"这个二级类目下，又分为4个三级类目：

F81　财政、国家财政

F82　货币

F83　金融、银行

F84　保险

在每个三级类目中又分为若干四级类目,其中收有许多书目,可以从这些书目中检索到需要的图书。

除了这种分类目录,许多图书馆为了方便读者的查阅,还有按笔画或拼音排列的书名目录、按作者姓名笔画和按主题排列的著者目录。查找一本书时,若知道书名或作者姓名,则可根据笔画按书名目录或著者目录查找;若知道书的类属可按分类目录查找。总之,同一本书,可以在四种不同排序目录中查找。

经济学的国际化是一个必然的趋势,如何了解和查找国外的经济学文献是搜集理论材料的重要内容。从国际通用的经济学文献杂志(JEL)的经济学文献分类系统看,所有的经济学文献被分成 19 个领域,每个领域又细分为若干个子方向,还有各个子方向所包括的专题,以三级目录构成。其中 P000 类为经济体系总论(Economic Systems：General),共分 5 个方向:

P100　经济体系总论

P200　社会主义体系和转轨经济:总论

P300　社会主义组织和它们的转轨:总论

P400　其他经济体系:总论

P500　比较经济体系:总论

其中在 P200 社会主义体系和转轨经济:总论(Socialist Systems And Transitional Economies：General)方向下又设 9 个专题。可按论文的类型去进行查找①。

(二)善于使用工具书

工具书是专门用于查找包括字、词、句、公式、数据、书名、事件等等有关资料在内的各种书籍,种类繁多。论文写作主要需用的工具书有书目、索引、文摘、辞书、年鉴、手册、年表、图谱等。

(1)书目。书目是就某一专题,将相关的图书按一定的次序编辑

---

① 详见王利娜译:《美国〈经济文献杂志〉最新学科分类体系》,《经济研究资料》,2002年第 2 期。

而成的图书目录。如查找中国古籍的书目有《四库全书总目》、《全国善本书总目》等,查找现代中国著作的有《全国总书目》、《全国新书目》、《全国中文期刊联合目录》等,还有一些专门学科的书目,如《经济学著作要目》等。

(2)索引。索引又称通检,是将图书、报刊资料中的各种事物名称,如字、词、人名、书名、刊名、篇名、主要内容和主题等分别摘录或者加注释,记明出处页码,按照一定顺序分类编排。它是较书目更为细致地将图书报刊中的项目或内容记录下来,便于检索散见于书刊报纸中资料的工具书。如检索马克思主义经典著作中的篇名、专题论述、人名、典故等可用《马克思恩格斯全集主题索引》,检索公开报刊论文的有《全国报刊索引》、检索内部期刊的有《国内内部期刊索引》,检索内部资料的有《内部资料索引》、《内部期刊篇名索引》,检索国外论文的有《国外社会科学论文索引》、《国外科技资料索引》,检索科技译文的有《科学技术译文通报》等。索引通常以单篇文章为著录单元,报道学术论文、科研报告的题目、作者、出处等。因其出版周期短,能较快反映最新文献和最新信息,因而对撰写学术论文大有帮助,应格外留意其中收集的资料。

(3)文摘。文摘是文献内容的摘要,是为全国重要报刊杂志上刊登的重要文章的摘录汇编,是一种不但提示文献外表特征,而且提示文献主要内容的检索工具。由于文献是把某一学科最重要、最新的著作、论文经过挑选后,以简练的文字将其主要内容摘录出来,使人能以较少的时间和精力掌握有关专题的研究近况和最新成果。对撰写论文具有一定的参考价值。文摘主要以期刊和报纸的形式出现,如《新华文摘》、《经济学文摘》、《高校社会科学学报文摘》、《文摘报》等。

(4)辞书。辞书是字典、辞典(词典)、百科全书、专科辞典、事典等专门性图书的统称。辞书类的书是最常用的工具书,如《新华字典》、《汉语大字典》等字典,《辞海》、《辞源》、《简明社会科学词典》、《新帕尔格雷夫辞典》、《经济大辞典》、《政治经济学大辞典》等辞典,如《中国大百科全书》、《简明大不列颠百科全书》等百科全书,如《中国经济事典》、《日本经济事典》等事典。

（5）年鉴。年鉴、手册都是某类资料的专门性知识手册。年鉴是以年为单位对一年中发生的事件和研究成果的综述。年鉴不仅具有知识性、可考性、易检性、系统性、概括性，而且具有连续性、新颖性、密集性、准确性等特点。如《中国百科年鉴》、《中国统计年鉴》、《中国经济年鉴》、《中国经济年鉴》等年鉴。

（6）手册、年表、图谱。手册不以年为单位，而是以专题形式反映该领域的研究成果或知识汇集，如《世界知识手册》、《世界经济统计手册》等手册。年表是将历史上发生的大事以年度形式编辑，反映历史的变化情况，如《中国通史大事年表》、《历代名人生卒年表》等年表。图谱是以地图或以历史事件变化为依据，反映专门知识图书，包括各种地图、历史图谱、事物图谱和人物图谱等，如《中国历史地图集》、《中国历代名人年谱》等图谱。

（三）选用合理的检索途径

查找文献资料，总是要根据文献资料的不同特征去查找。文献资料的特征，一是外表特征，即文献的篇名、著者姓名、文献序号（如科技报告号、技术标准号等）、文种、发表年月、出版地点等；二是内容特征，即文献内容所属学科分支、所探讨的对象属于什么主题，文献的关键词等。各类型检索工具就是根据文献的形式和内容特征来组织的。

目前国内图书馆使用的检索途径有：

（1）书名途径。即按书名或文章篇名的文字或字母顺序排列的检索途径。可根据书名或篇名查找。

（2）著者途径。即按作者姓名的文字或字母顺序排列的检索途径。可根据著者姓名查找。

（3）分类途径。即按文献所属学科进行排列的检索途径。可按学科分类体系查找。

（4）其他途径。即按号码、地名等排列的检索途径。可按特殊系统去查找特种文献资料。

查找资料的方式，可手工检索，也可用计算机检索。在许多图书馆将文献资料都存储在计算机中,计算机检索系统几分钟就可扫描几万、几十万甚至几百万篇文献资料目录,具有检索速度快、效率高、范围广、数量大的优点。计算机检索系统越来越成为方便快捷的检索形式。它不仅提高了检索的效率,也大大降低了检索的劳动强度。

熟悉以上几种检索途径,就可以选用其中的一种途径,查出所需要的资料属于中图法的第几大部类第几大类第几项等等,再根据中图法的分布,径直走到存放着要查找的资料的书架前,找到要查找的资料了。

(四)检索方法

(1)追溯法。由于许多杂志对论文是否有参考文献作为选用的条件之一,作者在学术论文写作中都有参考文献一项。可以以他人文章的参考文献作引子,按图索骥查找材料,这样不断地追查下去,范围逐渐扩大,所获资料就越来越多。既可节省检索材料的时间,又有了具体的目标,它不仅是检索材料的一个捷径,而且还利于判断和比较不同作者的观点和思想的形成过程。采用这种方法可以在没有专门检索工具情况下使用。此外,还可以阅读书评,从书评中受到启发。

(2)顺查法。顺查法是利用检索工具,由远及近地查找文献资料的方法。对某种理论的创立和科学创造,若需研究其全部发展历程,即可从最初开始,逐年地查下去,便可找出其来龙去脉。但采用这种方法又有工作量大、费时费力的缺点。在经济管理类中,可依赖的路径是看经济学辞典。因为,许多经济学辞典都是聘请有名望的专家撰写词条,词条本身就包含着专题文献综述,一些还列有参考文献目录,都能反映近几年的最新研究成果。

(3)倒查法。倒查法是利用检索工具,由近而远地查找文献资料的方法。对某种理论或发现,从近期文献查起,逐年向前追寻,只要找到所需资料即可,而不必查其全部。这种方法省时间,效率高。

(4)抽查法。抽查法是在全面了解某一课题研究状况的前提下,抽取自己所需的文献资料。这是最简便、最省时的方法。

(5)循环法。循环法就是将追溯法和常用法结合使用,循环查找文献资料的检索方法,所以又叫混合法。这种方法是既利用检索工具,又利用文献后的参考文献目录,既顺查又倒查,也抽查,这样检索效率极高。

　　另外,可以请专家介绍或借助与同事同学的交流来获取名家名著信息。因为专家在这一方面有深入的研究,资料和学术动态了如指掌。同事同学虽不是这一方面的专家,但可能了解你所需要的学术信息,甚至与不同专业的人士交流,或许也能获得意想不到的名家名著信息。

第三节　事实材料的获取

一、事实材料

　　事实材料是指建立论点、证明论题的事例、数据等各种客观实际材料。论文不但要靠理论材料来论证,而且要靠事实来支撑。有的文章一味引证,谁怎么说,谁又怎么说,而自己什么也没有说;或是引几句"谁谁教导我们说"就万事大吉了。严格地说,那是照抄照转,不能算是自己的论文。

二、事实材料的来源

　　从材料发出的时间上看,事实材料分为历史材料和现实材料两种。历史材料是指对过去时间发生并记载下来的材料,现实材料是指对当今时间发生并记载下来的材料。

　　历史材料的主要来源有二:一是来自书籍文献;二是来自对过去事件发生的调查和实地考察。

　　现实材料的主要来源有三:一是工作中接触或利用工作之便搜集、阅读整理的;二是为写毕业论文专门进行调查研究得到的;三是利用他人的调查报告或书报材料、统计报表等。

三、事实材料的获取方法

　　事实材料获取的方法主要有:观察、实验、社会调查和实践等。我们如何进行观察、实验和社会调查,以及在观察、实验和社会调查过程中应注意的问题,详见卷外章相关部分的内容。

第四节　材料的整理和鉴别

一、材料的阅读

在第一章我们就提到了学习,学习自然就离不开阅读,阅读是学习的重要形式之一。不论是平时的阅读,还是研究之中的阅读,首先应明确阅读的目的。那就是我们为什么要阅读,从阅读中要得到什么。因此,在阅读中要做有心人,勤读、多读、会读,能够在阅读中发现有价值的东西。一是理解内容,掌握材料的主要观点,准确地捕捉作者的思想观点,作者要阐发的思想内核;二是择其精华,将材料中的新见解、新理论挑选出来;三是触发思考,以材料中的论点、论据和论证方法联系自己所研究的课题,引发联想和创意。为了达到这些目的,阅读时必须眼、手、脑并用,这样才会有较好的收效。

在阅读中应掌握正确的阅读方法。阅读可采用略读、通读和研读几种方法。略读也称泛读,就是用很短的时间,快速地泛泛阅读,以大致了解所读材料的主要内容。使用这种方法的目的在于先判断这一材料与研究课题有多大关系、有多少价值,以便决定怎样进一步阅读它。也可以说略读是为了发现材料中的重要部分,将其筛选出来,作为通读和研读的目标。对于与本专业和所研究课题较为密切的文献材料,为了全面了解其内容,可逐章逐节、逐段逐句地通读。通读的目的在于全面地、系统地了解作者的思想和观点倾向和创新之处。对于与研究课题关系极为密切且较为深奥的理论性材料,要反复阅读,认真思索,充分理解,从而获得教益、受到启迪、触发灵感,这称为研读。将三种阅读方法有机地结合起来,既能提高读书的效率,又能有重点地查阅文献材料。

二、材料摄取的记录方法

“好记性不如有个烂笔头”,仅仅解决了记忆中的遗忘问题,还没有能说明如何做读书笔记的问题。做好读书笔记,是读书做学问的重要内容,是做学问的起步,是了解他人思想,并将自己的思考记录下来的活动和过程。

在阅读过程中,如果是自己的书,可直接在书的空隙处,将自己认为是重要的地方或应该引起注意的地方,采用画线、作符号、眉批、夹纸条、写随感等方式进行。为便于自己今后的查阅,可在笔记本上做这些工作。若不是自己的书,就必须边读、边思考、边记录,把有用的材料和想到的问题随手记录下来,以免日后遗忘。材料记录的主要方式有批注、笔记、卡片、剪贴、复印和微机存贮等。

1. 批注

批注、眉批、旁注等是读书时常用的标识方法,它最大的优点是能够将读书的思考随时记录下来,并有明确的指向性。缺点在于受较大的限制,它只能在属于自己的书籍上做,不能在别人的书籍上这样做;也不便于今后的查找,除非是自己非常熟悉的内容。

2. 笔记

笔记是记录材料的基本方式。根据记录内容和方式的不同,可以将笔记分为六种。

(1)摘录笔记。在阅读文献或听看音像制品及检索各种传媒材料时,将遇到的论点、重点的段落或关键的语句摘录下来。一是直摘,照原话抄录;二是转摘,概括大意的抄录,将精彩的话语摘录下来,记于笔记本上。摘录内容一般是新颖的论点、重要的论述、典型的例证、重要的数据以及有启示性的精彩段落。总之,是有重要参考价值或可供引证的材料,或是可引发思考,或是可以提供反驳、论证的地方。摘录出的每条引文必须注明出处,以备核对。

(2)摘要笔记。在阅读或听看、查阅过文献材料之后,对材料的基本内容和要点加以全面概括。摘要包括原文的主要论点和论据、主要思路及主要论证过程,还可加上简短的评论,指出原文的得失和参考价值,区分内容的重要和次要部分,不要面面俱到。

(3)提纲笔记。对于专著或篇幅较长的文献将其总论点、各个部分或每个层次的分论点以及主要论据提纲挈领地记录下来,以反映材料的梗概。这种提纲笔记对于分析著作和论文的结构有极大的帮助。

对于作者的思路可以有一个明晰的了解,同时对自己的研究思路也会有所启发。

（4）索引笔记。在材料检索过程中或平时的阅读及接收其他信息时,遇到与自己的专业尤其是和自己所研究的问题有关,但暂时没有时间或必要仔细阅读、记录,这时,为了便于今后的查阅,可将书名、篇名、作者、出版单位、出版时间,或其他媒体的出处,准确记录下来,以备研究之用。

（5）心得笔记。这种笔记是专门记录在阅读过程中的体会,或听到看到各种信息材料后的感想、联想,或自己的见解与评价,或从中得到的启示以及自己的困惑、疑问,或是发现其中的矛盾和谬误。这种心得有时可能会稍纵即逝,所以应将这些宝贵的思想火花随手记下来。可以是感想,从文章中得到的启发和感悟的记录。可以是概括,对整篇文章、或章、或节、或段的思想进行的归纳总结;可以是对书中思想认识的困惑和疑问;可以是评论,对作者的观点和思想进行肯定或否定（含部分的肯定或否定）的判断;可以是简单的运用,即联系身边的事例,举一反三。总之,心得笔记是对所读的书或文章进行的评论,反映自己对作者思想的理解程度。更多的是将"感想"系统化,所感不在长短,不论多少,重在感受深刻,想法新颖。

（6）读书札记。是在评述之上将自己的思想进行系统阐发或表述。不限于一本书、一篇文章,可以将几本书、几篇文章中共同的问题经过思考后系统地阐发或表述。读书札记的写作方式可以是综述式的,可以是评点式的,可以是理论联系实际的。

及时记下心得,对于学术研究十分有益。马克思在阅读时就非常注意做笔记。做笔记成为他的一种阅读习惯,对他的研究起了很重要的作用。他为写《资本论》曾阅读过上千种书,而且记了大量的笔记。1843~1847 年,搜集整理的经济学笔记,其字数就相当于《资本论》第一卷的两倍。

3. 卡片

搜集材料必须勤于做卡片、记笔记。因为人的记忆力有限,会忘却,会记错。为了避免这种情况的发生,制作卡片是阅读和从事研究工作常用的一种方式。记材料要有正确的方法,如果记得乱七八糟,过后自己也看不清、找不着,这就失去了做卡片的意义。如果一味追求卡片的好看、美观,费时很多,不仅记不下几条,而且也不适用。卡片组合灵活,便于调配,使用方便。例如,研究某一问题,可将各家各派的观点分别做成卡片,进行排列、对比,从而发现问题,得出新的结论,目的是使用方便。最好用卡片或活页纸,便于分类、研究、使用。卡片有三个部分,一是卡片的标题部分,要概括材料内容或写明所属种类。随研究和写作的进程,还可以用色笔更改、重编,甚至到写论文提纲时还可以标明它可用在第几部分第几点上。二是卡片的主体部分,用来记材料的内容,正面记不完可转到反面。或是摘记论点,或是记原文,或是记事实,或是记数据。必要时可以附记材料的历史背景,以便用时准确。有时可以用一些自己看得懂的符号,因为,卡片是供自己使用的,重在适用而不在写得多么美观漂亮。三是材料记录完毕后,一定要记下材料的出处,即材料是哪里来的。是来自书籍、杂志或报纸的,要标明书名、作者、卷数、篇名、版次、章节及页码等。来自政府文件的要注明文件名称、发文单位、发文编号和日期等,有作者的也要写明。同时还可注明其他必要的情况,如文件"已经公布","发向全民"或"内部阅读"等。公开发表的文件可引用,非公开发表的文件不宜公开引用,但作为论点基础的也要注明。此外,卡片旁边要留下空白,以便随时记下自己的体会,新的看法,甚至由此产生的联想。这一部分非常重要,因为在分类研究中,使用材料不只有一条材料,而且还有了自己的观点。

制作卡片时,最好是一卡抄录一个问题。每一份材料,要加小标题,以便进行分类。

卡片要经常翻阅,根据研究课题的不同,可做不同的分类。分类多采用按内容归类的方法。应当指出,卡片在科研和论文写作中,其记录的方式和内容也是很灵活的,即可有多种用途,主要有:一是专门记录书刊、作者、篇名的目录卡片;二是摘录材料的材料卡片;三是记录心得或灵感的心得记录卡片等。以便于根据所记内容的不同在论文写作中分别使用。

4. 剪贴

剪贴是将报刊上的零星材料按需要剪裁下来，并分门别类贴在专门的剪贴簿上。剪贴适用于对零散材料的收集保存，在剪贴簿的空白处要记下原报刊的名称、日期、版次或页数等，以便在使用材料时能准确注明出处。

5. 复印

对于篇幅较长或不宜剪贴、抄写的材料可将原文复印下来，这是一种省时简便的方法。但复印材料往往印象不深，所以必须认真阅读，将其重要处用笔勾出，以备参考。

6. 微机存贮

用计算机存贮材料既方便快捷又非常清晰，大大减轻了人们的工作强度，不仅可对各种信息进行存贮，而且可以进行快速处理。还应指出，互联网的开通使得信息量极大地增加，人们可以在极广的范围里共享。运用这种高科技手段进行信息存贮、处理，必将极大地促进科学研究的发展。

三、材料的整理

运用各种手段，通过不同渠道搜集的大量材料，往往是凌乱无序的，不利于我们查找和使用。只有经过整理才能使之系统化、条理化，得到满足研究和论文写作需要的素材。实际上，对材料整理的过程，也是对所搜集的材料消化理解的过程。材料的整理科学与否，对于论文主题能否深化、论据可否充分、论证是否有力有着直接的影响。因此，搜集材料后都有一个整理和归纳分类的问题，使其有条有序，眉目清晰。材料整理，就是将所获取的信息材料分门别类加以归纳，使原来分散的、个别的、局部的、不系统的材料，变成能说明事物的过程或整体、显示其变化的轨迹或状态、论证其道理或找到其规律的系统的材料。

一般说来，可以将材料整理工作分为四步：

第一步：材料理解。理解材料包括两个方面的含义：一是了解自己搜集到的事实材料的意义和价值，了解理论材料的含义和价值，可在分析比较中，初步明确材料的归属。二是理解材料对自己要研究的问题的实际价值。与自己目前要研究的问题密切相关的材料，可放在一起，便于及时查阅，与目前要研究的问题联系不甚密切的材料，可放在一起，以便今后研究时使用。

第二步：材料分类。人们对于纷繁世界的认识，可以用一个"分"字来概括。有了分，才能将一事物与另一事物、一种观点与另一种观点、一门学科与另一门学科区别开来；同样，对所搜集的材料也应认真地进行分类。材料分类就是将材料由粗到细、由大到小地进行逐级分类。具体地说，就是按一定的标准将所研究课题的有关材料分成不同的组或类。然后，按分类标准将总体材料加以划分，构成系列。材料分类的方法很多，如按照性质分类，则构成性质系列。在此基础上，可以区分不同的性质或相似的性质。如按照数量划分，则构成变数系列。变数系列的数值，可反映出数量的变化，就是变量。有几种常用的分类方法：一是学科分类法，即按照不同学科或专业进行分类，如哲学、经济学、法学、社会学、历史学、文学、管理学等。二是理论或事实材料分类法，即按照材料的内容和属性进行分类。三是主题分类法，即按照研究的主题进行分类，如基本理论、劳动经济学、国民经济管理、收入分配理论等；四是观点分类法，即按照学术讨论的论点，将同一问题的讨论话题的材料放在一起。分类研究能看出事物的联系、发展，找到彼此之间的关系，从中引出固有的规律和结论。分类不是一次性的工作，根据研究的进展情况，对材料不断进行分类，也是为便于使用，在写作时更易于分清主次。

第三步：材料汇总。即在材料分类基础上，将材料加以综合。材料汇总主要包括两项工作：一是材料审核。即审查材料是否真实、准确和全面。不真实的予以淘汰，不准确的予以审实从而准确，不全面的补全找齐。二是找出材料之间的外在及内在的联系、横向及纵向的联系等，并编写出材料目录或标示各部分的主要内容，使之构成一个逻辑体系。

在材料汇总过程中,离不开对材料的筛选。把与问题较远,或与其他材料相比不够典型有力的,或者有疑点怕站不住脚的去掉。经一遍一遍地筛选下来,以分类放好备用。有时已经筛下来了,在观点形成或论证过程中也许会发现它更适用些,即可换上使用。

第四步:材料分析。即运用科学的分析方法,对所占有的材料进行分析,主要是认识材料和观点、论据和论点之间的必然联系;在这个基础上才能使用好材料,写好论文。严格地说,这已经进入理论思考和构思阶段了,是观点形成过程的组成部分。其实,分析与研究贯穿于科学研究及论文写作从准备到完成的全部过程中。

以上四步是结合进行的,并不能截然分开。在理解基础上分类排队,进行取舍调整,同时扩大再搜集,再进行研究分析。这就把搜集材料的过程与研究过程紧密地结合起来了。搜集材料是为了研究和写作,若材料到手,便束之高阁无法查阅,便失去了搜集材料的意义;同时,能分清哪些材料在什么地方可用,在进行一个课题研究时,及时知道自己材料搜集的情况,知道还缺少什么材料,还需进一步搜集和补充什么材料,这样,使用起来就会得心应手。

要写出一篇好论文,必须有一定数量的材料,但数量不是决定论文成败的唯一条件,还在于真正把搜集到的材料与论文写作的关系处理好,并能使用得好。使用的基础是对材料的认识、理解。所以,从搜集材料起就要不断地研究分析材料。可以说从搜集到第一份材料开始,就已经是进入研究阶段了。

四、如何对待直接材料和间接材料

直接的理论材料是指作者原创的学术成果,它是未经中间人转写和引用的材料;间接的理论材料是指已经中间人修改、省略和转写的理论材料。搜集直接的理论材料,可以阅读到原汁原味的思想,便于准确地、完整地把握作者的思想。搜集间接的理论材料,可以节省时间,便捷地了解学术思想和学术动态,适应知识爆炸时代的步伐。搜集间接的事实材料,同样也可以节省时间、精力和经费,甚至能得到自己无法直接获取的材料。但应注意到,由于间接材料是他人转写的,并进行了一定的取舍。在转写的过程中，可能出现不完整，使我们无法了解原作者思想的全貌；在转写的过程中，不免会加进自己对原作者作品的理解，有可能出现与原作品不一致，甚至歪曲了作者的思想观点的情况。如果不做甄别就引用或参考这类材料，就可能导致错误观点的形成。这就是我们在教学活动中，强调学生要读原著的原因。但是，并不是说就不搜集间接材料，而是要注意鉴别材料的真伪，因此，对待直接材料和间接材料，关键是鉴别材料的可靠程度。

在查阅材料时，都存在材料的辨伪问题。对材料的辨伪直接关系着材料本身的学术价值，关系着材料作为论据对论点成立的意义。胡适先生在《古史讨论的读后感》一文中讲到，"我们对于证据的态度是：一切史料都是证据。但史家要问：（1）这种证据是在什么地方寻出的？（2）什么时候寻出的？（3）什么人寻出的？（4）地方和时候上看起来有做证人的资格吗？（5）这个人虽有证人资格，而他说这句话时有作伪（无心的，或有意的）可能吗？"[①]郭沫若先生也曾十分清楚地讲到，"无论作任何研究，材料的鉴别是最必要的基础阶段。材料不够固然大成问题，而材料的真伪或时代性如未规定清楚，那比缺乏材料还更加危险。因为材料缺乏，顶多得不出结论而已，而材料不正确便会得出错误的结论。这样的结论比没有更要有害。"[②]材料的辨伪对历史考据型论文更有特殊的意义，因为我们在查找史料时，常常会碰到史料的矛盾，只有辨别了材料的真伪，才能确定材料的价值。

一般来说，可从材料的影响程度看材料的真伪。如果该间接材料对学术界的研究影响大、影响广，说明该材料忠实地反映了原作者的思想观点和写作意图，这样的材料就是可信的，否则，就要鉴定材料的真实程度，不可贸然使用。可从材料受到评论的情况，引用的情况和社会的效果看材料的真伪。一部著作或一篇论文在发表后，多多少少都会

---

① 胡适：《胡适文集》第3册，北京大学出版社1988年版，第86页。
② 郭沫若：《郭沫若全集》历史编第二卷《十批判书》，人民出版社1982年版，第3～4页。

对社会产生影响。如果社会对它的评论是肯定支持的多,对它的引用率高,说明它的社会效果好。我们可借用这一指标判定材料的真实程度,若该材料是真实可信的,就可放心地使用该材料。

对历史材料辨别真伪的主要方法①有:① 查目录。即查书的源流。因为一本有价值的书多少都会在目录中有所反映。如果目录中查找不到,在引用材料时就要谨慎从事。② 查称引。即查一下前人是否提到过此书。如果没有人称引,可能就不是真品,值得引起注意。③ 查史实。即查一下书中提到的历史事实,作者是否有可能碰到。如果作者在书中提到的史实是在作者身后发生的事情,此书一定是伪书。④ 查语言。语言是组成文章的基本材料,它都具有时代的特征。每一位作者在写书时,都会留下时代的印记。如果书中的语言超出了作者所处的时代,就可判断此书的真伪。⑤ 查思想。每一位作者思想的形成,都是在前人思想的基础上形成的,都有思想的源流,不可能凭空产生。如果在书中看到的思想,脱离了作者所处的时代,就可断定此书的真伪。⑥ 查体裁。各种材料表现的体裁有一个历史的发展过程,各种体裁都是时代的产物,如果该书的体裁不是那个时代的产物,就完全有条件断定此书的真伪。⑦ 查来源。既考察材料的原始出处和保存、流传的过程。特别是古代,人们的社会交流还十分有限时,一部书突然出现在远离作者生活之地,就要考察历史上人员流动和交往的历史,从而辨别此书的真伪,否则,在使用该书材料时就要谨慎从事。⑧ 查纸质(材质)。书籍的纸质和其他材料的材质以及装饰是一个时代社会经济发展的产物,如果该书的纸质和其他材料的材质与那个时代不相符合,就要考察制作者的意图,是"修旧如旧",还是有意造假,伪造材料。⑨ 查印刷。书籍或其他作品的印刷同样是一定社会经济发展水平的产物,如果该材料的印刷状况与当时的印刷水平不相符合,就要考察制作者的意图,是"修旧如旧",还是有意造假,伪造材料。总之,在辨别材料

---

① 以下前七种方法我们采用了徐有富先生的提法。有关详细内容请参阅徐有富:《治学方法与论文写作》,南京大学出版社 2003 年版,第 192～202 页。

真伪时,可将上述几种方法综合起来加以分析,在相互印证中辨别材料真伪,防止贸然地、轻率地下结论。

　　对统计材料辨别真伪的方法主要有:① 历史考察。即对材料统计的时代进行考察,是否是那个时代的产物。因为,后人对前代材料的搜集整理也是以那个时代的文献为依据的,那个时代的文献是第一手的材料。② 统计者的权威性和政治倾向。在能够看到的统计材料中,一些是由官方的有关部门组织编写的,有的是民间组织编写的,他们的材料来源不同,同时也在材料统计中反映出一定的政治倾向性,因此,在使用材料时要查看,必要时可找同时代的文献作比对,验证材料的可信度。③ 统计目的。查看材料统计者编撰的真实目的,是客观地反映经济社会活动的记录,还是有什么特殊的目的要求。④ 数据来源。任何统计材料都有一定的来源,要了解数据是通过什么途径获取的,数据是怎样汇总和统计的。只有搞清楚了这一点,才能对材料的真伪有所识别,才能决定是否能使用该材料。⑤ 变化值是否异常。由于社会经济的发展存在不稳定性,因此,反映社会经济的统计材料必然要反映出这种变化,但是,在一定的年度内,统计材料有较大的变化值,就要查看这种变化是否属于异常现象。就要查看那个时代的文献材料,了解变化的原因和变化的幅度,以此确定材料的真伪。

　　在使用数据材料时应当注意的问题主要有:第一,数据材料是否是真实的;第二,数据材料获取的方式和适用的范围;第三,不同年份、不同地方获取的数据有没有可比性;第四,数字是直观的,数据是对客观事物的真实反映,在论文中用数字作为证据无疑是有说服力的。但是,在运用数据时,一定要弄清楚数据形成背后的原因。因为,单就数据本身有时是不能够全面反映事物本来面目的,换一句话说,同样的数据未必反映了事物发展的质的规定性,未必反映了事物发展变化的趋势。例如,我们在比较研究不同国家的通货膨胀率时,发现两国或多国在许多年份有几乎相同的通货膨胀率,能从中得出什么结论? 能用这个数据说明它对这些国家经济发展有相同的影响作用吗? 能从这个数据中得出通货膨胀率是由相同的原因引发的吗? 能从这个数据中得出治理通货膨胀率的相同对策吗？显然，就需要进一步研究形成几乎相同的通货膨胀率的各种原因，分析形成的内在机理，根据不同国家的实际情况，探寻治理通货膨胀的对策。

另外，还要注意材料汇总时是否存在材料的合成错误，总体不是部分之和，或部分之和大于总体，或部分之和小于总体。要查找导致误差的原因，是否有相应的修正值，或者这种误差是否在正常范围内。还要注意材料成立暗含的前提内容。作者是在什么历史背景下进行的，是从什么研究角度作出的，材料在什么条件下是可使用的，以及可使用的程度如何。

这里还需要提一下材料的保管。材料保管总的要求是：材料保管为材料使用服务，在保证材料不失散、不损坏的前提下，做到材料易检索、易分类、易整理。可用活页纸进行材料的搜集，便于分类整理。可将材料分类装在档案袋内，或是存入计算机的相应文件夹中，注明材料所属性质和内容。这样既能使材料"好用"，又能使我们快捷方便地查找。

五、搜集材料应注意的问题

搜集材料怎样才算得法？怎样才科学有效？应注意以下几个方面的问题。

第一，广泛搜集和掌握方向、限度。材料是立论和论证的根本，材料丰富，立论就牢靠，论证就有说服力。因为论证要归纳，即从个别事例得出普遍性的结论，"个别"掌握得越多，就越有普遍性，得出的"一般"结论就越是有力；"孤证"不能作论文的根据，像早年有些批判文章抓住一个孤证，然后写上"等等，等等"或大叫一声"够了！"这显然是不行的。搜集材料不是越多越好，但是，不是说就不需要多搜集材料，而越充分越好，越符合论文写作要求的越好。写到文中的材料要选择典型的，而只有掌握一定数量才有选择余地，才能认出哪些是典型的，才能选到典型材料。从理论材料的角度看，最好把与论题有关的材料都搜集全，把古今中外有关论述、知识都掌握了，可是这样也许一辈子也看不完；要是一点不看也不知哪些别人已经论到了，哪些地方前人走过弯路,涉及哪些学科对论题有怎样的牵制等。这就有个"度"的问题,要掌握限度。搜集材料要把握方向和目的,限定在论题范围内,其他感兴趣的材料只好暂时割爱,不要由此及彼范围不断扩大;还要有个度数在心里,大体够用、能说明问题就行,不能一味地贪多求全,陷到材料堆里不能自拔,"材料篓子"写不出好文章。

第二,正确对待第一手材料和第二手材料。材料有第一手和第二手之分。自身经历和搜集的事实材料或直接从原出处找到的理论材料,称为第一手材料;从别人引用间接得到的事实材料或理论材料,叫做第二手材料。写毕业论文,要重视第一手材料,要培养好的学风和文风。但是谁也不能把所有的事都亲历一遍,更不能把所有的原著都读一遍,特别是写毕业论文,时间短,功底还不够深,所以要利用好第二手材料。过分重视第一手材料和过分轻视第二手材料,或者相反,都是不对的。

材料的好坏主要在于其是否扎实、典型而有说服力,所以无论是第一手材料,还是第二手材料,都有个正确对待的问题。对于曾有工作经验和正在工作的学生来说,搜集第一手的事实材料有便利之处,但要注意,熟知的并不一定是真知的,因而要重新检验、分析;熟知的情况未必全面、未必典型,因而要求我们变换角度再考察一下,不可拉过来就用,也不可囿于成见。第二手材料可以作为知识、理论依据和分析问题的线索。我们在引用时必须查明原来的出处和本来的含义。如果是公开发布的数字又无法核对,则要依靠判断力、分析力,甚至科学试验来确定其可否用;国外的材料更要注意它的历史背景,暗含的前提,理论形成的前提与基础,甚至意识形态的差异等。有的人从外国舶来一些理论与说法,拿来就用,这是不妥当的。

第三,正确对待和使用网络。随着科学技术的迅猛发展,以电子计算机为载体的网络越来越深入人们生活中,利用电子计算机在网络上查找材料越来越成为我们搜集材料的重要途径。与常规的资料搜集方式相比,其优点是:一是信息量大,克服了学校图书馆纸制文献的限制,克服了国内馆藏文献的限制;二是检索速度快捷,克服了时间和空间的界限,节省大量的检索材料的时间,使查找资料的劳动强度大大减轻,非常适合现代科技发展的要求;三是材料发布的周期短,有利于及时了解最新的学术动向,克服和减少了学术研究中的"撞车"现象,也利于减少学术上的"抄袭"行为。

同时,在利用网络检索材料时应注意的是:① 不要仅仅停留在通常的新闻发布的网站,要上学术性、专业性强的网站进行文献检索。因为前者的文章往往是消息、动态的信息发布,文章的理论性普遍不高,往往缺少充分地理论分析论证。② 对专家发表的评论、演讲要留意,但是,注意与他们发表的学术论文的区别。因为,他们发表的评论、演讲与学术论文的阅读对象是不同的,前者是作为普及性知识,让文化程度不高或专业水平不高的人士了解,而学术论文则是为专业人士写的,论证更加充分、严谨。③ 注意网站对论文的适当处理。网站往往根据网络的特点,会对论文作一定的处理,有时难见真貌。另外,参考文献也会进行处理,限制我们的进一步查询。④ 注意识别网络材料的真伪。一些网站会在经济利益的驱动下,将一些未经核实的材料在网上发布,误导我们。另外,个别学生借助网站材料去抄袭,欺骗指导教师、评阅教师、答辩委员就更是错误的了,应坚决杜绝此类问题的发生。学校应具有终身追溯权,何时发现毕业论文的抄袭和造假,何时就有权追回学生的毕业证书和学位证书。国家在教育立法时应明确规定下来,保证学术环境的纯洁。

第四,正确对待西方经济学中的材料。高鸿业先生认为,作为一个广泛而分散的名词,西方经济学一般说来至少应包括三个方面的内容:企事业的经营管理方法和经验;对一个经济部门或领域的集中研究;经济理论的研究和考察①。我们在学习和借鉴西方经济学理论时,要清楚地了解西方经济学理论形成的历史背景,理论成立的条件和理论适用的范围。尽管西方经济学和马克思主义政治经济学是根本对立的,二者在基本立场、观点和方法存在原则分歧。但是,并不表明它的全部

---

① 高鸿业、吴易风:《现代西方经济学》上册,经济科学出版社 1991 年版,第 1~3 页。

内容都是错误的,它们的某些概念、论点、方法和对现实生活的分析还是反映了社会化生产的规律和先进的经营管理方法,值得我们认真地学习和借鉴。

 **拓展性阅读**

如何进行问卷设计

在此次社会调查中,我们只给学生提出了调查的基本要求:① 每位同学调查的人数不少于 50 人,并完成不少于 4 000 字的调查分析报告。② 调查报告应用简单的统计方法,计算出样本分布区间。③ 调查面应宽,不要局限于某一学院、专业及一个年级的同学。让学生自己决定社会调查的内容和进行社会调查问卷表的设计。下面是学生设计的《大学生上学费用调查问卷表》。

大学生上学费用调查问卷表

学院:　　专业:　　大学/大专:　　年级:　　性别:　　年龄:

1. 你来自哪个省份?

2. 属大中城市、小城镇、农村?

3. 你是否来自国家规定的老、少、边、穷地区?

4. 你家庭的经济状况在家庭所在地处于什么水平?

5. 家庭所在地一般居民的消费水平如何?

6. 家庭收入的来源是什么行业? 各种收入在家庭收入中的比重如何?

7. 家庭收入主要依靠何人? 职业是什么? 在家庭收入中占多大比重?

8. 家庭人均收入水平是多少?

9. 家庭负担的上学子女人数是多少? 大学/大专、中学、小学的人数是多少? 上学的费用各自有多大?

10. 在你及兄弟姐妹上学安排上,家庭是否从经济状况作出上学与否的选择? 是如何作出选择的?

11. 你上学的费用在家庭收入中占多大比重？

12. 你上学的学习费用来源渠道是什么？

13. 你选择上大学的动因是什么？

14. 你选择现在这所学校是基于什么考虑？

15. 你每年上学的学费、住宿费是多少？

16. 你每年用了教材及辅导资料的费用是多少？

17. 你参加教学计划之外的培训费是多少？

18. 你每月的生活费（除学费、住宿费外）是多少？

19. 你每月的消费支出在同学中大致处于什么水平？

20. 生活费主要用于什么方面？各自占多大的比例？（如吃、穿、用、行、娱乐、交友等）

21. 每月通讯费用是多少，占生活支出的比重是多少？

22. 上大学几年来，每年的奖学金、助学金各是多少？

23. 你是否进行勤工俭学？勤工俭学的内容是什么？

24. 每年或每月勤工俭学的收入是多少？

25. 勤工俭学的收入能解决你多少上学的费用？

26. 你认为现在的学费高吗？家庭能承受得起吗？为什么？

27. 面向高校的收费，会使部分家庭困难的学生面临辍学吗？你认为解决的办法是什么？

28. 现在的大学收费方式是否合理，你认为应如何改进？

29. 大学的收费，你认为政府、社会、学校、家庭、个人各自承担多少是适合的？

30. 你对助学贷款是如何看的，现在的做法有什么不足？

31. 现在的奖学金、助学贷款制度是否合理科学，为什么？

32. 你认为解决目前大学收费的思路是什么？

33. 现在的大学各项收费中，你认为哪些是合理的，哪些是不合理的？

34. 你认为收费后，现在学校提供的服务，哪些是满意的，哪些是不满意的？

35. 大学毕业后所期望的收入水平是多少？为什么？

36. 你对毕业后职业选择的前景看好吗？为什么？

37. 你认为，你上学的费用需要工作多少年才能收回？

38. 大学毕业时，在工作还是考研之间，你是如何选择的？为什么？

39. 你准备考研的动机是什么？

40. 你若选择考研，是否考虑了家庭的经济承受能力？

41. 你若考研预计支付的费用是多少？主要用于什么方面？

42. 若将来上研究生也收取学费，你还计划考研吗？

　　该问卷设计基本合理，基本上能得到学生上学费用经济负担状况的信息，为国家掌握大学生上学的实际负担，制订大学收费制度改革标准提供了依据。但是，一些题目要调查者要回答几个问题，可能出现遗漏，如：6、7、9。一些题目的设计恐怕学生难以回答，如：4、5。有些题目学生还没有经历和考虑到，感到无法回答，如：34、35、36、37、41。个别题目的设计不够严密，学生的回答可能不符合问卷调查者的意图，如：13、14、30、31，其本意是想了解调查者是否从经济上考虑选择该学校，但是得到的答案可能就是看中了学校、看中了专业、或是被调剂过来的、没有考虑等等回答。个别题目设计超出了本次调查的范围，如：36、38、39、40、41、42。特别需要指出的是，在该问卷表中没有设计选项，均为开放式问题，会给后期资料统计和分析带来一定的困难。

第七章 选 题

这里讲的选题,主要是指选来论证的问题,也就是论题。题目本身无所谓好坏,但是好的论文题目就是既有很强的理论意义和实践意义,又能适宜作者本身的知识能力条件。毕业论文的题目一般是从专业特点和自身能力上选题拟题。因此,选择什么样的论文题目是关系论文成败的第三关。

第一节 选题的意义和作用

一、选题的意义

整个毕业论文的写作过程,就是回答为什么写,写什么,怎样写和写的水平等问题的过程。而选题就是回答和解决"写什么"的问题,就是决定对什么问题进行深入研究和探讨的问题。

毕业论文虽然也是大学或研究生学业的重要组成部分,但是,它不同于其他课程的学习。其他课程内容的学习和考核命题是由教学计划和老师决定的,有较大的限制。而毕业论文的命题是由学生自己根据自己的特长和优势选择决定的,因此,选择什么样的论题,主动权在自己手中。我们在论文的选题上不可能对自己所学习的专业进行整体的分析和描述,只能是运用自己的专业知识分析论证其中的一个问题,甚至是某一学科中的一小点,因此,选题的正确与否、合适与否,就直接关系着毕业论文的质量水平和完成的程度。从这个意义上讲,好的选题决定了论文的方向和完成的质量。

二、选题的作用

选题能够决定毕业论文的价值和效用。一篇毕业论文论题的理论价值和实践意义的大小,首先取决于作者选的什么题目,能够解决什么样的理论问题,能够对实践具有什么样的指导意义。

选题可规划论文的方向、角度和规模。选题的方向决定了作者对什么样的问题进行研究;选题的角度决定了作者对问题研究的方式方法能够在什么程度上对问题有一定的研究;选题的大小决定了作者能否有能力承担起选题的研究,决定了作者能否取得预期的成果。

选题可以扬长避短,弥补知识储备的不足。合适的选题可以保证写作的顺利进行,提高研究能力,提高毕业论文的写作质量。因此,选题好比农民种地,要因地制宜,这事关论文写作的成败。

第二节　选题的基本原则与思路

一、选题的基本原则

(1)客观性。选题是符合社会需要的,社会需要是科学研究、科学发展和科学深化的原动力。

(2)科学性。就是研究具有科学的价值。研究的材料符合事物本来的面目,符合事物的本质要求和发展的规律,同时它还肩负着对伪科学的批判和揭露的重任。

(3)创新性。前面反复讲到了学术论文的生命力在于创新,就是不要重复别人的观点,不是对别人的观点进行简单的加工和综合。因此,选题要新颖独特,富有新意。

(4)专业性。从论文写作的目的上看,我们按学业要求申请学位,选题必须与自己所学专业一致。从理论基础上看,经过几年的专业理论学习,我们具备了一定的理论基础,在本专业内选择论文题目,才有优势。

(5)可能性。可能性有两重含义:一是自己有没有能力完成,是否具有这样的专业特长和合理的知识结构,是否具有研究这个问题的研究能力,自己能否胜任此项工作。除此之外,自己是否具备研究的客观条件。二是能不能在规定的时间内完成。毕业论文不同于其他学术论文的一点在于它是学业规定的一部分,有严格的时间限制,如果不能按时完成,就不能毕业或取得相应的学位,就背离了毕业论文写作的目的和意义。

二、选题的基本思路

(1) 优中取精,选其所需。在"知识爆炸"时代,每年、每月、每天都有大量的文献出现,面对浩如烟海的文献,必须有所取舍;同样,有许多问题有待我们去研究解决。我们不可能在自己一生的学术研究中,在一次毕业论文的写作中,将这些问题都涉猎到,都有所创新。选题只能是遵循科学认识世界的规律,一个问题、一个问题去研究;只能是从实际出发,量力而行。就像走路爬山一样,一步一步地前行。粗中取细、优中取精,选自己在既定条件下,最能完成好的事情去做。

(2) 立足现实,目光向内。前面我们依理论创新程度对学术论文大致进行了分类。一些是学术性强的,通过学术研究,解决理论上某个重要问题,或在某些方面有所发明与突破。大学生阶段在学术上有所创造一般较难,多为综合前人旧说,在某一、二点上提出自己的看法。另一些是现实性强的,用理论来看待、分析、解决社会的问题,大学生如果有针对性地选择好这方面的题目,一定能写出有水平、有特色的论文来。

选具有现实意义的题目,在以下三个方面应予以注意。

第一,是那些与国家或与国计民生有关的重大问题。这样的问题关系国家发展方向、速度,因而有普遍的社会意义。如培育和推进社会主义市场经济、深化国有企业改革、加强宏观调控,以至科学管理、社会保险、"三农"问题、税费改革、地方保护、市场经济中的诚信等等。

第二,民众关心的问题。这类问题虽不是全局性的,却是人们关心的,期待解决的或有疑虑的,需要进行理论探讨和解答。如体制改革中的一些具体政策,如工资改革、物价调整、收入差距拉大、住房改革、国有资产流失、职工下岗失业、政府购买、教育消费、反腐倡廉等等。还有各行各业的经验总结、改革预测、决策研究等等。另外,有些看似具体的小事,却关系着千家万户,也可作为选题,如小商品地域消费、住宅采光权、上自习占座位、乱罚款、乱摊派等等。

第三，虽是具体问题又未引起社会重视，却代表一定倾向的问题。一种是理论意义和实践意义尚未被认识。作者用理论观点分析，预见到它的生命力，如农民富了进行智力投资、农民消费水平对工业品生产的影响、由汽车牌照所反映的特权等；或预测到可能发生的危害与恶果，如乱划开发区挤占破坏耕地，小城市搞家属小院，竞相压价出口与重复引进，过度竞争等。另一种是民众有反映的问题，但人们普遍认为是无足轻重的，是司空见惯的，但在未来必将是一重大的话题。

当然，现实性不可理解得过于狭隘，更不可以脱离现实，为追求新、奇、偏、怪，而过度钻故纸堆、钻冷门。同时还要防止追洋时髦，当西方"过时新论"的小贩。

（3）求真务实，找准入口。要脚踏实地，不要动辄建立一个理论体系。选自己学得好、有条件完成的题目。有了好题目并不一定能写出好文章，这个人写好了，那个人就未必写得好，因为写好要许多条件，其中很重要的是写作者个人的主观条件和客观条件。主观条件诸如理论基础、有关知识结构等，客观条件诸如自己工作性质，搜集材料时了解的有关情况、信息是否有利、图书材料是否方便等。这方面要客观地估量一下，选题时要量力而行、量体裁衣。量力而行，是不选太难而无力完成的题目，同时也不选过分简单容易、不能发挥理论水平和才能的题目，而是要选经过努力能够完成的题目，这既有利于发挥特长，又有利于提高能力。量体裁衣，就是要选自己所学专业中，自己学有所得、学有所长，并且跟自己从事的工作接近或关注的方面，这些易于搜集材料和信息的题目。譬如，经济学专业的学生，写经济体制改革和经济发展方面的题目，写有关现代企业制度、市场经济体制、消除社会分配不公、价格体系与竞争、对外贸易、农村经济体制改革等方面的内容。财务管理专业的学生，可以写财务管理体制的国际接轨问题、诚信与财务管理、资产评估在企业设立与投资中的作用与意义、财务管理在现代经济中的地位等方面的内容。结合所学专业选题目，也容易写到点子上，如果硬是要选择与所学专业无关的题目，既费时间，又不易成功，并且还严重偏离了本专业的研究方向,使毕业论文与申请的学位不符。

(4)主客相符,难易合度。选题不仅要考虑自己的主观能力,而且要考虑自己所处的环境氛围,如材料搜集的难易度,资金的多少,写作时间的多寡和实验设备的情况等。选大小适宜题目,选现实性强的重大问题,民众普遍关心的问题,当然是好题目,但题目大了不容易写好。原因在于大学生一般只是初步掌握基本理论、初次从理论高度来解决实际问题而写成文章,题目太大把握不住,考虑难以深入细密。从个人来说,难以掌握全局情况,材料不足或片面,容易写得空疏肤浅。材料搜集过多,问题复杂,千头万绪,缺乏处理经验,往往驾驭不了,容易写得散乱,不得要领。而且时间较短,难以研究深透,容易写得一般化。这样,要想在一篇文章中囊括大学期间学到的所有知识、解决全面的问题,是不可能的。所以题目应避免太大、太宽泛、太空泛。

题目大点好还是小点好,每个人情况不同,难以一概而论。有的理论素养好,情况了解多,过去又常写文章,也可以写大一点的题目,甚至可以在大问题上做出突破。但一般来说,题目还是小一点,具体一点好。小题目容易驾驭,写得丰满深入,较有价值。小题目也能发挥理论水平,施展才能,特别是能发挥学生在某一方面问题素有积累和富有见地的特长。因而,如果自己确定题目就可以限定范围,即使在导师开列的题目中也可以选小一点的,或与导师商量,自己加以限定。如"论改革"、"会计准则新论"这样的题目都可写出好文章,但是显然大了一些,要写得完整充实有深度较为困难。不妨将它限定到自己熟悉的某个领域某个方面,就容易操作了。"论改革"限定为"论市场经济条件下国家机关公务员任期目标改革"、"关于事业单位人事制度的改革"、"试论企业改革与工会工作的关系"、"从合作化、公社化、联产承包责任制的历史进程看深化农村改革"、"住宅制度改革新探"等。"会计准则新论"限定为"试论新会计准则对股份公司盈利计算的影响"、"新旧会计准则转轨衔接的若干问题探讨"、"论新会计准则对企业利润转移的得失"、"实行新会计准则对我国企业与国际市场接轨的作用"等等。

题目具体些小些,必须有意义和有价值,对某一方面某一问题的认识有帮助、有提高，而不是抓无足轻重的小事。所以也不能把范围限得太小太具体，以至于失去典型意义或使理论水平发挥不出来。论述工资制度的改革，按劳分配为主体的多种分配方式，机关后勤工作等，可以不从全国各行各业的总体角度上选大题，而从自己熟悉的系统行业限定题目进行论述，容易写得深刻些，这叫"大题小做"。但如果限定到"对班级推进班务经费管理民主化进程的思考"，"××车间工资制度改革刍议"，"×局×股后勤社会化工作改革的设想"等，范围就过小了，缺乏典型性，即使从理论高度分析，意义也不大，只可写个意见书，或是经验总结报告。写一篇文章专论指甲刀的价格，显得小了点，但从刀剪市场供求变化、供求弹性看小商品价格定位问题，就可能写出有价值的好文章，因为从日用小商品看到市场调节、价格放开等改革，搞活问题，这就是"小题大做"。总之，要选择或限定到大小适宜的题目。

（5）征询求助，多方请教。求助和请教的首选对象是论文的指导教师。因为导师对本学科的发展方向有比较清楚的把握，对理论研究的见识和认识有一定的深度，能够比较准确地判断选题的价值、研究中取得的成果和有待进一步研究的问题。其次是向书本杂志请教。要特别留意学术观点综述性文章，从中发现研究问题的进展情况和研究的价值所在。最后，向同学求助。既可通过论文开题报告会公开而正式的形式征询同学们的意见，也可以个别交谈非正式形式征询同学的建议。

第三节　选题的途径和方法

一、选题的途径

如何发现问题，可能是目前学生们最头痛的事情。这一点与现行的教育制度有关。孩子学前的好奇心和涂鸦透露出的求知欲随着升学教育的指挥棒而泯灭，到了大学，成人了反而不会思考了。如何在大学阶段重新开启思考的大脑就成为今天大学教育阶段的重要内容。

科学研究的基本路径是：问题→思考→分析→目标→思路（主要环节→主攻方向）。就是说，首先要确定研究什么样的问题（议题、课题），有了问题才能对问题进行理论的思考,在思考的基础上用理论材料和事实材料对问题进行分析,找到问题发生的症结,从而确定研究的目标,在理论层面上列出解决问题的思路,亦即明确工作的主要环节和主攻的方向,最后看到的是研究的成果和实施的方案或对策建议。

　　问题的关键是"问题"发现的起点是什么,换句话说,怎样才能发现问题,找到要讨论的议题或要研究的课题呢? 首先应有一定的生活经验的积累和一定的理论知识的积累。因为,有了经验和理论的积累,再去观察世界时,会发现这个事情与我们已知的常识不一致。为什么会出现这样的问题? 是我们的经验和掌握的理论出了问题,还是我们又遇到了新的情况或新的问题。或者是,我们感到现行的理论、工作程序等太烦琐了,太累人了,能否对它进行改进,变得简便易行一些。或者是,人们为什么长年累月的都要用这种方法去做,能不能换一种方法? 或者是,现在这种思路和做法倒是不错,能不能还能换一种思路和做法? 要做到这一点,就需要保持童心未泯的好奇心,遇事要有"打破砂锅问到底"的执著精神。

　　选题的一般途径如下:

　　(1) 观察生活,从身边找题目,从阅读中找题目。达尔文在随军舰的旅行中发现了不同生长条件下植物的相似性和不同性,提出了生物进化论。毛泽东同志在中国新民主主义时期,将马克思列宁主义的基本原理与中国社会经济发展的具体情况相结合,创立了中国式的马克思列宁主义——毛泽东思想。邓小平同志在中国新的社会主义发展时期,将马克思列宁主义的基本原理与中国社会经济发展的具体情况相结合,创立了中国式的马克思列宁主义——邓小平理论。

　　(2) 在所学的专业中发现问题。因为,在自己所学的专业中易于展开,易于发现问题,易于对问题产生的根源进行分析,易于对问题进行理论的说明。

　　(3) 在本学科领域的"空白处"、"空缺处"、"热点处"去寻找。任何一门学科的理论都不是一成不变的,都会随着时代的发展不断补充、完善和发展。这就为发现问题提供了广阔的空间,就是要在这些"空白处"、"空缺处"、"热点处"去寻找问题,这样的问题正是符合理论发展需要的,也是容易实现理论创新的地方。

(4)在多学科发展的"交叉口"处寻找。在人类认识史上,反映认识水平和认识深度的理论和学科分类,总是在不断分化和综合。如果说在近代主要表现为学科的分化,新的学科不断涌现的话,那么自上一世纪中叶开始,又表现为各学科间的相互"融合"和相互"渗透"。边缘性学科不断涌现,许多重大的科学发现和理论的突破都是在学科的"交叉口"处实现的。因此,多学科发展的"交叉口"处为问题的发现提供了广阔的发展空间,在这里探"宝"定有大的收获。

(5)在事实与理论的矛盾处寻找。理论来源于实践,理论与实践常常不一致,当理论不符合实际,当理论无法解释现实了,首先要坚信实践是没有错误的,实践是永远正确的,应考虑是否是理论错了。如果理论本身也证明是正确的,应要追问问题出在哪里。例如,在我国收入分配上出现了"脑体倒挂"现象。从按劳分配理论、劳动力价值理论、复杂劳动是简单劳动的倍加理论本身上讲是不应该出现这种反常现象的,但现实的分配状况就是这样。是实践给我们提出了新的问题,就应该根据新情况去修正现有的理论。经过研究发现,问题在于现行的分配体制的二元性,导致了这样的分配结果。这种状况挫伤了人们的劳动积极性,微观个体和宏观总体都缺乏了应有的效率,而且还直接影响了社会对读书和科学探索的热情,新的"读书无用论"泛起。"脑体倒挂"现象问题产生的原因找到了,解决问题的办法和对策自然就有了。

(6)探索新领域。所谓新领域就是学术发展过程中有待开发的处女地,这里遍地都是待开垦的土地,有挖掘不完的理论宝藏,是最佳选题的获取地。在这块土地上开掘和探宝,将处处有新意。19世纪与20世纪之交,在物理学领域孕育着重大的危机,经典力学已经不能解释许多新的问题了。物理学向何去?有人悲观失望,有人彷徨不安,有人预示着物理学上的一场革命。伟大的物理学家爱因斯坦在1905年提出了狭义相对论,实现了物理学界这场伟大的革命。

二、选题的基本方法

（1）游览捕捉法。即从平时的读书过程中，从对社会的观察思考中，甚至从同他人聊天的过程中发现问题。

（2）追溯验证法。即从已有的结论出发，自己沿着别人的思路去分析验证，看论证得是否科学有理、有力，从中发现问题的存在或从中寻找新的论据和新的论证方法。

（3）比较分歧法。即在对不同观点的比较分析中发现问题的存在。就是分析不同观点存在分歧的原因、过程和为什么导致了不同的结论。

（4）逆向思维法。逆向思维是相对于顺向思维而言的。顺向思维属于定向思维的一种。所谓定向思维是指人们忽视存在的已知条件，或无意识地添加一些经验性的常识作为限定条件进行思维。而逆向思维就是要求我们在对问题考察时，不要受传统的、经验的、常识的限制，不要囿于成见，而要另辟蹊径，反传统、反经验地进行思维。

（5）质疑思维法。对学术界和社会已经存在定论的理论和观点要敢于怀疑，不要被现有的结论限制了自己的思维。恩格斯在《资本论》第二卷的序言中讲到化学史上关于氧气发现的问题，1774 年，英国化学界发生了一件意义重大的事情，新元素的发现者普利斯特列被传统所禁锢，用当时流行的"燃素说"来分析这种气体的特点，把它定为"无燃素气体"。当普利斯特列把这一发现告诉拉瓦锡后，拉瓦锡就根据这个新事实反复做了许多实验，方才发现这种新气体是一种新的化学元素，终于用氧化燃烧的理论推翻了流行的"燃素说"，发现了氧气。"在前人认为已有答案的地方，他却认为只是问题所在。"[①]宋代朱熹所述"大疑则大悟，不疑则不悟"，就是讲的此番道理。

（6）推陈出新法。对前人研究过的课题，对前人使用过的材料，能够别开生面，善于以深求新、以异求新。

（7）灵感思维法。在对其他学科的书籍和报纸杂志的阅读中，在对江川河流的游览中，在与他人的闲谈叙事中，在百姓关注的热线中，

---

① 《马克思恩格斯全集》第 22 卷，人民出版社 1975 年版，第 21 页。

突然产生问题。当然灵感思维不是坐在屋中的苦思冥想,而是生活经验和理论积累在一瞬间的突然爆发。

（8）暗示右脑法。生理学研究证明,人的大脑左右部分是有分工的,左脑偏重于抽象思维,右脑偏重于形象思维。但是,左右大脑的分工也不是绝对的,左右大脑可实现互补和相互渗透。因此,开发右脑不仅是提高大脑使用深度的问题,而且也有助于我们发现新的问题。

总之,发现问题离不开"求异、发散、聚合"六个字。"求异"就是敢对现成的结论叫板;"发散"就是不要拘泥现有的思维形式;"聚合"就是对不同学科和不同知识的综合运用,发挥各种知识的相互影响作用。在阅读和思考的诱因作用下,就能发现许多问题有待我们去解决。

选题的基本原则是怀疑一切,否定一切。怀疑一切,否定一切不是目空一切,不是对前人的成就一概否定,而是要用怀疑和批判的眼光去审视已有的成果,从中发现问题,在对前人成就的质疑和反思中发现问题,不被现有的理论框架束缚住自己的思维。

选题时间的选择。许多学生是在学校安排毕业论文工作时才注意选题问题,其实这已经晚了。在日常的学习中,特别是进入高年级的学习阶段,就应留意身边发生的事情,就应注意从课程的学习中去物色问题。哪些问题自己感兴趣,哪些问题有疑惑,哪些问题值得自己去深究,要做到心中有数。不要到写论文阶段时再来确定选题,那时就慌了手脚,不知该写哪个好。特别是进入大学四年级后,第一学期许多学生在忙功课的同时还准备复习考研,第二学期是忙着找工作和准备研究生的复试,真正留给写论文的时间是不多的。因此,提前思考和准备毕业论文的选题方向可减少选题的盲目性。

三、选题的程序

第一步是选定一个大的方面,如在本学科门类中选择它的二级乃至更次级层次学科中的问题。第二步是确定写这方面哪个范围内的问题。第三步是再从中定下写哪个具体题目。例如,首先决定在理论经济学中的政治经济学领域;其次决定放在社会主义政治经济学范围内;并进一步确定在市场体系建设方面;再进一步决定在"我国市场经济体制中市场机制功能的绩效分析"。这时便有了一个比较适中的题目。

在确定了选题的方向后，有一个题目细化的过程，没有细化的过程，我们的题目往往太大，不适合作为毕业论文。例如，我们选择了关于企业发展战略思考方面的论题，如果仅仅就停留在此，就不是写一篇论文，一部书，而是足以写一套丛书。如何细化呢，可从企业规模上，对大企业、小企业，谈企业发展战略；可从竞争性上，对竞争性行业、垄断性行业谈企业发展战略；可从产业上，对电力产业、农业产业谈企业发展战略；可从区域上，对国内、国际、省际谈企业发展战略；可从内容上，对经营战略、人才战略、品牌战略谈企业发展战略；可从模式上谈企业发展战略；可从中外比较上谈企业发展战略……对其中的一部分进行分析，就可满足学士论文的要求。由于论文要涉及许多相关的知识，就要求对主要与次要部分进行区分，当各个部分是相互联系时，可简要提及其他部分的相关部分，但不可展开。另外，还可以从具体情况出发，考虑在限定题目范围内，以变换角度方式定下具体题目。例如，现有这样两个题目，"平原产粮区的适度规模经营"和"大城市郊区农田的规模经营"。我们可以从中受到启发，变换角度将题目定为"建立区域化支柱产业推进农业规模经营"，或"论区域农业经济的发展出路——规模化经营"等。学生必须从上面提到的社会需要和个人条件两方面慎重考虑，反复酝酿，绝不可随便拉一个或随大流抓一个就写；一旦选定之后，就要全力以赴，而不能见异思迁，这山望着那山高。

在选题确定后，可在论文构思前，大致确定论文的标题，明确论文的方向，待论文初稿完成进入修改阶段时再根据论文的内容进一步规范和最终确定论文的标题。

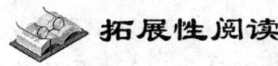 **拓展性阅读**

牛奶中加点糖

随着中国改革开放的日益扩大，停滞了几十年的人口流动像井喷似的爆发出来，中国农民的普遍流动在全国展开。面对汹涌澎湃的民工潮和人口的普遍流动，人们发出了不同的声音。不由地使我想起了一个古老的智慧游戏。

古时的印度在周围各国中的名气很大，一群波斯人想到这个国家居住，但被卫兵阻止。卫兵头领着波斯人的代表来到王宫，告诉国王他们的来意。国王略思了一会，便叫人端上一碗满满的牛奶给该代表，说："这就是我给你的回答。"国王的意思是，他的国家的人口已经多得不能再容纳任何人了，就像这碗牛奶满得不能再装一样。代表是怎样说服国王同意他们居住在该地的？代表从国王前的案几上抓起来一撮白糖，将其慢慢地撒在牛奶里，牛奶并没有溢出来。代表就说："虽然这碗牛奶很满，但是仍然能加进白糖，这样做牛奶非但不会溢出来，而且味道还变得甜了。我们来到您的国家，不会成为贵国百姓的负担，相反还能进行交流，就像这牛奶中的白糖一样。"

现在回到文章开头的问题上来。市民认为农民工进城扰乱了他们的生活空间，制造了诸多的社会问题。殊不知，他们仅看到了问题的一面，而没有看到问题的另一面。城市中最累、最脏、最苦的活都是谁干了？城市中的高楼大厦、宽阔的大道是出自谁的手中，谁在源源不断地将城外的物品运进城市之中供市民消费，谁又在不断地将城内市民的生活垃圾和建筑垃圾源源不断地运到城市之外？农民工在付出了这些中得到了同等的市民待遇？同等的孩子受教育权利？同等的福利待遇？

如果上面我们是发发牢骚的话，下面我们不妨从理论上做点分析。人们要生存，就离不开生产，要进行生产就离不开各种生产要素。要形成最佳的生产要素组合，生产要素就会不断的调整和流动，以适应生产的要求。劳动力是生产中的能动要素，每一个劳动力都追求自身利益的最大化，因此，哪里能最大限度地发挥作用，实现利益的最大化满足，劳动力就流向哪里。农民工这种顺应市场要求的流动是社会发展的必然。农民工向城市的转移，是否降低了市民的福利？没有。我国城市的繁荣昌盛，市民生活水平的提升，不就是明证吗？我们能否这样讲，农民工向城市的转移，不就是"牛奶中加糖"吗？

认为农民工向城市流动使交通日益拥挤，城市污染、治安问题日趋严重的说法,需要我们重新反思,我们的思想观念和意识是否适应了市场经济发展的要求,我们的城市规划和功能定位是否符合了社会经济发展的需要。总之,生产要素向最能发挥作用的方向发展是必然的趋势,我们只能适应它,任何人试图改变它,终将会以失败告终。

第八章 构　　思

　　确定题目之后,在明确的目标下搜集材料,已进入以研究为主的理论思考阶段。从写作的角度看,它是论文构思的阶段。实质是在大量材料的基础上,在明确的研究目标下,求得论题的最佳解决方案。这是出成果的研究阶段,也是关于如何表达研究成果的构思阶段。研究是表达的前提,表达是构思研究的延续和结果,两者都属于列宁说的"先动脑筋后动手"的动脑筋阶段,是"想好再写"的"想"的阶段,即想清楚了还要构思如何表达清楚,落实到提纲上来。这是毕业论文写作的第四关。

第一节　理论思考和文章构思

　　理论思考和写作构思是密不可分的,为了更好地说明和突出写作,我们把它分为理论思考和文章构思两个部分来阐述。

一、理论思考

　　在理论思考阶段着重是要明确解决什么问题,它不仅需要有思路,即思路要对路、合逻辑,也需要思路开阔。进行理论思考的前提是:第一,解放思想,实事求是。要从实际出发,而不是从本本,从固有的结论出发。这就可以使我们的思想从框框套套中解放出来,在现实世界的广阔天地里驰骋。第二,大量地输入信息。信息既是理论思考的材料,又是产生精神产品的"催化剂"。所以要注意实践中的新情况,注意与论题有关方面的新成就、新论点、新提法,外国同行的成就和古代遗产也往往能成为点燃创造性思维的导火索。第三,有正确的思维方法和研究方法。它能保证我们的思路沿着正确的方向进行。

理论思考的基本途径是从自己发现的问题出发,从搜集到的理论材料和事实材料中提炼思想,通过去粗取精,去伪存真,在比较中鉴别真伪,明晰思路,从而确定论文的基本论点和论文的基本架构。

理论思考的内容是确定论文的基本观点和基本主张,在理论上要解决什么理论问题或实际问题,以及怎样解决问题。

二、文章构思

在研究的主题或论点确定后,接下来就是考虑用什么样的方式将这个解决方案用合乎逻辑的文字表达出来,即把精神成果"物化"为文章。它是理论研究和思考的延续和落实,即进入写作的构思阶段。

毕业论文的构思所要解决的是确立论点、论据,并确定怎样用论据去证明论点。它的基本步骤是:确立论点体系,确立论据,确立对论点的论证体系,最后这些都要落实到论文提纲上来。

(一)确立论点体系

确立论点体系就是要确立总论点和分论点,以及总论点和分论点的相互关系。

在确立论点体系当中要注意以下几个问题:一是总论点本身要正确、新鲜、深刻、明确、集中。正确就是要符合客观事物发展变化的规律;新鲜就是要解决新问题,要有新的见解;深刻就是要挖掘到别人未曾见到的深度;明确就是论点确定无疑,不模棱两可,不含糊其辞;集中就是一篇文章的总论点只有一个,对一个问题进行研究和探讨。二是确立哪几个分论点。任何一篇论文,不仅有总论点,都还有相应的分论点,分论点是不可或缺的。三是确定总论点和分论点的关系,总论点是纲领、中心,它统率分论点,围绕、支撑或从属于总论点。它们之间是一种总与分的逻辑关系,分论点服从于总论点。总之,确定论点体系就是确定总论点和与之相关的几个分论点,并按逻辑顺序安排好分论点。

(二)确定论证体系

确定论证体系就是要确立论点与论据之间的关系,以及采用什么样的逻辑方式。确定论证体系时也有三个问题需注意:一是安排材料的归属、使用。论据就是材料,论点依靠它才能立住,才能有使人信服的力量。在搜集、鉴别、筛选材料上,要以论据为论点服务的原则去进行取舍,留下适当的但又是足够的材料,并且安放到最合适的地方去证明论点。即归属哪个分论点,放在哪一个部分,事实材料和理论材料如何搭配;还有怎样使用它来论证,找到最有效的发挥材料作用的方法。二是考虑使用各种论证形式。我们通常用得最多的是归纳推理和演绎推理,要将归纳与演绎、分析与综合的配合运用好,这一点本文最后要详谈。这里要说明的是,在议论的方式方法中,毕业论文多以立论为主,也可用驳论。具体怎样使用和使用哪种,要看论点论据的情况而定。三是考虑论文的基本结构。即用什么形式去安排论文的各个部分。

第二节　常用的论证结构和论证方式

一、论文结构的作用和要求

（一）论文结构的作用

从内容和形式的关系上看,论文结构是论文的形式,论文主题是论文的核心,形式是内容的外在表现,因此,采用什么样的形式,必须从内容本身的要求出发,当然也不能忽视形式对内容的表现作用。合理的论文结构有利于更好地表达思想、阐述观点;合理的论文结构有利于更充分地利用资料,增强论文的说服力;合理的论文结构有利于增强论文的可读性,利于思想的交流和文化的传播。

（二）论文结构的要求

结构要体现论文的基本内容,即体现提出问题、分析问题和解决问题的要求。刘勰在《文心雕龙·附会》中讲到:"凡大体文章类多枝派,整派者依源,理枝者循干。是以附词会义,务总纲领。驱万途于同归,贞百虑于一致;使众理虽繁,而无倒置之乖;群言虽多,而无棼丝之乱。"

结构要以总论点和分论点的合理安排为结构框架。毛泽东在总结古人思想时讲到,我们的工作要"纲举目张"。在论文的结构安排上则要根据论点间的逻辑关系进行安排,即遵循逻辑思维的规则展开全文。

二、常用的论证结构

毕业论文的论证结构如何安排,表面上看起来完全是一个形式上的问题,其实,它对论点的确立和论证也是十分重要的。如何安排论文的论证结构,可以按事物的不同方面,不同情况安排结构,即将有关材料分成若干个组,各组材料有相对的独立性,它们之间不存在从属关系。可以按问题的类属成分安排结构,一个问题分成若干个大类,在每一大类中又分为若干个要点来具体阐述,这就构成了类属关系的横向排列。可以按问题的个别表现安排结构,主要可分为以下几种结构。

（一）并列式

按内容之间的关系采用并列式的分论点,组织内容的安排次序。这种方式以中心论题展开,由于各部分无明显的前后逻辑制约关系,因此,分成几个彼此并列的不同方面,从一个个具体的分析中求得综合结论。这种结构方式适宜较为复杂、又容易列项或有诸多相对独立的问题。进行并列式结构安排时应注意,如图 8-1[①] 所示,a_2 与 a_3、a_3 与 a_n 之间可变换位置(下同),也不影响文章论述的问题。

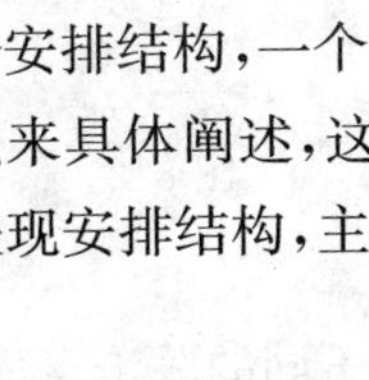

$$a\left\{\begin{matrix}a_1\\a_2\\a_3\\\vdots\\a_n\end{matrix}\right.\approx\left\{\begin{matrix}a_1\\a_3\\a_2\\\vdots\\a_n\end{matrix}\right.$$

图 8-1

（二）推进式

按内容之间层与层的逻辑依从关系,以内涵不同的分论点逐渐深入地安排论文的内容。这种结构采用步步逼近、渐次显露核心问题的方式,论点之间具有严密的逻辑性。进行推进式结构安排时应注意,没有 a_{11} 就没有 a_{21},没有 a_{21} 就没有 a_{31},依次类推。先后顺序是不能前后

---

① 　以下图式采用了李翰如先生的标示方法,在使用时局部地方作了一些调整。详见李翰如:《学术论文格式国家标准与写作方法》,电子工业出版社 1992 年版。

调换的,一旦调换了位置,就无法准确地表达研究问题的思想了。如图 8-2 所示。

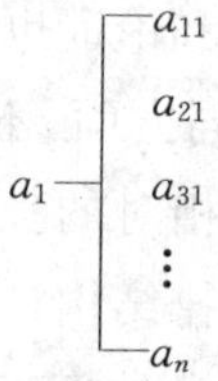

$$
a_1\begin{cases} a_{11} \\ a_{21} \\ a_{31} \\ \vdots \\ a_n \end{cases}
$$

图 8-2

（三）总分式

按内容的隶属关系,对不同的分论点先作分析论述,然后归纳出对事物总体认识的结论。因为,人们对事物认识的再现,认识的表达,必然是有分有合。在思维的分分合合中,使我们对事物的认识日益深入。用有分有合的方式安排论文的结构,既能使人们在分中认识和把握局部的分析,又能在合中认识和把握事物的总体。进行总分式结构安排时应注意,如图 8-3 中,a_1、a_2、a_3 是分论点,顺序不能前后调换。

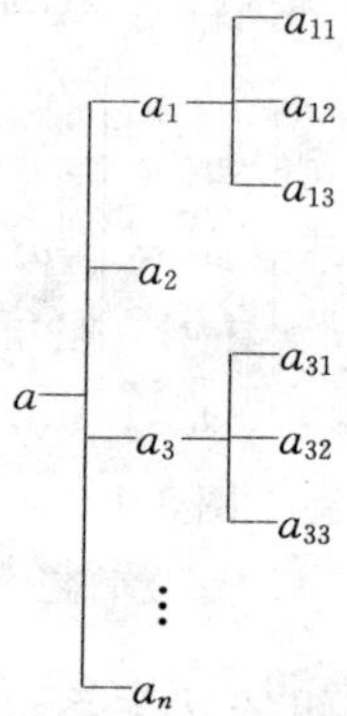

$$
a\begin{cases} a_1\begin{cases} a_{11} \\ a_{12} \\ a_{13} \end{cases} \\ a_2 \\ a_3\begin{cases} a_{31} \\ a_{32} \\ a_{33} \end{cases} \\ \vdots \\ a_n \end{cases}
$$

图 8-3

（四）综合式

按各部分内容的内在联系,交错运用以上几种方式组织安排论文的结构。进行综合式结构安排时应注意,如图 8-4 中,a_1、a_2、a_3 分论点之间顺序不能调换,但在支持 a_3 的 a_{31}、a_{32}、a_{33} 之间则可前后调换顺序,而不影响论文本身的思想。而在图 8-5 中,a_1、a_2、a_3 分论点之间顺序可以调换，支持 a_3 的 a_{31}、a_{32}、a_{33} 之间也可前后调换顺序，但是，在 a_1 $-a_{11}-a_{12}$ 中前后内容不能调换顺序，a_2 中各项之间的内容也是不能调换顺序的。

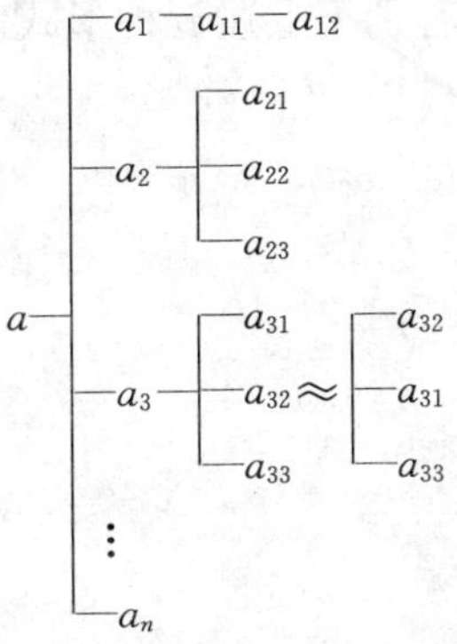

图 8-4

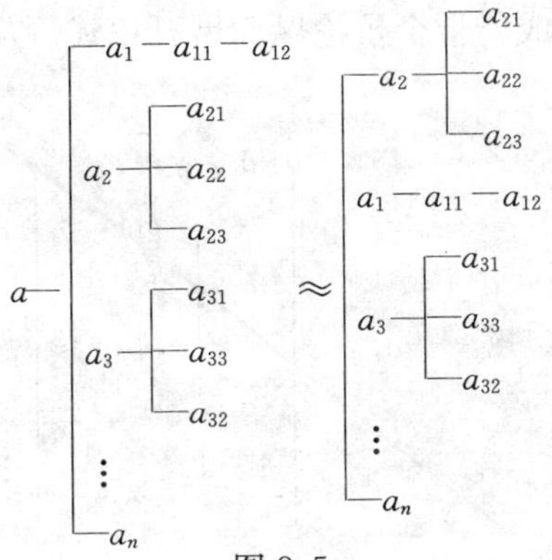

图 8-5

（五）散论式

内容的每个层次有较大的独立性，层次之间的内在联系不是十分紧密，每个内容的层次可分别展开进行论述。这种结构的论文往往是围绕一个范围较宽的论题分成若干个问题进行展开论述，论述的结构有较大的自由度，散论式结构是上述几种结构安排的综合。如图 8-6 所示。

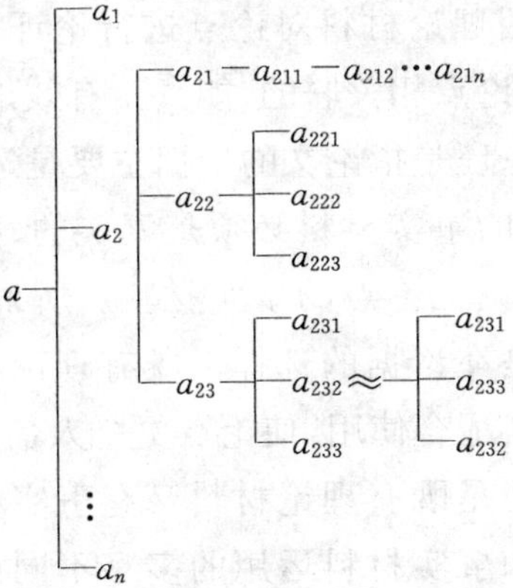

图 8-6

（六）并论式

是围绕若干相互联系而有区别的内容展开，每个内容相互独立，但有其内在的逻辑关系。这种结构的论文往往是围绕一个范围较宽的总论题分成若干个子论题而展开论述。从而有别于上述五种形式。如图8-7所示。

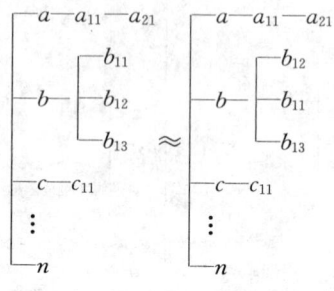

图 8-7

无论采用什么样的结构模式，都要从论文本身的内容出发，形式要服从内容的需要，这样才能使形式满足内容的要求，更好地体现论文的主旨。

三、常用的论证方式

从论证材料使用上看，可分为理论材料论证、事实材料论证、理论材料和事实材料相结合论证三种形式。所谓理论材料论证是指论文的论据主要是运用理论材料对论点进行论证，这里使用的理论材料必须是科学的、与论点相关联的、能真正有效地论证论点的理论材料。所谓事实材料论证是指论文的论据主要是运用事实材料对论点进行论证，这里使用的事实材料必须是真实的、权威的、与论点相关联的、能真正有效地论证论点的事实材料。所谓理论材料和事实材料相结合的论证就是在论据的选择上既有理论材料又有事实材料，理论材料和事实材料配合使用，使论点更令人信服。其实，我们在论证材料的选取上往往是既有理论材料又有事实材料，只是根据论点的要求对理论材料和事实材料运用的多寡不同而已，两者无本质区别。有纯粹的理论材料论证，而无纯粹事实材料的论证方式，因为，在运用事实材料论证时总要用到理论材料去联系和沟通论文的内部联系。

从论证方式的选择上看,可分为直接论证、间接论证、直接论证和间接论证相结合三种形式。所谓直接论证是指用科学的、有利的理论材料和事实材料作为论据直接论证论点的方式。所谓间接论证是指用科学的、有利的理论材料和事实材料作为论据间接论证论点的方式。所谓直接论证和间接论证相结合是指在论据的选择上既用理论材料和事实材料直接论证论点,也用理论材料和事实材料间接论证论点,是直接论证和间接论证方式的有机结合。只是根据论点的要求和材料掌握的情况是采取直接论证,还是采用间接论证的处理方式不同而已,两者无本质区别。有纯粹的直接论证方式,而无纯粹的间接论证方式,因为,在通篇论文中都是采用间接论证的方式,会降低论证的可信度,让人怀疑论点是否正确。因此,在主要使用间接论证方式进行论证时,必须有切实有力的直接论证,只有这样,才可能增强论文的可信度和说服力。

从论证方式的逻辑上看,可分为演绎论证、归纳论证、演绎论证和归纳论证相结合三种形式。所谓演绎论证就是运用演绎的方法去论证论文的论点。所谓归纳论证就是运用归纳的方法去论证论文的论点。所谓演绎论证和归纳论证相结合就是将演绎的方法和归纳的方法相结合进行论证的方式。

第三节 拟写和修改提纲

一、拟写论文提纲的意义

提纲是将论点体系、论证体系具体化为文字形式的写文章的蓝图、框架。它把理论思考和构思的成果用文字固定下来,并且从写作角度安排好整篇文章的骨架;它是在观点、材料的基础上设计总体结构。它在毕业论文写作上非常重要。

首先,拟定提纲是人类思维在写作上的必然要求。正如马克思在分析人与动物的区别时讲到："蜘蛛的活动与织工的活动相似,蜜蜂建筑蜂房的本领使人间的许多建筑师感到惭愧。但是,最蹩脚的建筑师从一开始就比最灵巧的蜜蜂高明的地方,是他在用蜂蜡建筑蜂房以前,已经在自己的头脑中把它建成了。劳动过程结束时得到的结果,在这个过程开始时就已经在劳动者的想象中存在着,即观念地存在着。"[①]在劳动过程中是这样,在进行论文的写作过程中也是如此。

其次,它是将脑力劳动的成果转化为物质形态——文章的桥梁。没有提纲就等于没有思想主张。任何一个人,即使是学术上的大家,在进行论文创作中都有明确的提纲。对于论文写作的初学者来说更是不可缺少的。

再次,毕业论文属逻辑思维范畴,更需要整篇合乎逻辑。这不是字句问题,重心是搭架子,设计论文的总体结构。结构是组织论据来论证论点的,是文章内在逻辑力量的体现,必须顺畅、严格、完整、统一。理顺结构、搭好架子,是写提纲阶段的头等大事。

从次,写毕业论文是接受科学训练,撰文、写书,做学问、创立学说,这些都离不开提纲,因而,骨架具有重大作用。写毕业论文学会"搭架子",对将来发挥才能有效地探讨理论,写各种类型的文章都有极大帮助,所以提纲一定要下力气写好。

最后,有利于及时调整,避免写作过程的中断和返工。在毕业论文的创造过程中,作者会接触新的材料和新的思想,自己的思想也会受到不同程度的影响,如果事先没有一个经过严密思考的提纲,就会改变自己最初的想法,使写作不得不停下来。这样做不仅延误了写作时间,增加不必要的工作量,也会影响我们的写作情绪和写作热情。写作前没有拟定一个完整、严谨的提纲,就难形成一个层次清楚、逻辑严密的论文框架,在写作过程中常常会被论文的逻辑关系、论证方式和语言表达所困扰,甚至还会出现自己对自己的写作方向都发生了怀疑的情形,从而使论文的写作难以进行下去,导致无谓的返工。

---

① 　马克思:《资本论》第 1 卷,人民出版社 1975 年版,第 202 页。

二、拟写提纲的原则

安排毕业论文总体结构即"搭架子"时最重要的原则是合乎逻辑，即符合事物发展规律和思维规律。可归纳为两方面：有中心、有层次。有中心即以总论点为中心，围绕它组织分论点、组织论据——材料进行论证，这就能使文章有条不紊、完整统一。

首先，就要从中心论点出发，决定论文的框架。反映在文章结构上就是要有层次。这就要求要将与主题无关和联系不大的观点要毫不吝惜的舍弃掉，尽管这些已形成的思想和观点与论文是有联系的。

其次，充分考虑论文各部分的逻辑关系。有层次就是怎样按顺序论证总论点，分几层论述，要排好先后。层次清楚、安排合宜、次序顺当，就会严密顺畅。为什么有中心有层次就是符合事物发展规律和思维规律呢？因为事物由矛盾着的对立面构成，主要矛盾和矛盾的主要方面决定事物性质，发展有主流，决定事物发展方向。思维规律要求认识事物抓主要矛盾和矛盾的主要方面，看主流，所以写文章要有中心有主线。因为事物发展有阶段，所以对事物的认识有过程，思考问题解决问题有顺序。

最后，要详略得当，安排好论文各部分的比例。从论文的结构上讲论文由三部分组成，但是，三部分如何安排则要根据论文的内容而确定，无论怎样安排，三者之间应有一定的比例关系。即使没有十分明确的结论部分，但它的基本内容应在论文的相应部分反映出来。即使结论在绪论中体现和反映出来，也不能因此将论文的三部分变成两部分。

确定了这样的原则，就要求我们要将自己已经搜集到的许多材料忍痛割爱，尽管它是自己精心搜集来的。必须始终牢记，材料是为论点服务的，无论多么好的材料，只要与本论文的论点联系不大，应该割弃的时候，就一定要勇于割弃，绝不拖泥带水。

三、拟写提纲的方法

文章的中心、层次要在写提纲搭架子时解决。这就是在明确了总论点分论点的体系和如何统率材料之后，以总论点为中心，按论证的逻辑需要，安排好层次条理。

（1）项目要齐全。根据毕业论文的一般要求，论文提纲应包含以下几方面的内容：题目，中心论点，分论点，各部分的题目，各论点要采用的理论材料和事实材料，论证方法，结论意见。

在拟写提纲时还可将摘要和关键词列出，有助于进一步明确中心论点和分论点。在目录中应包括绪论、本论、结论三部分。

（2）具有逻辑性。一方面，精心梳理总论点和分论点的逻辑关系，并划分出不同的层次关系。明确各部分的层次关系，层次之间具有内在的逻辑联系。另一方面，论文的结构形式是由导论、正论、结论三部分组成。它的开头、主体、结尾要相对应。

（3）明确各部分怎样写。第一个是导论写什么，即怎样开头；结论怎么得出来，即怎样结尾；正论怎样展开，即主体分几层几部分。明确各部分的安放接转，以及在各部分中再分几条、几点、几段等。

毕业论文的写作提纲可以分为简单提纲和详细提纲两种。简单提纲只是写出论文的要点，对如何展开，一般不涉及。详细提纲要求把毕业论文的主要论点及其展开的过程，较为详细地写出来。对初学者来说，论文的提纲宜细而不宜粗，因为，初次写学术论文，提纲写的细，不仅能使自己的思考严密，而且还能避免在论文起草过程中的遗忘和走题。对于经常写学术论文的作者来说，提纲宜简不宜繁，甚至可简化到只列各部分的分标题，或者是只写一个论文的提示要点即可，相关内容都装在自己的头脑中了，而无须在纸上一一列举明确。写作提纲是简是繁，是粗是细，并无定论，关键是要论点明确、思路清晰、层次清楚。编制的提纲一定要好认、易识别。

无论是列出简单提纲，还是列出详细提纲，都应包括以下四方面的内容：

（1）全文的中心论点，即论文要分析和阐述的基本观点。

（2）在中心论点统帅下的所有层次的分论点。一篇论文除有中心论点外，还有若干个支持中心论点的分论点，分论点是服务于中心论点的。

（3）大小论点的基本论据。每一个论点要能够成立，都必须有相应的论据去支持论点,论点才能得已存在,才能有说服力。因此,基本论据在提纲中是必须首先要确定下来的。

（4）体现和反映全文的基本结构。先讲什么,后讲什么,要有一定的内在逻辑关系,不能是材料的简单堆砌。

四、拟写提纲时常见的问题

提纲草拟后,不同程度地存在这样或那样的问题,对初学者更是如此。这就需要我们对提纲进行修改和完善。要对提纲进行修改,就要清楚如何发现提纲中存在的问题,以及对什么进行修改。

（1）认为自己思考清楚了,口头也能表述出来了,但要书写在纸上时,却写不出来,或写出来的提纲词不达意,不如思考的那样合理严密。

（2）总论点与分论点层次关系不清。初学写论文的人,经常会对什么是总论点,什么是分论点,它们之间的关系如何不是十分清楚。认为都是自己要论证的观点。

（3）论据和论点之间没有必然联系。有的只限于反复阐述论点,而缺乏切实有力的论据。有的是材料一大堆,却不能支持论文的论点,缺乏应有的说服力。

（4）对论文的导论、本论和结论三部分安排不尽合理。

（5）段落层次不明。在段落上先讲什么后讲什么不符合逻辑要求,无法准确地表达自己的思想。

五、提纲的修改

首先,明确主题。对论题和论点作进一步明确和深化。

其次,检查提纲的中心论点。中心论点是否清晰和明确;中心论点和分论点之间的逻辑关系是否合理。

再次,检查论点与论据之间的关系。所有论据是否支持了论点,论证方式是否合理;理论材料和事实材料的安排是否合理、恰当。

复次,检查论文的绪论、本论和结论三部分的安排是否得当,处理手段得当,各部分的比例安排是否合理有序。

最后,检查论文提纲的层次安排是否科学,进一步研究论文的结构框架是否合理。从时间发展的纵向上看,论文的层次是否符合时间发展的进程,不存在时间进程的矛盾;从空间排列的横向上看,空间布局是否合理有序,不存在空间布局的混乱;从时间和空间的交织上看,段落层次规划是否合理,事件展开的文字安排是否科学,是否准确地反映了思维进程的深度和发展的阶段。

如果要对拟定提纲做一个形象比喻的话,可以大型体育比赛的开幕式或闭幕式上的团体操为例。在大型体育比赛的开幕式和闭幕式上一般都有队列表演,我们若站在队员的身边,可以精细地看到队员的细节动作做得是否完美到位;若站在看台上就能领略方队的结构和艺术造型;若在空中俯视,就能更清楚地看清以单个人的原子组成的队列的整体图案,感受到设计家绝妙的设计思想和理念,得到无与伦比的艺术享受。在我们的论文构思中,同样也有结构优美的问题。因此,一篇优秀的论文,不仅要求的是思想深刻,逻辑严密,还要有结构的优美。

对初次进行论文写作的学生来说,拟定提纲时要反复考虑,反复修改。在提纲的修改过程中,还可以和同学们交流,征求他们的意见,在交流中受到启发。征求导师的意见是更为重要的方法,导师的意见是修改论文提纲的根本方法和途径。这不仅是毕业论文写作和指导的固有程序,而且能保证提纲的科学性和严谨性。它不仅可以帮助自己明确思路,还可以使自己少走弯路。学生在按导师意见修改后,提纲便写好了。另外,我们在阅读文献资料时,还可多多体会经典文献的结构安排,从中学到许多有益的东西。即使没有导师的指导,也需要在写作前拟定好提纲,这样在写作时就方便多了。这一步走好了,下边的起草、修改工作就容易多了。否则,举步维艰,要成篇很难,更顾不上论文质量的好坏了。

提纲在思考、拟写和修改阶段,可以不拘形式,勾勾画画,使用一些自己特有的符号来代替部分内容。如果自己对这个问题思考的是十分透彻,这样做未尝不可。如果还不十分清楚,搁置一段时间后,自己可能都弄不清楚了,因此,要视情况而定,不要简单地模仿他人的习惯。由于毕业论文提纲在拟定好后都要征求指导教师的意见,如果拟写的提纲不是好认易识别,也会给导师的审阅带来一定的困难,浪费宝贵的时间,因此,毕业论文的写作提纲必须工整、明确。对初学者来说,还应该详细,保证自己思路的清晰,论证的充分和合理。在征求同学和同行的意见时,在请导师审查指导时,论文提纲则一定要抄写明白清楚。一方面是对他人劳动的尊重,另一方面也是便于他人阅读。这些虽然是一细节问题,也应引起我们的高度重视。

 拓展性阅读

劳动创造多少财富?

一个农民拿着同一把铁锹挖一天的土,技术含量是相同的,付出的劳动量也是完全一样的。他可能是在农田中翻地,他可能是在建筑工地上挖地基,他可能是为考古队挖表层土,他可能是为拍摄影视作品现场挖战壕……同样都是市场性劳动的挖土,但他们参加这些劳动得到的货币报酬量却有天壤之别。经济学理论该如何解释劳动力的价值大小? 能从价值创造中得到解释吗? 能从生产中各个要素的贡献份额中去解释吗? 信息不对称理论能够解释吗? 劳动力在地区和行业分布不均能够解释吗? 劳动供给行为选择理论能够解释吗? 劳动风险和厌恶性理论能够解释吗? 其中是否存在竞争性成分与垄断性成分之别? 与此相联系的还有,我们怎样去计算它们各自的机会成本?

农民在农业生产的劳动并没有致富,是因为他们劳动的效率不高,存在大量无效劳动? 还是因为劳动产生的价值成分太低? 或是因为农业是一劣质性产业?

第九章　起　　草

根据论文提纲写成篇章形式的过程,就是起草。起草就是把自己理论思考的成果,即大脑中储存的相关信息和提纲中浓缩的信息变成详尽的书面文字的过程。因此,起草是构思的实现,起草是提纲的展开和细化的过程。起草是毕业论文写作的第五关。

第一节　起草的基本原则

为了保证毕业论文初稿的写作质量,对初学者来说,一般在起草时要遵循以下几项原则。

一、紧扣主题,突出中心

主题是文章的灵魂,是论文的核心。论文写作的各个环节都是围绕主题展开的。主题一经确定,就要以它为中心进行,不论是在结构的安排和材料的取舍上,还是在遣词造句上。不以主题为中心展开,文章就会脱离原来的思想,就可能杂乱无章,支离破碎,达不到写作的预期目的。并且,这样写出的草稿也对下一阶段工作的开展造成了困难。

二、论点鲜明,论述有据

学术论文就是要亮明自己的观点,就是要阐述自己新的见解和思想,论文的主题也是根据论点而定的。虽然我们在论文提纲中表明了自己的论点,如果在论文起草过程中,将自己的论点淹没在一片文字中,就无法明确自己的论点,自己在写作过程中也会失去航标和方向。在写作过程中,论点写作不明确,即使事先有充分的论据也失去了用武之地。因此,在论文起草过程中,论文的论点必须鲜明突出,论据才可能充分有力。

三、结构完整,全文贯通

在根据提纲进行论文起草的过程中,要保证论文初稿的完整,不仅是论文的论点、论据的完整,而且是论文每一部分的完整,每一段落的完整。在保证结构完整的同时,还应全文贯通,保证论文初稿在思想上的一贯和唯一,不要在起草过程中偏离主题,认为其他问题更重要,而写一些于主题和论点无关的问题,或是虽与主题有联系,但不是本篇论文要阐述的问题。对于初学者来说,在论文起草环节上,关联词语、过渡句段、前后照应是否得体,可以暂时不多考虑,可留待修改时进一步完善。

四、尽可详尽,不拘小节

对于初学者来说,在论文起草环节要求写的简明、准确和用词恰当到位是不现实的。为了防止遗忘和为后面的修改留下思考的空间,对他们来说,在论文起草过程中,只要不偏离主题,论点不模糊,就可以将自己想到的话都先写在纸上,用词的恰当与否,语义明确与否,句意严密与否,格式规范与否,都可暂时不管,以防拘泥细节,而使论文的起草工作无法正常地进行。当然,对有一定写作经验的作者来说,在起草的过程中,注意用词恰当,语义明确,句意严密,格式规范,就可大大减少论文修改的工作量,节省时间,便于论文的早日完成。

第二节 起草的基本方法

一、既要按照提纲写,又要发挥创造性

提纲是毕业论文已经探明的思路,是已经设计好的蓝图。这条思路或蓝图的大架子是经过周密思考、反复修改和经导师审查指正的,因而它必须是起草的基础。起草就是要用具体材料、科学的论述和连贯成篇的书面语言去展开提纲上的要点,顺着这条思路写就会顺理成章,按蓝图或大架子"施工"就会顺利完成。所以不要游移,不要随便岔出去,要按照提纲拟定的结构顺序展开。将提纲搁置一边,一时心血来潮、信马由缰地狂想、狂写是不可取的。、

　　起草又是一个创造过程，这一阶段精神高度紧张，可以把理论思考和构思的成果进一步检验、修订、发挥和升华，必然会有新的创造和突破。所以，在这个过程中会对提纲提出一些挑战，但这通常不是根本性的，而是局部的甚至是枝节性的。按照提纲写，绝不是束缚手脚，起草时还是有一定活动余地的。

　　二、快写莫间断，大改小不改

　　经过较长时间艰苦的构思和拟定、修改提纲的工作后，思路贯通，材料已熟，整个脑中储存的信息和原有的理论根基都充分地调动起来，便会出现一种特有的写作能力和热情。这是起草的最好时机，要抓住这个时机，集中时间，快写、连续写，一直写下来。这样做不仅效率高，而且文气连贯、文字好。所以，不要拖拉，不要时断时续。对边工作边学习的学员，最好能脱产几天，找个僻静之处，暂时放下手中其他的事情，一气呵成。如果不能脱产学习和写作，至少要抽出一段相对集中的时间就论文中的一部分或是论文的全部写完。如果时间不能保证，可在工作之余，在头脑中将要写的内容反复打腹稿，一有空闲时间，马上写在纸上，以免遗忘。总之，每次集中思考一个问题或一个段落，经过几个回合，论文的初稿就会跃入纸上。

　　起草最忌讳时时打断，如果外界条件具备了，就要解决自己的写作习惯问题，这就是要防止时时抠字眼而使思路停顿或滞留一处、游移不前。有时写了一段觉得不满意又重写，或是改点儿又重抄，抄了又改，结果一字一句想不好，便停留大半天，这种被鲁迅称作"十步九回头"的写法是不可取的。确定格局后就一直写下去，暂时不要管文字用得是否恰当，甚至找不到好字眼时可先空着，用酣畅的笔墨把整体写下来，然后回头时再改。

　　在论文构思和提纲中不可能把一切细微之处都考虑妥当了，况且起草又是一个创造性过程，应该把那些不周密、不合理、不顺畅的地方都解决了，但这和停下来改动不同。要不要停下来改动有一个原则，叫"大改小不改"。那就是发现文章大的方面，如总论点、立论的关键材料、主要的观点、形势变化了或大的架子——整体结构有了问题，要立即停住,考虑好后再进行,甚至还会出现另起炉灶的问题。此时决不能将错就错。如果发现的是细枝末节或局部的问题,如材料不够、不合用、不确切,则先不要停下来修改、核对、查找,可以先做上记号,写完后再回头看。不要被细节拖住,而裹足不前。这里果断是必要的,游移是有害的。

三、分别轻重缓急,详略繁简

写论文与编资料、记大事记不同,它是要把道理告诉人们,说服他人。写论文和编教科书也不一样,不是要自己所知道的有关知识全部都告诉别人,而是要把自己的学习心得、理论见解、研究成果和解决问题的方案表现出来。不是用系统知识去教育莘莘学子,而是要把自己学习的收获和取得的成果拿出来请导师、答辩委员乃至学术界同仁检验审查。因而,人所共知的东西要少讲、略写,有的只是一带而过。属于自己论证体系的,得出结论的关键处,论证的症结处,特别是个人研究有新意之处,则要讲细、讲深、讲详、讲透。在叙述事实作论据或说明情况作背景时,要简明概括,言而不繁。论证分析时则必须深刻透彻,不妨说详细些,但也必须精当妥帖,有几句切实有力的语言。

第三节 引出论点的方式

论文的论点如何清楚地交代出来,不仅是论文的导引,而且是确定论文写作方式的要求。引出论点的方式一般有两种:直接切入式和间接切入式。

一、直接切入式

直接切入式,即开宗名义。开篇直截了当地切入主题,点明论文的中心论点,使读者立刻抓住论文的议题,明确论文要对什么论点进行分析和论证。

二、间接切入式

间接切入式,就是利用一些相关的材料作引子,逐步导入要研究的中心议题。常用的方法有：

（1）讲述故事。先讲一个发人深省的故事，这个故事既是论点的来源，又是对论点的初步说明，先事实，后结论，顺理成章，容易使人信服。注意这里要讲的故事与要论证的论点密切相关，不是牵强附会，不是漫无边际地为讲故事而讲故事。

（2）引用名言（民谚）。引用有影响力的名言（民谚），在理解和分析名言（民谚）的基础上，合乎情理地导出论点。因为，这些名言（民谚）是得到实践检验的，在人们的心目中有一定的可信度，容易被人们接受和信服，引出的论点，自然也会引起人们的关注和重视，利于人们深入地阅读和进一步地深入思考。

（3）归纳现象。将社会经济中出现的一些现象归纳起来，理出论点，使论点既贴近生活，又有很强的针对性，又使论点坚实有力，引人注意，启发人们对问题的思考，寻求解决问题的出路。

（4）安排设问。开篇就是以发问出场，使人思索，顺其发问，引出论点。发问的内容自然就是论文所要论证的论点。自然流畅，天韵自成。

（5）烘云托月。先为论文论点的提出作好铺垫，使论点的出场自然顺畅，合乎情理。注意这里讲的烘云托月不是拉大旗、坐虎皮，渲染不必要的气氛，而是要与论证的论点紧密相关，自然地进入主题，便于人们思考，利于读者接受。

（6）题目着眼。就是从论文的题目本身出发进行演义，在破题中引出自己的论点。

（7）概念辨析。从研究论点涉及的概念的定义本身入手，或是从对概念的评析入手，直接导出论文的论点。

（8）介绍争论。从对学术界论战各方各自的观点入手，从中导出自己要研究的问题，或提出自己的想法。

使用哪种方式最佳，并没有唯一的模式，应视论文的情况而定。就是结合所要论述的论点，要求利于论点的阐述。在使用间接切入式方法时，应避免脱离论文的论点一味求新求异，使开篇之语与自己将要讨论的论点不搭界。或者是试图用新异的手法去打动读者,而不是在论文的论点和论证上下工夫。不要将学术论文的引出论点的方式与文学作品的开篇形式混淆了。

第四节　论文起草过程中常见的问题

一、如何进行论文的论述

为了保证毕业论文写作的顺利进行,自然还应关心理论观点从哪里来,论题材料从哪里来,怎样写出论文的独到之处和特色,以及怎样在论文中"论"起来。我们从以下三个方面再做集中分析。

1. 马克思主义是指导原则而不是教条

一切理论文章,包括毕业论文,其成败得失首先决定于理论的正确与否。马克思主义已经被一百多年千百万人的实践证明是客观真理,是指导我党我国革命和建设的理论基础。作为经济学和工商管理专业的学生,毕业论文要能站得住,就必须坚持马克思主义原理,并用来解决现阶段的社会实践,但是,不能把它当成教条拿来套在现实社会的改革开放实践中,而是用来解释和解决现实问题。实事求是,一切从实际出发,不仅是邓小平理论的精髓,也是我们学习研究的根本,只有这样,论文才有生命力、创造力,才有新意特色,才能解决好思想内容和表达形式问题。否则,或是离开指导而走偏方向,做出错误论断;或是失去生命力,变成僵死的教条,这些都不是好论文。

2. 怎样才能"找到你自己"

大学生的毕业论文的主要功能不是传授知识,而是汇报自己学习理论解决实际问题的真知灼见。因而其中最宝贵的是学生自己独到的心得体会、发明创造。可是,知识无边,每天发表的文章、出版的书籍数量很大,要独辟新论,跟别人不重复、不相仿是不容易的,这就要注意"找到你自己"。就是说,要注意自己在所论的问题上有点新东西没有?为理论大厦添加了一点什么没有?有没有自己的创造、发现、体会?要抓住这些做文章,这些从哪里来?实践!但实践中的问题很多,有的已经写了许多文章,那怎么办? 一是集中正确的观点,从自己的角度加以发挥,在"求同思维"中有所前进,有所发现;二是发现不足和错误,从自己的角度加以补充修正,在"求异思维"中有所创造,形成自己的论点。论文不可能通篇都是创造的,也不要求都是自己的,特别是毕业论文,借鉴是重要的;但是要在自己的体会基础上,在自己的消化中吸收,而不是简单地照搬过来。"找到你自己"是毕业论文的上乘,抄袭别人的东西不能做毕业论文。

3. 怎样才能论起来

所谓论文,就必须论起来。就是用论据证明论点,有一个能说理服人的论证过程。初写论文者往往苦于论述不起来。怎样才能论起来呢?

首先,要学会分析、讲道理,不要论点加例子。议论的三要素是论点、论据还必须有论证。而论证正是用论据证明论点的过程。光有论点和论据,摆在那里,没有必要的纽带将它们联结起来,是不等于议论起来了,正如舞龙灯,有了人、珠灯、场子三个要素搁在一起就舞起龙灯来了。要论起来就得找出论据和论点之间的关系,揭示出它们之间的联系,这就要分析综合。有些学生论述不起来就是缺乏分析,只是论点加例子,或是堆一堆材料就下结论,缺少中间环节。要论起来就得找出论据和论点之间的关系,就得讲出道理来。这一方面要有丰富的材料;另一方面要有对材料的真正认识,对论点的深刻理解。再来分析,就能找出原因结果、来龙去脉,由此就论述起来了,论证出理论来了,才有了说服力。

其次,用好归纳推理,不要只是引证、演绎。论文的论证,离不开推理,运用最多的是归纳和演绎。归纳推理是由个别到一般的思维形式,由众多的个别事物归纳出一个共同的普遍性的结论,也就是用众多的个别判断作论据来推断出一个共同道理,证明一个论点。演绎推理是由一般到特殊的思维形式,把已知的一般道理推到个别事物中去,用一般结论来证明关于个别事物的论点。这两种都是论证的重要形式,往往结合运用,构成完整的严密的论证过程。二者运用好了,也就论起来了。有的学生在论证过程只是或主要依靠演绎，引用马克思主义原理，引用毛泽东同志的只言片语，引用邓小平同志和中央领导同志的讲话，引用学术大家的经典名句，就套出对现实问题的结论和具体问题的解决办法，这样做是没有说服力的。

最后，要就事说理，不要就事说事。有的学生写论文，虽然有较多的实践经验和掌握了许多事实材料，可是仍论述不起来，原因在于只是就事说事。表现有二：一是叙事太多太细，叙述占了主要篇幅，喧宾夺主，而没有议论说理；二是没有提到理论高度，没讲出固有的道理，或只是归结到俗套子里去，"上靠领导下靠群众"，"克服重重困难"，"在人少任务重的情况下苦干加巧干"，"情况明、决心大、方法对"等等，最多只能算是一个不很高明的总结，而不是毕业论文。有了事实材料，要从理论角度着眼，从扼要的叙事入手，做到"文从事起，理随事走，事到理到，事理相印"。把理论的阐述、论证，融化在对实践过程中成败得失的具体分析之中，这就能议论风生，论将起来。

相反，有的学生写论文，由于从学校到学校，从书本到书本，而缺乏应有的事实材料，而感到论文写作是空对空，显得苍白，与社会实践有很大的距离，学究气十足。针对实践经验缺乏的学生，暂时解决的对策是：一是在选题方向上侧重于理论性较强的或从报纸杂志上易见到的事实资料。前者较多地偏重理论思辨性，相对所需的事实材料要少些，可避免实践经验不足的缺陷。后者所获得事实材料虽是间接的、第二手的，只要可信并经过了实践的检验，也是可以把它作为论据来进行论证的。二是结合教学实习、社会调查与实践活动，有针对性地搞一点必要的社会调查，虽然在极其有限的时间中搞有限的实践调查是不深入的，但或多或少能增加一些感性认识，蹲点"解剖麻雀"也能起到举一反三的作用。由于受参与调查的时间、经费、精力和统计数据的样本或然性等限制，因而在使用这些材料时要防止以偏概全，因为这样的论据不仅不能论证其论点，反而使论点偏离正确的方向。要从根本上解决问题还需处处留心，不放过平时点滴的实践，并进行分析研究总结，到时总是能派上用场的。

二、思路卡住写不下去怎么办

起草时会遇到写不出来的情况,于是,有的人引用毛泽东同志《反对党八股》所引鲁迅的话:"写不出的时候不硬写"①,而因此搁笔。我们千万不能把这句话当成教条,而是要具体分析写不出来是在什么情况下,由什么原因引起的。鲁迅在讲这话时,是针对有些作家没有什么可写,却硬是胡编乱造来演绎。毛泽东同志此处这样讲,是针对王明那些人脑子里没有东西,连中国的基本情况都不了解却要大写特写而言的。如果简单地理解写不出来就不用写了,那就永远也写不出论文来,所以,应该分析为什么有了想法而写不出来。起草时写不出来,或是写不下去,大体有如下几种情况,这些都是可以解决的。

一是缺乏写作训练,虽然学有所得,构思了并有了提纲,一提笔就发怵,写不下去。这种情况是心理的原因,遇到这种情况就要坚持写下去,不要有不切实际的要求,实事求是地写下去,慢慢就能写出东西,就能有所提高,只要用心,一定能写出来,而且最后会写得很像样子。还有一种情况是,心中牢记的是"不鸣则已,一鸣惊人"的信念,自己在下笔时达不到预期的效果,就气馁了,就罢笔不干了。其实,要达到"不鸣则已,一鸣惊人"的境界,是长期努力奋斗的结果,不是一开始就能实现的。只要我们坚持不懈地学习、思考、写作,定能实现这一目标。

二是提纲写得很好,但在起草过程中行笔时思路卡住了。这时不要着急,可以稍微停一下,再看看自己的写作提纲,回想一下当时是如何构思的,为什么当时自己是那样想的,从中找回遗忘或不清的思路。再看看自己收集的材料,看看有关的文章,变换一下角度去思考,在外界的启示触发下,文思就会顺畅起来,然后再继续写下去。

三是构思时功夫下得不够,提纲写得不够细致,写着写着就写不下去了。这就要重新审视提纲,看对总论点理解把握得如何,材料熟悉得怎样,结构安排得怎样,问题是否吃透了。可把提纲写得细致些,层次

---

① 《毛泽东选集》,人民出版社 1968 年版,第 800 页。

分明些,论证安排合理些。

对初学写论文的学生,有时不好区分哪些是人所共知的一般性的东西,哪些是自己创新的。在写作时,可将自己事先想到的全部内容都写下来,包容的内容要充分、丰富,在论文修改时再做取舍。如果在写论文初稿时,这也不敢写,那也不能写,论文就会单薄,势必给论文的修改带来一定的困难。

三、论文深入不下去的原因

有时想得很好又写了提纲,提笔却觉得写不出来,或写出来不满意,其原因多是起草不得法。想好了和写明白了不是一回事,所以起草时要注意方式方法。

常见的问题是就事论事,缺乏理论深度。究其原因是写作缺少相应的理论基础,知识掌握不够,对研究的问题还没有摸清吃透。当出现此类问题时,就要求我们重新钻研理论,熟悉材料,真正弄清理论的来龙去脉和理论的深刻内涵,真正把握事实材料的来源和事实材料要说明和反映的问题。这样在写论文时,就可深入下去,就会写得深刻,有的放矢。

研究方法不当也是论文深入不下去的重要原因之一。这里就需要重新审视自己研究的方法是否得当,研究方法不当直接关系着我们对问题的研究能否深入,能否有新的思想和新的见解产生,能否有有力的证据材料和有利的论证方式。

在选题上出了问题。一种情况是选题过大过难,自己难于驾驭;另一种情况是选题没有能发挥自己的长处,从而使论文写作无法进行下去,就是勉强写下去了,也没有新意。

还有一种可能是在写作提纲上出了问题。写作提纲过于粗糙,没有严格审查各部分的内容,以及各部分内容间的内在联系。提纲是拼凑起来的,到论文写作中方发现无法将思想贯穿到底。

总之,面对上面存在的各种问题,解决问题的对策无非是要重新审视自己论文的选题是否合理和发挥了自己的长处;重新审视自己在材料的搜集和整理上工作是否到位;重新审视自己在论文的构思和提纲写作上是否严谨周密;重新审视自己在论文的写作上是否发挥了主观能动性。

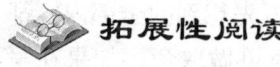 **拓展性阅读**

利 还 于 生

近年来,一个学生进一步深造的必备的物品——教材,这个普通而不起眼的商品,却引起了社会的关注和轰动。高校教材科的职员级别不高,但教材腐败案却时有发生,并有进一步扩展之势。从其社会危害上讲,并没有像"豆腐渣"工程给国家和社会带来那样大的经济和生命的损失,为何还引起了社会各界的广泛关注呢?

公共权力在学生的书本上做文章,正如前几年中小学校各级组织和个人利用手中的权力,使教辅材料无孔不入地进入校园,在学生中泛滥成灾一样,引起家长和学生的强烈不满,不得不使政府出面进行行政性封杀。

问题在于书籍不同于一般的商品,而是一种特殊的商品,它是知识的载体,人们对它的消费,有利于知识的积累,文化水平的提高,关系着一国居民的素质高低。因而在发达的市场经济国家,他们都将书籍视为准公共物品。在书籍出版上,其价格的确定不完全由市场决定,而是由政府规定其价格,政府还在税收上给予书籍出版的优惠待遇。例如,日本书本的税率仅为 7%,欧洲共同体书本的税率仅为 3%,而我国是作为一般商品对待的,税率高达 25%,甚至更高。教材是书籍的一个特殊的组成部分,直接关系着学生的培养教育,更是取得了特殊的地位。这是其一。其二,教材特有的发行渠道的垄断,使它的出版发行缺乏应有的竞争性。因为学生在买还是不买教材上,在买什么教材上,是没有选择性的,不买教材就无法进行正常的学习,并且只能买教师指定的教材,否则没法使用。而且我们还发现在书籍的编著者、出版商和发行商三者中,编著者并没有从中得到多少报酬,其中的大部分是被中间环节的批发商层层获得。因此有人说,《十五的月亮》的词作者仅仅得到了十几元的稿费,而歌唱者却唱红了全中国,唱出了身价。

目前我们暂时还无法打破购买教材时的垄断，对高额书价改革的一种可行的办法是，将其列入国家教材库的教材，明确规定，以现行书价的80%、甚至60%的价格发放给学生。并建立相应的监督机制，保证学生以略高于成本的价格得到教材，让利于学生，减轻学生及家庭在书本费的经济负担。最根本的解决问题的办法是根据教材的准公共物品属性定价，恢复书籍价格的本来面目，并形成社会各界的监督制度。另一种办法是规范市场化行为，在保障出版社基本的利益的前提下，国家建立统一的教材配送机构，学校在采购教材时，无须经过新华书店的渠道，直接以保本的方式选购教材，发放到学生手中。上述作法同样也适用于中小学生教辅图书的发行，这也许还能有效地防止其他教辅图书流入中小学校，避免学生的过重负担。

公共权力介入图书的出版发行是不可避免的，在当今的社会中还不能消除。但如何运用公共权力，如何规制权力，减少公共权力谋取私利，却是我们可以做到的，起码可以将公共权力的滥用降到最低程度。总之，哪些商品该市场化，哪些商品不该市场化，我们应该好好地研究和分类，不要打着市场化的口号，把不该市场化的商品市场化了。在图书的出版发行上，我们也可以进一步对图书再分类，它在准公共物品的界区内是靠近纯公共物品，还是更靠近私人物品，对图书实行差别税率，在保证出版发行者利益实现的同时，也使政府的意图得到很好的体现。

第十章　修　　改

　　毕业论文是比较复杂和十分严肃的学术论文。认识论告诉我们，人们对事物的认识是一个不断反复、深化的过程，何况还要把它上升到理性阶段，再科学规范地表达出来。许多学生是初次写理论性论文，第一次接受严格的科学训练，所以，在论文起草过程中难以完美，况且就是学术上的大家们也不会在起草中将文章写得十全十美。因此，修改是论文写作过程中的第六关，是保证论文合格"出炉"的重要关口。

第一节　修改的意义和作用

一、论文的修改

　　论文的修改是指论文初稿完成后，作者对文章的内容和形式进行进一步的加工修整，直至定稿的过程。是认识的深化在论文写作过程中的体现。

　　有人说，撰写论文初稿难，修改论文更难。这话是有一定道理的。毕业论文的修改比一般文章的修改难度更大一些，因为，一般文章的修改着重在文字的表达和结构安排的合理上，而毕业论文是反映一项科研成果，特别是一项有创见性的研究成果，就需要对自己提出的观点、论据和知识的准确性进行严密的推敲，保证论文的科学、完整和逻辑思维的一贯与清晰。说它难，难就难在需要从整体出发，着眼全局，居高临下，以批判者的目光去审视论文的论点、论据和论证方式，论文的创新和论文的谋篇布局。从微观角度去挑毛病、找问题、辨真伪、查漏洞。因此，要使论文臻于完善，修改是弥补思想内容和表达方式上的缺陷的重要手段，是使论文最大限度达到完美境界的必要环节，是提高论文学术价值的重要途径。

二、修改的意义和作用

首先,修改是提高论文水平的需要。学术论文是反映客观事物发展变化规律的文章,人们对客观事物的认识有一个由浅入深、由不知到知、由知之不多到知之甚多的过程,毛泽东同志在《反对党八股》一文中指出:"文章是客观事物的反映,而事物是曲折复杂的,必须反复研究,才能反映恰当;在这里粗心大意,就是不懂得做文章的起码知识。"①初稿只有经过反复的修改,才能变成精品。这是因为人们对事物的认识有一个过程,只有反复琢磨、推敲,才能真正认识事物的本质。

论文属于精神文化产品,是我们对客观事物认识而形成的产品。由于人们对客观事物的认识有一个过程,要正确认识客观事物,就必须在理论、实践、再理论、再实践的认识过程中,才能认识事物的本质和规律。论文初稿完成了,表明我们的认识达到了一定的程度,并不表明我们就充分和完整地认识了事物的本质,就能准确无误地表达了事物的本质和规律。对论文的修改就是对事物认识的深化过程,在其中发现我们最初没有发现的东西,同时使我们的表达更准确,达到内容和形式的统一。这正是唯物辩证法在写作过程中的体现。

我们经常说,文章是写出来的,也是修改出来的。"写"和"改"的过程是表象的反映,实质上是我们对事物的认识深化的过程。40 年间,马克思先后写了 8 个初稿本,最终才完成了他的经典著作《资本论》,才第一次科学地揭示了资本主义社会的内在矛盾,揭示了资本主义社会产生、发展和必然灭亡的历史过程,同时才揭示了人类社会的发展规律。《资本论》内在逻辑的严密,形式与内容的完美统一,正是在反复修改中实现的。托尔斯泰在写《复活》时,仅就开篇的一段就写了 20 多遍,方成为经典。古今中外,凡是优秀的学术著作,没有一个不是反复推敲修改出来的。文学作品是如此,学术论著概莫能外。

其次,修改是提高写作能力的需要。修改既然是思维深化的过程,

---

① 《毛泽东选集》,人民出版社 1966 年版,第 801 页。

我们在修改的过程中就会发现初稿中存在的各种各样的问题。自己越看越不顺眼,甚至自己都无心看下去了。我们在构思和写作过程中,认为自己找到了一个"富矿",资料是那样的丰富,又设计了一个满意的题目,构思相当完美,但初稿完成后,却与当初的设想相差甚远。原因在于,论文初稿完成后,回过头来才可能发现原来思维的"浅薄",考虑得是那样的不周密,论点是那样的不突出和鲜明,论据是那样的不充分,材料用得是那样不到位,论证是那样的不深刻,语言表达得是那样的不严密,漏洞百出。

再次,修改是做人的准则。如何做人,不同社会历史条件下的人有不同的理解,不同阶层和地位的人有不同的理解,但是,要做一个经得起历史检验的人,得到社会和周围人们认可的人,必须有正确的世界观、人生观和价值观,要有严肃认真的态度对待人生。同样,文如其人,我们对待文章的基本态度就能折射出一个的人品,对论文修改抱着什么态度,文章就能修改到什么程度,只要是严肃认真的态度对待人生的人,他同样也会用严肃认真的态度对待他写的文章,对待他的每一个"孩子"。

最后,修改是对社会、对读者的负责。任何一部学术著作要有它的社会价值和科学价值,都是要面世的,要经得起社会的检验,历史的检验,得到读者的认可。如果你所揭示的不是客观真理,是歪曲的事实,这样的论著流传开来,会对社会造成怎样的影响? 如果你所揭示的客观真理,论证是那样的不充分,怎能才会有价值? 如果你的表达不准确,立意不深刻,结构不严谨,怎样才能让人接受和信服? 许多毕业论文是不公开发表的,但它不是供自己欣赏的作品,它要经指导教师的审阅,它要经评阅教师的评审,它要通过论文的公开答辩,接受答辩委员会成员和听众的评判,它要经过学术委员会的审查,因此,毕业论文在一定范围内产生影响力。这一过程并不亚于公开发表的论著,同样要经得起社会的检验,历史的检验,得到读者的认可。

总之,玉不琢,不成器,文不改,不至真。修改是文章至善至美的惟一路径。

第二节 修改的范围

毕业论文草成之后到定稿要反复修改几遍,这对提高论文质量和提高写作能力都是非常重要的。初学者可能会问,都要修改些什么,怎样修改等问题。下面从五个方面分析论文修改的内容。

一、标题的斟酌

标题,是给文章标的题目,即取个名字。"题目"一词本是额头眉眼,用人这最易识别的部位来比喻文章的相应部位,标题是论文的眼睛。标题是文章的重要组成部分,人们在阅读文章时,首先要看题目,对题目感兴趣了,觉得有看的价值,才可能看下去。因此,标题写得好坏,直接关系着论文的价值。在标题的斟酌过程中应注意如下问题:标题是否准确地概括了论文的主题,标题是否准确地反映了论文的论点,标题是否准确地反映了要论述的基本内容。

虽然有时选定的论题就是一个好标题,但有时却需要重拟才能避免平庸一般,使之成为思想内容的窗口。标题要具有表现力,拟好论文标题是艺术,它不能同公文标题那样程式化而显得呆板,更不能同文学作品那样花哨费解,甚至还有不同的理解和解释。它要表现内容、吸引读者和帮助理解全文。为适应文体,它应是确切适宜,即确切地表现内容,最好带点理论色彩;简洁明白,即一看就懂,不能晦涩;醒目引人,即让人看了题目想看文章,能有吸引人的标题和内容。总之,拟定的标题要达到准确、简洁、鲜明和突出。在使用主副标题的情况下,注意主副标题的一虚一实,主标题重在揭示意蕴,副标题重在概括事实,虚实结合。

拟标题的方法很多,这里介绍常用的几种。一是直接揭示或概括主题。如"当前解决家电市场疲软的关键在提高农民收入水平",内容很清楚且本身就有吸引力;又如"论领导干部廉洁自律问题",虽明白却过于一般化,将其改为"廉洁自律靠制度",便新鲜有神。二是吸引人注意的主题。如"当前物价问题的症结何在?",又如"国企改革的保护神——社会保险"。三是形象化地暗示主题,有时得加副标题。如"大地超载——论我国的人口形势",又如"凤凰涅槃——谈企业的破产与新生"。四是指明主题所属范围。如"现代企业制度与工会工作的关系"和"市场经济与思想政治工作"这样的标题,它们虽然指明了范围,却缺乏理论色彩。若改为"工会在现代企业制度中的角色定位"和"市场经济条件下思想政治工作的哲学思考",既指明了研究的范围,又多了点理论色彩,也突出了文章的理论深度。

二、论点的斟酌

论点是论文的灵魂和根本,修改时首先要再次斟酌论点。一是要看总论点是否站得住脚,是否正确和有新意;是否表达清楚了;确定总论点的立场观点有无问题。二是要看分论点是否符合总论点的基本要求,分论点是否有力地支撑了总论点;每个分论点是否都表达清楚了。三是看其中的重要提法是否妥当,有没有片面的、甚至错误的提法。

三、论证的检查

论点如无问题,要注意检查论证。首先,看作为论据的材料是否都确凿有力,否则要更换,应写明出处的,是否写得准确;是否都能互相配合而说明论点;安放、详略与搭配是否得当。否则要调整,薄弱处要加强或增补,拖沓处要删削。材料用得如何,是否发挥了论证的力量,是否有效,否则要修订。其次,看论证是否合乎逻辑,使用的概念是否准确,判断是否恰如其分,推理是否前后一贯。最后,从整体看是否是充分说理的,是否有说服力,否则要进一步加强。

四、结构的调整

结构合理,文章大体已佳,因为这是思路顺畅、论点论据论证配合得到了恰当的反映。首先,要看中心是否突出、中心线索是否清楚。其次,层次、部分是否清楚,衔接如何。再次,看段落划分是否合适,是否符合单一性和完整性(一段一个中心意思,一个意思集中在一段写完)的要求。最后,看开头、结尾、过渡照应如何,全文是否构成一个整体。

五、文字的推敲

论文的思想及其论证方法是由文字表达和体现的,要仔细地进行文字修订。一是要改得通顺,把不规范不合语法修辞规律的字句改掉。二是要改得精炼,把可有可无的字、句、段删去。三是要改得合乎文体,使用科学、规范、准确的语言,把模棱两可、不伦不类的话,特别是用滥了的时髦话、套话、大话、空话、"洋话"删掉。四是要检查一下行文格式、文字书写、标点符号,杜绝写错别字和用错标点符号。五是最后朗读一两遍,改得通俗顺口些。

大学生毕业论文,普遍存在以下一些问题。在内容上,议题分散不集中,一篇论文中试图说明几个问题。在理论抽象的程度上,抽象的程度不一,有些要点是接近本质性的论述,有些要点则是现象层面的描述。在形式上,是罗列的层次点太多,在层次关系上是一、二、三、四,接下来是(一)、(二)、(三)、(四),又跟着是 1、2、3、4,继续还有(1)、(2)、(3)、(4),再下面又要分为若干个点,如开中药铺。这种形式安排决定了论文各部分内容安排不尽合理,衔接不够自然顺达。在排列顺序上只是简单的罗列问题和要点,缺乏必要的逻辑递进关系。

另外,对内容提要、关键词和参考文献的修改和审定,也是不可小视的。内容提要、关键词和参考文献等部分的内容,是现代学术论文的有机组成部分,字数虽然不多,也不是正文中的内容,但是,它们的规范与否直接影响着论文的学术地位,语言表达是否准确直接反映着它的学术价值,影响着思想的传播。初学者在内容提要写作上存在的问题主要是对论文思想的提炼不到位,概括不准确。甚至还有直接将论文的引言作为内容提要。关键词写作上存在的问题是没有了解关键词的重要意义,用词不规范,提炼不准确。甚至出现随便找几个词充数的情况,参考文献写作的主要问题是不符合学术规范,甚至出现凑数的情况,所写的参考文献不能反映论文的内容。因此,内容提要部分的修改着重是概括准确到位,简明扼要,重点突出。关键词部分的修改着重是对最能反映论文主题的词语进行提炼,符合汉语语言词汇的基本要求。对参考文献的修改主要是符合学术规范。要明确参考文献是指对论文构思和写作有重要参考价值的文献,能反映学术研究和发展方向、具有代表性的文献,不要将自己在论文写作过程中凡是看过的文献都罗列上去①。

总之,在论文修改过程中,一方面要防止流入抠字眼的狭窄魔道,应该把眼界放宽一些,从大处着眼,对论文的总体布局进行宏观的审视。另一方面又要小处着手,注意字、词、句、段对论文思想的准确表达。

第三节 修改的方法

一般是写成初稿后马上通读一遍,然后放一放,稍事休整并翻翻资料,修改一遍,眷清后送导师提意见,再根据导师的意见修改一遍。论文修改三遍一般是必不可少的。对论文写作质量存在较大问题的,可能就要修改七遍、八遍了。总之,时间充裕多改几遍,有利于减少论文写作质量不高的遗憾。

一、诵改式

诵改式,也称读改法。在论文初稿完成后,用朗读或默读的方式,边读边思索,遇到语意不通的地方随手修改,正如鲁迅先生在《答北斗杂志社问》说:"竭力将可有可无的字、句、段删去。"②他在《我怎么做起小说来》中还讲到,"我做完之后,总要看两遍,自己觉得拗口的,就增删几个字,一定要它读得顺口;……只有自己懂得或连自己也不懂的生造出来的字句,是不大有用的。"③鲁迅仔细斟酌和认真推敲的优良作风,是每一个人在论文修改中都要学习的。

二、冷处理

冷处理,也称搁置法。写完草稿后,或是对论文满意,不能对自己的文章采取比较客观的态度,感觉没有改的必要;或是还陷于过去的思维中,不知如何下手改才好。可以暂时放一放,过上几天后再看论文草

---

① 越来越多的国内学术期刊将论文参考文献的规范与否作为论文入选的条件之一;同时,还要求引用的参考文献必须在文中出现处标明。

② 鲁迅:《鲁迅全集》第四卷,人民文学出版社 1981 年版,第 364 页。

③ 鲁迅:《鲁迅全集》第四卷,人民文学出版社 1981 年版,第 512~513 页。

稿,此时的心态就会比较冷静客观地对待自己的论文了。因此,在安排论文写作时,应留下充足的修改论文的时间,以防手忙脚乱,无所适从。

三、热处理

热处理,也称即改法。在论文初稿完成后,利用自己还熟悉的材料和思路,马上进入修改阶段,可起到趁热打铁之功效,在较短的时间内完成论文的修改和定稿工作。热处理与冷处理是正好相反的两种修改方法,各有利弊,至于自己采取哪种方式,可视情况而定。

四、征求意见法

征求意见法,也称求助法。草稿完成后,自己还陷于写作的惯性思维中,对论文是否满意往往说不出个所以然来,不知如何下手修改才好。此时可以将稿子交给别人,征求别人的意见,在听取了别人的意见后,再进行修改。这样的好处是,旁人能比较客观地看问题,所提意见往往是比较中肯,更有参考价值。即使听到的是完全相左的观点也不要紧,这更有利于我们去反思论文的得失,从而更有利于论文的修改。

论文的修改就是增、删、减、补、换、调。增,就是根据论文写作的需要,增加新的理论材料和事实材料,乃至新的部分,以加强分析的力度和深度。删,就是删去与论文无关或与论文联系不紧的文字、材料和段落,是服从文章大局的基本举措。减,就是减少冗余的材料和文字。当三个材料能说明问题,支持论点时,就无需第四个、第五个材料去说明。当一句话能说明时,就无需用两句去解释。补,就是针对论文写作的不完善和残缺部分,补充新材料,新数据,以使论文的分析充实和完整。换,就是根据论文分析的需要,更换新的、更切实有力的材料,以加强分析的力度。调,就是对论文中文字、材料和段落摆放不当的进行调整,甚至包括论文结构安排的调整。对初学者来说,要进行增、删、减、补、换、调都有一定的难度。其中,最大的难度是在删和减上。辛辛苦苦写了这样多,哪一个都不情愿删去。其实,保留这些与论文无关或与论文联系不紧的文字甚至段落只会使论文的质量大打折扣,而不会有丝毫的增色。必须坚决地割舍这些无关紧要的文字甚至段落,才能使论文的主题更加明确突出,结构更加紧凑合理,论证更加有力。有的同学担心,删去了这些文字、材料和段落,字数就不符合毕业论文规定的要求了,其实大可不必担心。从学生的选题来看,就是题目选择适中,往往还有许多东西写得不深入、不全面,要符合论述的要求,扩展和增加新的材料,字数是不用担心的。学校对学生毕业论文规定一定的字数并不是目的,目的在于要求论文达到学业的要求,并不是以字数多少论英雄。其实,论文质量的高低与论文的字数多少无关,短小精悍的文章同样能反映深刻的思想和创新。有思想、有创新的毕业论文,才是教学要求的目的。

在论文写作和修改过程中,初学者常常会碰到是大改还是小改的问题。其实这本身就不是一个问题。因为,论文提纲构思的合理,就不存在大改的问题,甚至对论文进行颠覆性的修改。小改则是必须进行的,上面我们讲到的修改内容就是属于小改的范围。提出大改还是小改问题的本身,就意味着在论文的提纲写作过程中就没有认真地思考,或者说,思考的不够成熟,就只能在提纲写作阶段下工夫了。图5-1中回指箭头就表明,前面哪一关的工作没有做扎实,就必须回到相应一关去做扎实,方可进入到下一关。

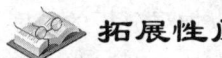 **拓展性阅读**

变味的修改
——由 CNKI 论文检测引发的思考

如何通过一定的技术手段来防范学术不端现象,2007 年诞生了 paperpass 网站。这是全球首个中文文献相似度比对系统。同时还有一重要的"中文学位论文学术不端检测系统"。然而,如何能够顺利有效地通过论文检测,学生和论文代写中介总结出了应对的检测办法。诸如外文文献翻译法、变化措辞法、google 等翻译工具翻译法、转换图片法、插入文档法、插入空格法和自己原创法等,使论文查看检测通过率提高,失去了防范学术不端应有的效力。

如何真正有效地净化学术空气,防范学术不端现象的发生,是刻不容缓的大事。我们认为,遵守知识产权保护法是前提,制度建设是保障,论文评审环节把关是保证,加大抄袭处罚力度是根本。

第十一章 定　　稿

定稿是论文写作和修改的必然归属。定稿看似是可有可无的事情，其实，它也是论文写作过程中十分重要的环节，它构成论文写作过程中的第七关。因为，它是毕业论文写作完成的最终标志。

第一节　定稿的内容和要求

一、论文定稿的内容

论文定稿包括两个方面的内容：论文内容和论文形式。进一步核实论文的标题、内容摘要、关键词、正文、附录等内容的科学、准确和规范，符合学科要求的语言表达。

进一步核实论文形式要件的规范和科学。我们应严格遵循国家标准局制订的《科学技术报告、学位论文和学术论文的编写格式 UDG001.81GB 7713-87》、《文后参考文献著录规则 UDC025.32 GB 7714-87》规定要求。同时还应注意各个学校根据国家标准制定的学生毕业论文工作规程的要求。

二、论文定稿的要求

一篇合格的毕业论文，必须要避免下面九种错误的发生。这些是初学者常犯的错误，我们力求在学术论文写作入门时就坚决杜绝类似问题的发生。

一戒缺乏创造性和理论性。学术论文的基本特征是创新，失去了创新，就失去了学术论文的生命和存在的价值。这就要求我们，言他人所未言，或拓展他人所已言，或推翻他人之定论，或独树一帜。

关于学术论文的创新，前面已经清楚地阐明了。它要求我们加强理论思维能力的培养和训练，加强理论知识的学习和研究，了解学术研究的动态，自觉养成理论研究的习惯。

二戒缺乏准确性和真实性。学术论文是人们对现实世界研究概括的理论结晶，如果论文失去了真实性和准确性，其结论必然是错的，或者论据是不恰当的，论证方式是不合逻辑的。自然该"理论"就不是对现实的概括，更谈不上指导实践了。同时，语言表达上要用词准确到位，不能含糊其辞，模棱两可。

三戒观点不鲜明，重点不突出。学术论文就是对某一课题经过研究得出的成果的反映，是作者观点的载体。如果观点不鲜明，或者模棱两可，是也是，不是亦是，自己无法说清，别人也道不明白。如果论文重点不突出，或多头论点，就无法起到解决问题，明辨事理，传播思想之功效。

四戒标题空、大、旧、长。标题起着表达论题范围和传达内容要旨的作用，因此，必须做到准确、简洁。在拟定标题时，常见的错误有：标题过大、标题不醒目、标题过于自谦、标题概括不准。空、大都无法准确向人们传达必要的信息，失去应有的价值；标题不醒目、概括不准，也会影响思想的传播；标题过旧、复古，不具有现代气息，也不利于信息的传播；标题过长，会令人生厌。若拟定的正标题过长，可在标题确定时，根据内容要求在正标题下加副标题的方式处理，基本内容在副标题中体现，使正标题的字数一般不超过 20 字为宜。标题固然要简短，但不允许用缩写词和用数学公式，也不能用所从事研究的学科或分支学科的科目作标题，同时，标题中尽量不出现标点符号。

五戒结构不合理，层次不分明。一篇优秀的学术论文都有一个完美的形式，完美形式的存在更能向人们清楚地展露内容的科学。形式本身的缺陷，直接妨碍着科学思想的展露和传播。绪论、结论在文中篇幅不大，但不可小视，因为开头和结尾的好坏，影响或反映着正文的好坏与恰当与否。绪论关系着它与正文两者衔接得是否通达，结论关系着正文是否能水到渠成。

六戒论证不得力，缺少逻辑性。逻辑是人们理性思维的结果，同时也是理性思维的必要条件，不合逻辑，人们就会不知所云，也反映作者思想的混乱，至少说明作者对该事物的理论认识不甚清楚和明了。论证不得力或论证苍白，论文就没有说服力，结论也会出现错误，论点难以成立。立论就会立不起来，驳论就不会驳倒对方，自己的观点也不能破中而立。

七戒语言不精当，文面不合规范。语言不精当，文面不合规范，直接关系着作者思想和见解这一内在的内容因外在形式的局限，而无法得到世人的首肯，也不可能很好地传播思想，失去学术论文应有的价值。防止假、大、空、套、洋之语充斥于论文当中。重视语言表述这一外在形式，提高个人遣词造句的功力是学术论文不可缺失的部分。作者可在反复诵读中，在修改中完善和规范论文的语言。

八戒图表不合要求。图表是现代经济学和工商管理类学术论文的重要组成部分，它直观、清晰地展现了经济现象背后的内在联系，是论证理论的重要方式，应高度重视；但是，图表不合要求就直接损害和降低了论文的价值，甚至可信性程度。

九戒格式不规范。一篇合格的毕业论文，不仅表现在它的思想内容上，而且表现在它的形式上。论文格式不规范，不仅影响到论文本身的质量，而且影响学术思想的传播与交流。严格遵循学术论文的行文规范，不仅对毕业论文写作有益，而且对今后的学术研究和学术论文写作也大有裨益。

第二节　学术论文格式概述

科学技术的传播，除有限的口传身授和音响图片等方式外，主要是通过学术论文的手段进行知识的积累和传播。因此，学术论文是人类为了交流科学技术、学术思想所进行的书面知识存储的活动。掌握学术论文的书写格式是为了更好地交流和传播知识，从而达到对社会发展的促进作用。1968年，联合国教科文组织公布了《关于公开发表的科技论文和科技文献的撰写指导》一文，对学术论文的规范化作了要求。1987年,我国国家标准局发布了《中华人民共和国标准 GB7713-87〈科学技术报告、学位论文和学术论文的编写格式〉》,对科学技术报告、学位论文和学术论文的书写格式作了十分具体的要求。成为指导我国学术论文的规范性文件。

一、确立学术论文格式书写的目的

第一,是学术交流的要求。标准化是实现信息资源共享的前提,因为,人们要进行交流,只有有一个统一规范,共同认可和识别的"语言",方能同他人进行交流,方能认识别人,方能被别人认识,于己于他都是有利的。

第二,是思想传播的需要,可降低知识传播的费用。人区别于其他动物的根本之别,在于是有意识的活动,人们在相互交流中才得到发展。自己的思想形成文字,变成学术论文,就是要通过这种方式让别人了解,并产生影响,感化他人的思想,影响他人的行动。如果没有统一的格式,这些是难以做到的。

第三,是尊重他人和受他人尊重的体现。每个人在写学术论文时,都是在前人研究的基础上进行创新,因而对他人成果的借鉴、引用,理应尊重他人的劳动成果,这不仅体现了做人的基本品德,而且也体现了做学问的基本操行。这是尊重他人,同时也是他人尊重自己的表现。一个不尊重他人的人,同样也不会受到他人的尊重。

二、确立学术论文格式书写的意义

学术论文格式的统一和规范,受到了世界各国学界的普遍关注,在现代社会中被越来越多的人所认同。学术论文的规范化和标准化,对日益开放的中国来说显得尤为重要。

第一,确立学术论文格式书写是为了更好地与国际学术界接轨。我国的对外开放,不仅是经济、社会交流的领域,而且也包括学术思想交流的领域。我们要更好、更充分地学习现代科学技术,更好地与国际学术界进行交流,就必须在学术论文格式书写上与国际相接轨。只有这样,才能更好地学习和接受国外先进的科学技术,同时也有助于我们研究成果在国际的传播,为人类的文明作出我们的贡献。

第二,确立学术论文格式书写是为了形成良好的思维和研究习惯。学术论文书写格式便于信息的收集、存储、检索、利用、交流和传播,不仅可以减少我们研究过程中的盲目性、重复性,而且可以帮助我们形成科学的思维方式和研究方式,沿着正确的路径进行科学探索,同时也对我们生活中的正确思维大有裨益。

第三,确立学术论文格式书写是为了养成良好的学风。学风不仅反映在严谨求实的工作态度上,而且也反映在对科学探索上正确的研究方法和思想表述。从毕业论文写作的最初训练上就养成正确运用学术论文书写格式的良好学风,对自己今后的科学探索和思想交流都是有重要意义的。

下面我们将分别介绍我国科学技术报告、学位论文和学术论文编写格式的基本要求,以及毕业论文写作应遵循的一般格式要求。

第三节　国家标准(GB 7713-87)规定的基本格式

国家标准(GB 7713-87)是规范科学技术报告、学位论文和学术论文编写格式的基本文件,它规定了科学技术报告、学位论文和学术论文的编写格式,制订本标准的目的是为了统一科学技术报告、学位论文和学术论文的撰写和编辑的格式,便利信息系统的收集、存储、处理、加工、检索、利用、交流、传播。科学技术报告、学位论文和学术论文由以下两大部分构成:前置部分和主体部分(见附录一)。

一、题名

题名(title, topic)是以最恰当、最简明的词语反映报告、论文中最重要的特定内容的逻辑组合。题名所用每一词语必须考虑到有助于选定关键词和编制题录、索引等二次文献可以提供检索的特定实用信息。

在下列情况下可以有副题名:① 题名语意未尽,用副题名补充说明报告、论文中的特定内容;② 报告、论文分册出版,或是一系列工作分几篇报道，或是分阶段的研究结果，各用不同副题名区别其特定内容；③ 其他有必要用副题名作为引申或说明者。

在题名书写时应注意的是：① 题名应该避免使用不常见的缩略词、首字母缩写字、字符、代号和公式等；② 题名一般不宜超过 20 字；③ 报告、论文用作国际交流，应有外文（多用英文）题名。外文题名一般不宜超过 10 个实词；④ 题名在整本报告、论文中不同地方出现时，应完全相同，但眉题①可以节略。

二、作者姓名

在封面和题名页上，或在学术论文的正文前署名的个人作者（author and department），只限于那些对于选定研究课题和制订研究方案、直接参加全部或主要部分研究工作并作出主要贡献以及参加撰写论文并能对内容负责的人，按其贡献大小排列名次。至于参加部分工作的合作者、按研究计划分工负责具体小项的工作者、某一项测试的承担者，以及接受委托进行分析检验和观察的辅助人员等，均不列入。这些人可以作为参加工作的人员——列入致谢部分，或排于脚注。

如责任者姓名有必要附注汉语拼音时，必须遵照国家规定，即姓在名前，名连成一词，不加连字符，不缩写。

三、摘要

摘要（abstract）是报告、论文的内容不加注释和评论的简短陈述。摘要应具有独立性和自含性，即不阅读报告、论文的全文，就能获得必要的信息。摘要中有数据、有结论，是一篇完整的短文，可以独立使用，可以引用，可以用于工艺推广。

摘要的内容应包含与报告、论文同等量的主要信息，供读者确定有无必要阅读全文，也供文摘等二次文献采用。摘要一般应说明研究工作的目的、实验方法、结果和最终结论等，而重点是结果和结论。

---

① 　眉题，也叫引题、肩题和上副题。它起到解释、补充、烘托主题和美化报刊版面的作用。在报刊版面上，横排它置于主题的上方，竖排在主题的前面。字号小于主题，且语义不完整。一般要与主题名连接起来能够构成一句语义完整的句子，且两者相辅相成，缺一不可。

报告、论文一般均应有摘要,为了国际交流,还应有外文(多用英文)摘要。

中文摘要一般不宜超过 200～300 字,外文摘要不宜超过 250 个实词。如遇特殊需要字数可以略多。学位论文为了评审,学术论文为了参加学术会议,可按要求写成变异本式的摘要,不受字数规定的限制。

除了实在无变通办法可用以外,摘要中不用图、表、化学结构式、非公知公用的符号和术语。

报告、论文的摘要可以用另页置于题名页之后,学术论文的摘要一般置于题名和作者之后、正文之前。

四、关键词

关键词(key words)是为了文献标引工作从报告、论文中选取出来用以表示全文主题内容信息款目的单词或术语。每篇报告、论文选取 3～8 个词作为关键词,以显著的字符另起一行,排在摘要的左下方。如有可能,尽量用《汉语主题词表》等词表提供的规范词。

为了国际交流,在论文写作中应标注与中文对应的英文关键词。

五、引言

引言(introduction)(或绪论)简要说明研究工作的目的、范围、相关领域的前人工作和知识空白、理论基础和分析、研究设想、研究方法和实验设计、预期结果和意义等。引言应言简意赅,不要与摘要雷同,不要成为摘要的注释。一般教科书中有的知识,在引言中不必赘述。

比较短的论文可以只用小段文字起着引言的效用。

学位论文需要反映作者确已掌握了坚实的基础理论和系统的专门知识,具有开阔的科学视野,对研究方案作了充分论证,因此,有关历史回顾和前人工作的综合评述,以及理论分析等,可以单独成章,用足够的文字叙述。

六、正文

报告、论文的正文(main body)是核心部分,占主要篇幅,可以包括:调查对象、实验和观测方法、仪器设备、材料原料、实验和观测结果、计算方法和编程原理、数据资料、经过加工整理的图表、形成的论点和导出的结论等。

研究工作涉及的学科、选题、研究方法、工作进程、结果表达方式等有很大的差异,对正文内容不能作统一的规定;但是,必须实事求是,客观真切,准确完备,合乎逻辑,层次分明,简练可读。

图包括曲线图、构造图、示意图、图解、框图、流程图、记录图、布置图、地图、照片、图版等。

图应具有"自明性",即只看图、图题和图例,不阅读正文,就可理解图意。

图应编排序号。每一图应有简短确切的题名,连同图号置于图下。必要时,应将图上的符号、标记、代码,以及实验条件等,用最简练的文字,横排于图题下方,作为图例说明。

曲线图的纵横坐标必须标注"量、标准规定符号、单位"。此三者只有在不必要标明(如无量纲等)的情况下方可省略。坐标上标注的量的符号和缩略词必须与正文中一致。

照片图要求主题和主要显示部分的轮廓鲜明,便于制版。如用放大缩小的复制品,必须清晰,反差适中。照片上应该有表示目的物尺寸的标度。

七、结论

报告、论文的结论(conclusion)是最终的、总体的结论,不是正文中各段的小结的简单重复。结论应该准确、完整、明确、精练。

如果不可能导出应有的结论,也可以没有结论而进行必要的讨论。可以在结论或讨论中提出建议、研究设想、仪器设备改进意见、尚待解决的问题等。

八、致谢

可以在正文后对下列方面致谢(acknowledgment):国家科学基金、资助研究工作的奖学金基金、合同单位、资助或支持的企业、组织或个人;协助完成研究工作和提供便利条件的组织或个人;在研究工作中提出建议和提供帮助的人;给予转载和引用权的资料、图片、文献、研究思想和设想的所有者;其他应感谢的组织或个人。

九、参考文献

参考文献(reference)是论文思考和写作中起过参考作用的文献资料。既表示作者对他人劳动的尊重,又可提高毕业论文的学术价值,也便于读者查阅原文,对论文水平的评价起参考性作用。

采用什么样的参考文献标注方法,参考文献如何进行表示呢? 根据国家标准局公布的《文后参考文献著录规则》(UDC025.32GB 7714-87)的要求,参考文献可以按顺序编码制组织,也可以按"著者-出版年"制组织。例:

B.1 顺序编码制

关于主题法的起源众说不一。国内有人认为"主题法检索体系的形成和发展开始于 1856 年英国克雷斯塔多罗(Crestadoro)的《图书馆编制目录技术》一书","国外最早采用主题法来组织目录索引的是杜威十进分类法的相关主题索引……"[23]。也有人认为"美国的贝加逊·富兰克林出借图书馆第一个使用了主题法"[24]。

国外对主题目录发展历史的一些研究表明,主题法的产生与索引的编制有着密切的关系。美国学者布萨(R. Busa)认为,"可能早在七、八世纪就已经有了圣经语句的索引"[25]。美国惠蒂认为,附有按字母顺序排列的索引的手稿,至早在十四世纪才出现[26]。由于西文中以词而不以字母为单位,所以这种圣经语词索引可以说是一种从内容方面进行查找的主题索引的雏形。目前符合公认标准的最古老的索引是1247 年英国雨果编的《圣经重要语词索引》[27]。

参考文献

[23] 刘湘生.关于我国主题法和分类法检索体系标准化的浅见.北图通讯,1980(2):19~23.

[24] 杨沛霆,赵连城.建立检索系统的几个问题(初稿).北京:中国科技情报研究所,1963.

[25] Borko H, Charles L B. Indexing concept and methods. New York:Academic Press,1978.

[26] 武汉大学图书馆学系编.目录学研究资料汇辑:第四分册外国目

录学. 武汉：武汉大学图书馆学系，1980. 173～178.

[27] Pettee J. Subject headings：the history and theory of the alphabetical subject approach to books. New York：Wilson，1946.

B. 2 "著者—出版年"制

关于主题法的起源众说不一。国内有人认为"主题法检索体系的形成和发展开始于 1856 年英国克雷斯塔多罗（Cresmdoro）的《图书馆编制目录技术》一书"，"国外最早采用主题法来组织目录索引的是杜威十进分类法的相关主题索引……"（刘湘生，1980）。也有人认为"美国的贝加逊·富兰克林出借图书馆第一个使用了主题法"（杨沛霆，1963）。

国外对主题目录发展历史的一些研究表明，主题法的产生与索引的编制有着密切的关系。美国学者布萨（R. Busa）认为，"可能早在七、八世纪就已经有了圣经语句的索引"（Borko，1978）。美国惠蒂认为，附有按字母顺序排列的索引的手稿，至早在十四世纪才出现（武汉大学图书馆学系，1980）。由于西文中以词而不以字母为单位，所以这种圣经语词索引可以说是一种从内容方面进行查找的主题索引的雏形。目前符合公认标准的最古老的索引是 1247 年英国雨果编的《圣经重要语词索引》（Pettee，1946）。

参考文献

刘湘生. 1980. 关于我国主题法和分类法检索体系标准化的浅见. 北图通讯，(2)19～23.

武汉大学图书馆学系编. 1980. 目录学研究资料汇辑：第四分册外国目录学. 武汉：武汉大学图书馆学系. 173～178.

杨沛霆，赵连城. 1963. 建立检索系统的几个问题（初稿）. 北京：中国科技情报研究所.

BORKO H，CHARLES L B. 1978. Indexing concept and methods. New York：Academic Press.

PETTEE J. 1946. Subject headings：the history and theory of the alphabetical subject approach to books. New York：Wilson.

第四节　毕业论文的一般格式

　　毕业论文的构成形式和要求是多种多样的,这里仅依据《国家标准(GB 7713-87)》和大学生的实际,介绍经济学和工商管理专业毕业论文的格式与要求。

　　毕业论文的格式通常包括:封面、摘要、正文三个部分。封面一般包括:标题、专业、研究方向、申请学位、作者姓名、指导教师、完成日期等,必要时可注明密级和编号①。摘要要求同时有中文的内容摘要和英文摘要,有中英文的关键词。正文一般包括:正文、注释、参考文献、附录和致谢等内容。各方面的基本内容和书写的要求,学生可参照附录四中的要求进行。

　　一篇完整的毕业论文在格式上应具备和符合以下要件要求。对本科生的毕业论文来说,实际上包括九个必要的组成部分。

一、封面

　　封面是毕业论文不可缺少的组成部分,是向人们清楚地展示是谁的毕业论文在谁的指导下申请什么样的学位。封面上内容包括:学校、论文标题、什么层次的论文、申请学位、学科专业、班级、学生姓名、指导教师姓名以及完成时间。必要时可注明密级、编号等。

二、标题

　　标题是作者在说明问题、发表意见或反映生活现象时,通过全部文章所表达的基本意见和中心思想。对内靠它来统帅论文的材料,决定论文构成要素的安排和运用,对外靠它来教育读者、传播思想。

　　标题又称题目或文题。它是论文的第一组成部分,起着表达论题范围和传达内容要旨的作用,因此,必须做到准确、简洁。标题一般包

---

　　①　依据《中华人民共和国保密法》之规定,当论文内容中出现了需保密的单位、地点、数据、图标、联系方式等,需要注明保密的密级和范围。同时,在论文评阅和答辩时,也需对相关人员的资格进行审查,并按保密制度的规定妥善保存论文文本。

括主标题、副标题和分标题。主标题,也称正标题,是毕业论文的基本题目,是起着传达论文基本内容的作用,是任何一篇论文都不可或缺的,它给读者传达论文基本内容的信息,能影响读者做出是否阅读的决定。副标题是在主标题不能完全准确表达论文思想时,来帮助传递论文的基本内容,因此,在必要时,可根据内容要求在正标题下加副标题。分标题是论文中传达其中某一部分内容的标题,便于读者了解论文通过哪几个方面分析论证其论点。正标题一般不宜超过20字,副标题尽管没有详细的字数要求,但也不宜过长,仍求简洁、准确和明快。分标题并不是论文必要的组成部分,当没有使用分标题时,我们应用一、二、三、四等字样标清论文的层次。作者在使用分标题时,同样要符合标题的基本要领。

三、内容提要

内容提要也称摘要,它是全文内容的缩影,目的是使读者在阅读论文前,先对论文的基本内容有所了解,较标题更明确地了解内容的层次和主要观点。内容提要一般为200~300字,最长不宜超过500字。

除了有中文的内容提要外,还必须有英文提要。英文摘要是为了进一步扩大学术论文的国际影响力,便于让世界的学者更直接了解论文的研究成果,是为了更广的学术交流的需要而设立的,是论文必不可少的组成部分。它是全文内容的英文缩影,因而要求与中文的内容提要保持一致,字数掌握在200~300实词为宜,最长不可超过500字。

四、关键词

关键词是论文中出现频率较高、对论文内容起决定作用的词语。它是论文内容、涉及问题和类别方面的标志和提示。一篇论文的关键词是从论文标题的题目及正文中抽取的有实质意义的表达文章主题内容的词或词组,一般以3~5个为宜,最多不要超过7个,同时还需注明相应的英文关键词。

选择关键词必须准确恰当,反映论文的主旨。选词要精炼,同义词、近义词不要并列为关键词,用语必须统一规范,要准确体现不同学科的名称和术语,中、英文关键词的数量和意义要一致。

五、正文

正文是论文的主体,是论文的核心部分,占主要篇幅,可以包括:调查对象、实验和观测方法、仪器设备、材料原料、实验和观测结果、计算方法和编程原理、数据资料、经过加工整理的图表、形成的论点和导出的结论等,即包括绪论、本论、结论三部分。正文是作者思想观点提出和解决问题的详尽表述部分,因而构成毕业论文的主体。论文的基本观点、写作水平和思想深度及创新都在此反映和体现。

论文的结论是最终的、总体的结论,不是正文中各段小结的简单重复。结论应该准确、完整、明确、精练。毕业论文必须导出应有的结论,同时,还可以在结论部分中提出建议、进一步的研究设想、以及仪器设备的改进意见和尚待解决的问题等。

在论文中出现插图、表格和公式,是经济学和工商管理专业表述经济问题时必不可少的组成部分。如何正确地、恰当地运用插图、表格和公式,服务于内容的要求是非常重要的问题。运用的恰当和正确,对论文的思想阐发有事半功倍之功效;运用的不当,则会有损于作者思想的表达,甚至适得其反。

插图,插图部分可根据行文的需要放在正文中,或放在论文后的附录中。插图若放在正文中,应距要论述的问题越近越好。当页摆放不下时,放在下页,也不要与讨论的问题相距太远。当插图放在附录中时,注意插图的编号应与正文的序号一致。在正文中可注明:见附录中图 1-1、图 3-2,或图 1、图 2 等字样。插图摆放位置和走向(竖式或横式)可视内容情况而定,应同论文其他部分保持协调一致。

在文中有多个插图时,需标明图 1-1、图 3-2 等相关的字样。若文中插图较少,可按顺序仅标注图 1、图 2 等字样。

文中插图部分可根据需要自行确定字体、字号、行距和字距,不受正文其他部分内容的字体、字号、行距和字距的限制。

对插图中要标明其含义或说明内容的文字,可采用两种方式处理:一是在图内相应位置标明其含义,二是在图外再进行说明。

作者有义务说明该插图是否涉及版权问题,并确保在获得版权所有者同意的情况下,在论文中使用了该插图,同时说明该插图的来源和出处。

　　大多数表格是以数据的形式提供有关的信息。为了使表格内容易懂和准确,作者在设计表格部分时,可根据行文的需要设计表格的大小、格式,决定表格是放在正文中,或放在论文后的附录中。表格若放在正文中,应距要论述的问题越近越好。当页摆放不下表格时,可放在下页,应标明是续前(上)表,或标明是续表 1、续表 3-2 等字样。当表格放在附录中时,注意表格的编号应与正文的序号一致。在正文中可注明见附录中表 1-1、表 3-2,或表 1、表 2 等字样。表格摆放位置和走向(竖式或横式)可视内容情况而定,应同论文其他部分保持协调一致。

　　在文中有多个表格时,需标明表 1-1、表 3-2 等相关的字样。若文中表格较少,可按顺序仅标注表 1、表 2 等字样。每一个表格均需有标题和计量单位。

　　文中表格部分可根据需要自行确定字体、字号、行距和字距,不受正文其他部分内容的字体、字号、行距和字距的限制。

　　对表格中要标明其含义或说明内容的文字,可采用两种方式处理:一是在表内相应位置标明其含义,二是在表外加注的方式进行说明。表格的注一般有三类:第一类是资料来源注释(含作者、篇目名/著作名、刊物名/出版单位、卷、期/出版时间及页码等);第二类是对表格某一部分内容的说明注释;第三类是对可能性水平的注释。这三类注释的排序依次为:来源注释、说明注释和对可能性水平注释。注释部分的说明性文字的字体、字号,应与表格中的内容所用的字体、字号有所区别。

　　数学公式在经济学和工商管理专业的学术论文中具有愈来愈重要的地位,是定量分析方法所不可缺少的组成部分。在许多情况下,数学可以帮助我们更精确地定义某一概念的内涵,反映经济活动间的相互依存关系。对论文中出现的数学公式如何编排,应严格按《科学技术报告、学位论文和学术论文的编写格式》(GB 7713-87)标准进行编排,参见附录一。同时每一项、每一步骤都符合数学本身的表达方式。

为保证论文的紧凑和突出议题,正文中只需说明公式成立的条件、推演的大致思路和关键结果即可。如果作者希望进一步增强结论的可信度,或接受专家和同行的审查,可将详细的推导过程放在正文后的附录中。这样做并不是说详细的推导过程不重要,而是因为研究的过程和论文研究的结果之间存在着差异。论文是研究人员表达研究成果的方式,为了使读者能更集中地了解研究的结论,论文应该紧密围绕核心问题而展开,尽量避免使论文偏离主题。为了保证毕业论文的真实性,防止虚假因素的存在,必须在论文的附录中列出详细的推导过程,以保证毕业论文的真实可靠。

六、注释

注释就是对引用他文注明出处或对正文文字加以进一步解释,因此,前者是陈述正文中的一个具体观点、事实和引文的来源,反映我们对他人劳动的尊重,是著作权法所要求的,也能增强资料的可信度和便于查阅原文;后者是为便于读者的理解和防止歧义产生。此外,在一些情况下,对正文中讨论的内容进行评论、拓展或进一步证明会打断论文的思路,此时用注释可以化解这一难题。因此,正确使用注释是毕业论文写作不可缺少的,对他文注明出处的注释更反映了一个人做学问的基本态度。

注释的标注方式有三种:脚注、尾注和夹注。大学毕业论文一般篇幅较短,可以一律采用尾注的方式进行标注。硕士学位论文的篇幅较长,可采用每章后的集中尾注方式进行,或在当页采用脚注的方式进行。夹注在毕业论文中一般使用在对引文文献的标注上。

七、致谢

致谢是反映在论文构思和写作过程中对论文最终形成起过重要帮助作用的团体和个人的行为。它一方面反映了作者感激之情,另一方面是对他人劳动的尊重。这一部分可视情况而定,非毕业论文格式与基本要求的基本组成部分。

八、参考文献

参考文献是论文思考和写作中起过参考作用的文献资料,既表示作者对他人劳动的尊重,又可提高毕业论文的学术价值,也便于读者查阅原文,对论文水平的评价起参考性作用。

随着我国与国际学术交流的日益增多,为了更好地了解世界经济学和工商管理界研究的最新成果,越来越多的学校要求学生的参考文献必须有外文文献,这是一个必然的趋势,也是我们走向世界的需要。在参考文献上重视这一点,也有助于开拓学生的视野。

九、附录

附录即附于文后的有关论文、文件、数学公式和数学推导过程、图表、相关资料,以及在学业期间发表的学术论著、课题研究等阶段性成果。前者反映了作者对他人劳动的尊重,也是著作权法所要求的;后者反映了自己学业期间的科研水平和成就,也为他人评价论文价值起参考性作用。

关于注释和参考文献书写的格式和要求,以 GB 7714-87《文后参考文献著录规则》和《中国学术期刊(光盘版)检索与评价数据规范》为准。参阅附录二。

另外,现在许多学校都要求学生的毕业论文要用电子计算机排版和打印,具体的排版和打印格式要求可参见附录六。

 **拓展性阅读**

优秀学术论文的标准

一篇优秀的学术论文一定满足下列条件:

立意:言之有益

论点:言人未言

内容:言之有物

论证:言之有理

谋篇:言之有序

格式：言之有法
图示：言之有板
表格：言之有眼
公式：言之有目
注释：言之有章
文献：言之可循

第十二章　毕业论文答辩

答辩是大学生毕业论文写作工作的一个必要环节,是区别其他学术论文质量鉴定的特殊形式。它是检验学生是否较好地掌握了本专业基础理论和基本技能的重要考核方式,也是检验论文质量高低的重要形式。因此,在完成毕业论文写作工作后,每一位学生都要进行毕业论文的答辩。

第一节　答辩的含义和意义

一、答辩的含义

什么是答辩,答辩与口试、面试是什么关系呢? 答辩是面试的一种,答辩也是辨明是非的一种方式,是针对论文和特定内容展开的口头测试。通常是主持答辩的一方针对答辩者提交的内容,以一定的议题设辩,让答辩者对辩题给予回答。设辩方根据辩方回答的情况给出评价,以确定答辩方是否达到预定的目标。

口试是以口头表达的交谈方式,对学生进行的学业考核方式,是相对于试卷测试而言。通过口试,不仅了解学生对知识的掌握程度,而且对学生的应变能力、临场发挥都是一个考验。口试着重对学生知识掌握程度的考核。

面试,多指在职场求职时进行的口头测试。通过与求职者的面谈,了解求职者的基本情况,是否符合本单位招聘的要求。

口试和面试,有时都统称为面试,但它们又是有区别的。主要是测试的侧重点和测试的内容有所不同。

答辩不同于口试和面试,主要表现在以下几个方面:

（1）从考核的指导思想上看，答辩是针对学生论文中的理论是非进行明辨的考察，更具有学术性。而口试侧重于对所学知识掌握程度的考核，面试则侧重对应聘者能力的考核。为什么面试没有太多专业的问题？不是不要求很深的专业知识，而是因为招聘人员本身知识的局限性。或者说，他的专业方向与招聘职位的知识有一定的距离。除非就是搞这个专业的。如果应聘者所学专业与应聘职位一致，问专业的着重是要了解基础是否扎实问题，招聘者清楚他们的弊端，所以一般不要求现场演示。

（2）从考核的目的上看，答辩一方面是明辨是非，澄清真理与谬误界限，另一方面是寻求理论的发展和创新的重要形式。而面试侧重于对应聘者的言谈行为细节、气质、团队精神、合作能力、应变能力和临场发挥的状况的考察，有时着力考察求职者的心理素质，是否具有良好的沟通能力和组织意识①。

（3）从考核的内容上看，答辩是在提交论文限定的范围之中，紧密围绕论文的议题展开，涉及的知识都与论文的内容相关。口试的内容是现在学习的理论知识和操作技能。而面试内容则十分广泛，小到衣着、举止细节，大到天文地理。不仅涉及专业知识，而且涉及为人处世，乃至个人和家庭成长的环境等。从这个意义上说，它没有确定的、具体的内容。知识面宽窄上，针对学生讲的文学、外语进行讨论；在动手和实践操作能力上，如计算机、珠算、口技、手工技巧表演；在临场发挥能力上，如模拟产品推销、提供某种服务等过程。答辩侧重于对理论是非明辨能力的考核。答辩比通常的口试和面试要求的理论性更强。

（4）从考核的方式上看，答辩的方式比较正式和单一，直截了当地正面回答答辩委员会提出的问题；而口试虽也要正面进行回答，但比较灵活。面试的形式就更灵活多样，无固定的程式，甚至可以通过游戏、

---

① 一般来说，面试时忌过度的空谈，因为夸夸其谈没有什么实质性的意义，问题的探讨也不会深入。面试忌理论的深入探讨，因为这不是辩论，或者对讨论问题的争论适可而止，达到对对方的了解就行。

一定的场景来对测试者进行面试。

（5）从考核的周边环境上看，答辩是在非常正式的室内环境中进行，口试则相对自由宽松一些，而面试的周边环境则取决于面试的内容，可以在室内，也可以在室外，形式多样和不确定。

（6）从考核组人员的组成上看，口试和面试可以是一对一或多对一的进行，而答辩必须是多对一的进行，即组成3～7人的答辩委员会对学生进行逐一的答辩。

总之，答辩与口试、面试都是考核对方的形式，要通过面对面口头交流的方式进行，以达到了解对方知识掌握和能力水平的目的。

二、答辩的意义

通过答辩不仅可以了解学生对本专业基础理论的掌握情况，而且反映出我们教学的实际效果和为社会培养出来的人才的质量。

答辩是了解学生对学术动态掌握和理论是非分辨能力的考核方式。毕业论文答辩不同于学业考试，它着力于对学术动态掌握和理论是非分辨能力的考核，学生是否了解和掌握了理论。这些在毕业论文写作中可以反映出来，但还是不够的。通过答辩，看学生的实际表现，更能反映出学生的实际情况。

答辩是综合训练学生应用知识能力和表达能力的方式。在四年大学生活的笔试中，在毕业论文的写作中，可以了解学生对知识的应用能力和基本的表达能力，但都是在给学生充分的准备和思考时间后条理化的反映。如何在没有任何准备的条件下，迅速整理脑中储存的知识，完整准确地表述出来，这是对学生应变能力的考验，这只能在答辩过程中才能反映出来，对写得优秀但不善言辞的学生也是一个促进。

答辩是一个再学习过程。我们在答辩准备过程中还会发现新材料、新论点、新论据、新视角，发现自己论文写作中的不足，丰富和完善自己的思想，对自己的认识水平有实质性提升。

答辩是防范作弊抄袭现象的发生，保证毕业论文质量的重要措施。前面曾经谈到我国存在的不良的学术风气，这些不良的学术风气也多多少少地影响了在校的学生,尽管我们在论文指导和审阅环节进行了必要的防范,但是这还是不够的,有必要通过毕业论文答辩环节,防止和杜绝作弊抄袭现象的发生,保证学生论文写作是自己真实水平的反映,保证毕业论文的质量。

另外,毕业论文答辩对学生走向工作岗位后,与人相处和交流也是一种训练,特别是培养他们在与比自己职位高、比自己理论知识丰富的人交流时的自信心。

在答辩中知道自己的不足和差距,会使论文更加完善,同时也明确了今后奋斗的目标和方向。凡已取得毕业论文答辩资格的学生,都必须进行答辩,不得以任何借口逃避。凡未经毕业论文答辩的学生或在毕业论文答辩中没有答辩记录和答辩委员会全体委员签字的学生,是不能取得毕业论文答辩成绩的。

什么人能参加毕业论文答辩,答辩委员会如何组成,其工作职能是什么,答辩的程序,以及答辩评分标准等问题,可参阅文后附录四的规定。这里着重介绍如何准备毕业论文答辩和答辩过程中应注意的问题,以提高答辩的自信心,消除答辩的神秘感和恐惧感。

第二节　答辩前的准备

答辩前的准备不仅包括学校和学院(系)为答辩工作的开展应做的准备工作,而且还包括答辩委员和答辩者的准备工作。由于学校为答辩工作进行的准备主要体现在制度规定上,学院(系)为答辩工作进行的准备主要体现在答辩前的计划安排上,诸如答辩委员和答辩秘书的遴选,答辩的分组和时间安排等。这里着重介绍答辩委员和答辩者的准备。

一、答辩委员的准备

每一位答辩委员都要认真阅读学生的毕业论文,发现毕业论文中存在的问题,围绕毕业论文准备提问的问题。所提问题既能检验毕业论文的真伪,又能检验学生对该问题研究的水平和能力,以及研究工作取得的成绩,借以达到答辩之目的。在准备问题时,要根据毕业学生的层次和申请的学位层次进行,防止提问的问题过难、过偏,超出学生的水平,又要避免提问的问题过易,达不到答辩的目的。另外,答辩委员都要考虑到答辩过程中可能发生的意外事件,以防答辩工作的中断。

二、答辩者的准备

答辩人的准备工作主要包括两个方面,一是简要陈述论文的基本观点和创新之处;二是提前准备在答辩过程中可能提到的问题。

陈述论文有关情况主要包括:撰写该论文的意图,论文的主要观点和创新之处,必要时也可简要介绍该课题尚未解决的问题,难点何在以及研究的前景。在准备时一定要把握好时间,因为通常规定硕士研究生和在职人员申请硕士学位者的论文陈述为 20～25 分钟,本科生、双学位和成人专科升本科生的论文陈述为 5～10 分钟,所以在规定时间内要突出重点,抓住要害,充分说明自己论文的创新之处,切忌拖泥带水,漫无边际,过多地陈述学术界研究的成果、现状与争鸣。

第一次面对这样多的专家学者和旁听者,心中不免紧张,因此,最好将要陈述论文的有关情况写成书面形式,并在准备时可独自或在同学间进行演练,修改完善并烂熟于心中。

学生最为关心的是答辩委员会委员都会向他们提出什么样的问题? 委员提出的问题主要涉及这样几个方面:① 你为什么选择这一课题? 该课题的学术价值、理论意义和现实意义如何? ② 国内外关于该课题和方向的研究现状? 曾有哪些人对该课题和方向进行过研究? 他们的研究成果和主要观点是什么? 目前该课题和方向研究的重点、难点是什么? ③ 你在该课题的研究中有何新的发展? 论文的基本观点、论据、论证过程和思路是什么? 在该研究方向和课题中,你的论文中应该涉及和解决的问题,以及该课题和研究方向尚未解决的问题和研究前景。④ 该论文涉及的有关的基本文献、基本理论及相关知识。⑤ 论文的基本框架和结构,研究的方法,资料获得和处理的手段。⑥ 与该课题和方向相关的一些问题,如论文的细节,包括论文前后的一致、思想的表达,词的含义和意义、数据的得出、表格的规范等。以上六个方面的准备,不能仅仅靠答辩前的时间去准备,而应在论文写作前的选题和资料搜集与筛选时就要留意了。此外,还需了解答辩委员会各委员的研究方向、学术专长和近期专家关注的与该论文相关的问题。因为,专家留意的问题常常是他近期研究的问题,注意新的观点、新的研究视角、新的研究方法和新的结论。

认真学习和领会本校和本学院的毕业论文答辩的规程与要求,也是答辩准备不可缺少的内容。它可以帮助我们更好地进入角色,符合答辩的基本要求。

第三节　答辩中的准备

一、答辩委员的准备

答辩委员要认真听取学生对论题的陈述和对所提问题的回答情况,根据学生回答的情况,适时地插问,纠正学生偏离题目的回答。同时,在学生回答问题不完整、不准确,甚至错误时,应以提问的方式,将学生的思路转到正确的路子上来,保证答辩工作的顺利进行。在特定情况下,为了不出现冷场,答辩委员还要随时准备救场,以相互交流的方式来引导学生,保证答辩工作的顺利进行。

二、答辩者的准备

许多学校在毕业论文答辩规程中要求,答辩人在陈述了论文有关情况后,答辩委员会委员将针对论文提 2～3 个问题,答辩人到台下准备。给硕士研究生和在职人员申请硕士学位者的准备时间为 20～30 分钟,本科生和成人专科升本科生的准备时间一般为 25～35 分钟。

在这短短的二三十分钟中,答辩人需做的工作和程序为:一是审题。弄清答辩委员会提出问题的含义,要求回答什么。二是针对问题进行回答。这包括理论分析,实证分析,进一步阐明论文的主旨甚至问到的相关话语的含义。最好书写应答提纲和要点,以防紧张时丢三落四,同时又保证了回答的条理性。三是弄清为什么这样说。回答答辩委员会提出的问题通常时间较短，因而要保证问题回答的准确、简洁和清晰，因而要弄清为什么这样回答，而不那样回答；同时也可有效防止答辩委员抓住答辩者逻辑的不严密性、不准确性以及不太清楚之处，在插问中使人被动。

答辩委员的插问，是每一个答辩人感到紧张和头痛的事。对于插问的回答在没有片刻准备时间的情况下，学生该如何准备呢？首先，要了解和掌握答辩委员的插问一般涉及的问题：① 针对答辩人对问题回答的满意程度进行追问，包括前面没有或没有准确回答的、回答不完整的问题。② 针对回答中的某一观点、论据和论证方式提出需要进一步明确之处。③ 列举某一现象或事实材料或观点，让答辩人用自己阐发的理论给予回答和解释。④ 针对回答前面问题时，提出的新的观点进行讨论。⑤ 该课题和研究方向尚未解决的问题、研究前景和进一步解决的思路。按照这些内容在事前有一定的准备，可最大限度地避免插问时的紧张状态。

答辩人在即兴回答时，应掌握的原则是：首先，要弄清委员提出问题的意图，在不十分肯定的情况下，最好将自己的理解讲一下，得到提问人的确认。其次，在回答时要实事求是，知之为知之，不知为不知，对尚不能回答的或回答不完整的问题，应客观地提出来，切忌不懂装懂，牵强附会，生拉硬扯。最后，用理论论证或实验方式来说明，若仅仅停留在经验材料上回答是不够的。

第四节　答辩中应注意的问题

一、答辩委员应注意的问题

答辩是一场考试，是对学生学习效果的检验，由于毕业论文千差万别，没有比较一致的答案，如何正确地评价毕业论文，如何把握评价的标准，就是一个有较强主观性的问题。对答辩委员来说，就要认真贯彻"公平、公正、保密"的原则，既要严肃认真，又要态度和蔼，关心学生，让学生有一个宽松的环境，不要居高临下，盛气凌人，以学界泰斗之势打压学生的创作热情。本着求真、求实、求同存异，允许有不同学术观点争鸣的原则，不要扣帽子、打棍子，无限上纲上限，只要学生在回答问题的过程中能够自圆其说，言之有理，是应该允许的，并且对创新应给予高度的评价和肯定。

二、答辩者应注意的问题

1. 端正态度，明确目标

本着实事求是，学习的态度，不要钻牛角尖或牵强附会。不可一意孤行，也不要人云亦云，让别人牵着鼻子走，脱离自己的观点和主张而无所适从。谨防用极端事例或一个孤立的个案去证明事物的一般性，说明事物的普遍性。

在答辩过程中，特别要注意和区分答辩与大学生辩论赛的区别。论文答辩是就所研究的课题进行摆事实明道理，在答辩中阐明自己的观点和主张。即真理越辩越明，突出的是"以理服人"，使自己的发现、发明和创新得到社会的认可。而辩论赛是围绕一个给定的命题，由正反两方阐述各自的观点和立场，主旨不在于哪一方对，哪一方错的问题，在于考察论辩者的表达技巧、逻辑思维与灵敏反映能力，能否抓住对方的空当和漏洞，突出的是"以力服人"，得到评委和观众的认可。

2. 良好的心态

紧张是每一个答辩人的第一感受，它不同于进入考场进行笔试的紧张，不同于平时学业口试的紧张，不同于在大庭广众下演讲的紧张，也不同于同陌生人初次接触的紧张。如何防止或将紧张降低到最低限度，基本经验有三：一是准备充分。准备不充分是答辩紧张的第一因素，即对课题资料搜集不够，了解不全面、不透彻。因此，真正下工夫，认认真真对待，克服侥幸心理是非常必要的。二是本着学习的态度。学习不仅是一个人终生的行为，更是在校生的头等要事。毕业论文答辩不仅是对阶段性学习效果的检查，而且提供了又一个重要的学习机会，本着向专家学者学习的态度去对待，不仅可缓解紧张心态，而且还会主动进取，学习未曾掌握的知识以及学到新的思考方法。三是平等心理。当答辩人位于答辩席时，总有"三堂会审"之感，处于卑下之势，这无疑会加重自己的心理负担。

毕业论文写作的每一个环节，每一个字都是经过自己思考和反复修改习得的，就理应对所选择的课题及相关问题有充分的了解，应该对答辩委员提出的问题泰然处之。答辩委员也是抱着平和的心态，本着科学、公平、公正的态度对待答辩人，决不会为难任何人，与谁过不去。即使个别问题回答不上来或回答得不理想，也可进一步探讨，未必就一定不能通过答辩，甚至影响毕业和未来的工作等等。因此，只要是本着谦虚的学习态度，把答辩当做是一次走向社会前的实战演习，就一定会以平和的心态做好毕业前的最后一次学业检验。

3. 充满自信，仪表自然，举止大方得体，从容有礼貌

不因一时之失误而失态，影响下面的答辩工作。这样做一是给答辩会场上各位留下美好的印象，二是显示了自身良好的修养。若认为答辩中还存在什么问题，可通过会后的申诉复议方式进行，一定要以理服人，切忌在答辩现场进行不必要的争辩，影响答辩工作的顺利进行。

4. 必要的物质准备

除上面提到的各项准备外，应备好笔和纸等物品，以便及时记录下答辩委员和旁听者提出的问题、观点和批评意见。同时还可利用旁听者身份，去留意和记录下与自己研究课题相关的但自己尚未了解的资料和信息。

总之，答辩的准备可概括为八个字，即告知、解释、示范和阐发四个方面。告知是指答辩人要解释清楚论文词句的含义，特别是论文中提出的新词，新的概念和新的范畴的内涵与外延；或是自己对已有的概念和范畴赋予了新的含义和解释。解释是指答辩人要陈述清楚自己的观点和理论为什么是这样而不是那样，理论间的相互关系，以及与相关理论的联系与区别。示范是指答辩人能就提出的观点和理论举一反三地说明。阐发是指答辩人要能对自己阐述的观点和理论作进一步的思考和说明。这四个方面八个字不仅在答辩前的准备工作中要准备好，而且在答辩中更是要体现出来。只有这样，才能从容不迫，顺利通过毕业论文的答辩环节。

在答辩结束后,答辩委员要根据学校和学院的答辩规程,本着严肃认真和负责的态度,对答辩者的答辩情况给出基本的评价,写出答辩的评语和答辩的成绩,科学规范地、实事求是地将学生答辩的情况和答辩成绩上报学院。

最后,我们建议每一位学生在完成了毕业论文写作和毕业论文答辩后都写一篇总结,详细分析写作中的得失,以及在做文和做人上的收获。学院、系也应对本专业学生的毕业论文作一个全面的总结,并从中分析四年教学的得失,以利于今后教学活动的开展。

 拓展性阅读

论文答辩技巧与注意事项

进行毕业论文答辩注意以下几个问题,对提高成绩是有益的。

一、论文答辩——熟悉内容

作为将要参加论文答辩同学,首先而且必须对自己所著的毕业论文内容有比较深刻的理解和比较全面的熟悉。这是为回答毕业论文答辩委员会成员就有关毕业论文的深度及相关知识面而可能提出的论文答辩问题所做的准备。所谓"深刻的理解"是对毕业论文有横向的把握。例如,题为《创建名牌产品发展民族产业》的论文,毕业论文答辩委员会可能会问"民族品牌"与"名牌"有何关系。尽管毕业论文中未必涉及"民族品牌",但参加论文答辩的学生必须对自己的毕业论文有"比较全面的熟悉"和"比较深刻的理解",否则,就会出现尴尬局面。

二、论文答辩——图表穿插

任何毕业论文,或多或少地涉及用图表表达论文观点的可能,故我认为应该有此准备。图表不仅是一种直观的表达观点的方法,更是一种调节论文答辩会气氛的手段,特别是对私人论文答辩委员会成员来讲,长时间地听述,听觉难免会有排斥性,不再对你论述的内容接纳吸收。所以,在论文答辩过程中适当穿插图表或类似图表的其他媒介以提高你的论文答辩成绩。

三、论文答辩——语流适中

进行毕业论文答辩的同学一般都是首次。无数事实证明,他们论文答辩时,说话速度往往越来越快,以致毕业答辩委员会成员听不清楚,影响了毕业答辩成绩。故毕业答辩学生一定要注意在论文答辩过程中的语流速度,要有急有缓,有轻有重,不能像连珠炮似地轰向听众。

四、论文答辩——目光移动

毕业生在论文答辩时,一般可脱稿,也可半脱稿,也可完全不脱稿。但不管哪种方式,都应注意自己的目光,使目光时常投向论文答辩委员会成员及会场上的同学们。这是你用目光与听众进行心灵的交流,使听众对你的论题产生兴趣的一种手段。在毕业论文答辩会上,由于听的时间过长,委员们难免会有分神现象,这时,你用目光的投射会很礼貌地将他们的神"拉"回来,使委员们的思路跟着你的思路走。

五、论文答辩——体态语辅助

虽然毕业论文答辩同其他论文答辩一样以口语为主,但适当的体态语运用会辅助你的论文答辩,使你的论文答辩效果更好。特别是手势语言的恰当运用会显得自信、有力、不容辩驳。相反,如果你在论文答辩过程中始终直挺挺地站着,或者始终如一地低头俯视,即使你的论文结构再合理、主题再新颖,结论再正确,论文答辩效果也会大受影响。所以在毕业论文答辩时,一定要注意使用体态语。

六、论文答辩——时间控制

在论文答辩会上,都对辩手有答辩时间要求,因此,毕业论文答辩学生在进行论文答辩时应重视论文答辩时间的掌握。对论文答辩时间的控制要有力度,到该截止的时间立即结束,这样,显得有准备,对内容的掌握和控制也轻车熟路,容易给毕业论文答辩委员会成员一个良好的印象。故在毕业论文答辩前应该对将要答辩的内容有时间上的估计。当然,在毕业论文答辩过程中灵活地减少或增加也是对论文答辩时间控制的一种表现,应该重视。

七、论文答辩——紧扣主题

对于毕业论文答辩委员会成员来说,他们不可能对每一位的毕业论文内容都有全面的了解,有的甚至连毕业论文题目也不一定熟悉。因此,在整个论文答辩过程中能否围绕主题进行,能否最后扣题就显得非常重要了。另外,委员们一般也容易就论文题目所涉及的问题进行提问,如果能自始至终地以论文题目为中心展开论述就会使评委思维明朗,对你的毕业论文给予肯定。

八、论文答辩——人称使用

在毕业论文答辩过程中必然涉及人称使用问题,建议尽量多地使用第一人称,如"我""我们"即使论文中的材料是引用他人的,用"我们引用"了哪儿哪儿的数据或材料,特别是毕业论文大多是称自己作的,所以要更多使用而且是果断地、大胆地使用第一人称"我"和"我们"。

（摘自邓秋香:《毕业论文答辩应注意的几个问题》,《青年科学》2003 年第 8 期。）

卷外章　其他形式论文和报告的写作

　　严格地说,学业作业、学年作业不属于学术论文的范畴,而教学实践、社会实践的总结、实验报告单是对实践或过程的总结,也不属于学术论文。但是,如果在这些报告中具有创新性,就具有学术论文的成分了。虽然以上几种形式的论文和报告不是毕业论文,但它们是毕业论文写作的一个必要的过渡和准备阶段,是毕业论文写作的热身赛,因此,有必要将毕业论文的写作工作延伸到大学学习的全过程之中。

第一节　毕业论文前写作的意义和作用

一、搞好毕业论文前写作的必要性

　　毕业论文是对大学生、研究生学业的一次检验,顺利地通过这一"关口",就需要我们在进入毕业论文写作环节前,在大学学习期间进行必要的练笔。毕业论文的准备工作,向前可追溯到学生在大学第一、第二学年进行的教学实习活动,在大学高年级阶段有学年论文、经济实验、社会调查与实践和毕业实习等环节的教学实践活动,在进入毕业论文写作阶段时有毕业论文开题报告。以上这些教学实践活动都构成毕业论文写作的热身阶段。为防止学生的准备不足,就要求我们将毕业论文的写作工作不是放在进入毕业论文阶段时,而是放在平时的训练中①。

---

　　① 王蜀磊:《试论大学生毕业论文教学的改革》,《山西财经大学学报 高等教育版》,2005年第1期。

二、全方位抓好毕业论文前的写作工作

在指导思想上,树立毕业论文环节教学的全新观念。毕业论文环节教学的基本理念就是大学生在整个大学受教育期间的全程性论文写作。毕业论文不是在全部文化课学习完毕后,社会实践完结后,在离开大学校园前最后几周的教学活动,而是大学生一走进大学校门就要树立的思想观念。要求全体教学管理人员、教师和学生树立新的观念,将教学过程的每一个环节纳入教学系统管理之中,相互支持和配合,共同完成毕业论文的全程教育。

在教学活动中,结合各专业、各学科、各科目的特点增加或加强方法论教育。每一学科、每一门课程都有特定的研究对象,有其内在联系的内容并形成独立的体系。课程内部的这种联系都是以方法论为基础和纽带的,方法论的独特,既反映了个性的一面,反映了学科的特点;同时又有共性的一面,反映了它与其他学科的联系,从中可探索一般的思维规律。教师在知识传授过程中,除向学生进行基本理论知识和技能的传授外,还应将贯穿于整个学科体系之中的方法论提炼出来,进行方法论教育,或将方法论教育贯穿于教学的全过程之中。对学生进行方法论的训练培养也体现了授人以渔,而不是授人以鱼的思想。让学生充分领略方法论对分析问题、解决问题能力培养的作用的同时,引导他们逐步将它用于自己的实践之中。彻底改变一些教师只注意本学科知识点的焊接,方法论教育普遍不够重视的现状;彻底改变方法论教学是哲学和思维科学工作者的事情,而有意无意地放弃自己的责任和义务的状况。

在教学过程中,加强对前沿性理论动态的介绍与评论。各学科的理论和研究方法都会随着社会经济文化的发展而不断发展,在促进学科发展完善中,又会有许多新的理论增长点和新的学科形成。这就要求每一位教师在教学中应当用相当一部分时间加强对理论发展动向和学术争鸣的介绍与评论。这不仅为学生了解理论前沿提供了便利,而且为学生学习指明了方向,为论文写作奠定了基础。这是对教师知识更新的考验,也是督促教师自身能力提高的手段。只有这样才能真正

达到教学相长的境界。另外,对校园内专家学者的学术讲座,应有专门的学术团体或专人给学生加以引导,并配(结)合学术讲座搞一些习作,使学术讲座进一步深入。

在教学主体上,确立学生在教育中的主体地位,变被动学习为主动学习;在思想上,使学生根本改变"在学校学到的东西一个人一生都有用"的观念,强调学生学会学习的重要性。评价一个人的学习水平和能力高低,不在于考试成绩的高低,在于学习能力的强弱①。阶段性学习体会、阶段性论文、毕业论文的层次递进,是对学生能力培养的重要反映。当学生主体地位确立、角色转变完成之时,就是素质教育成功之日;当学生明确怎样学、应该学什么之时,就是毕业论文环节教学、能力培养达到目的之日。

在教学安排上,变一次性论文为四年性论文写作过程。传统的教学模式服务于传统的考试模式。传统的期末一次考试定终生的博弈,导致学生一学期或一年的课程学习就是为了应付如何通过"鬼门关"。对教学环节中如何结合所学内容,理论发展动态去查资料,去谈论自己的见解与看法,去进行必要的写作与讨论都忽视了,学生没有能够得到应有的思维与写作训练。改变传统的教学模式与考试模式,将写作能力、创新能力融入学业水平、学业能力考核之中,而不是简单地识记和述诵。可要求他们在大学低年级阶段进行阶段性学习总结写作,在高年级阶段进行阶段性学术动态整理和学术论文的写作,最后才是反映四年学习水平的综合测试——毕业论文。论文是写出来的,不是教出来的!没有一个循序渐进的、由浅入深的练笔过程,就没有最后高质量的、成功的毕业论文。

在教学实践环节上,加强社会实践考察,增强对社会的感性认识。近年来,学生在毕业论文写作中普遍感到方向不明,除对理论发展前沿动态把握不住外,还有一重要原因就是对社会了解甚少,对社会中存在

---

① 王蜀磊:《综合性全程考核模式的改革研究》,《山西师大学报·社科版》,2003 年专刊。

的问题缺乏透彻的了解,论文写作往往空泛,大有隔靴搔痒之感。根本原因在于社会实践考察不多,书本之外的世界知之甚少。这除有先天不足因素(学生普遍是出中学门进大学门)外,与大学期间的社会实践考察不当、不细有关。因此,加强社会实践的应对性教育,不要走马观花,真正在有限的时间内达到社会实践考察的目的。在提升学生了解社会,认识社会和把握社会能力的同时,提升调查报告或论文写作教学的水准,为毕业论文写作创造条件。

在加强学术研究和论文指导上,在本科生阶段实行导师制。目前,高等学校普遍是在学生进入毕业论文写作阶段时,才进行师生的双向选择,确定毕业论文的指导教师。因时间仓促,师生相互了解不够,这为论文写作和指导带来诸多不便,且指导效果不明显;同时,学生在四年学习期间,缺乏教师的引导,仅靠任课教师也无法给学生的阶段性论文写作提供必要的指导,使阶段性论文无法达到预期效果。因此,在本科生学习中实行导师制是非常必要的,也是可行的。导师制可形式多样,既可依阶段性学习重点安排有专长的教师担任导师,也可按研究方向确定指导教师,还可就热点问题、学生社团活动安排指导教师。既可相对稳定,又可实行弹性导师制。在更大的选择空间和时间中磨合,教师了解了学生,学生也了解了教师,不仅有助于为学生毕业论文的选题和导师确定创造条件,而且保证了阶段性论文和毕业论文写作的质量。

在教学管理制度上,建立和健全相应的管理体制,实现学校各职能部门的通力配合,服务于教学活动,在责、权、利三方面明确其职责,建立有效的激励约束机制,必要时也可对创新能力培养制定必要的倾斜政策。建立和健全毕业论文教学的程序化管理,全部行动真正落实在教学各个环节之中。加强和健全毕业论文送审、答辩以及复查评审制度,防止走过场,送人情现象的发生。

综上所述,毕业论文环节教学不是毕其功于一役之事,它应落实和贯彻在整个大学教育期间,彻底改变平时教学中的只学不练,仅靠短短几星期突击的被动局面。只有将毕业论文写作不仅仅看做是教学的一个环节,而是作为大学生在走向社会和工作岗位前在思维能力、写作能力和口头表达能力上得到全面提高的必要手段,才可能为社会输送合格的人才,高等教育才能适应社会经济文化发展对人才的需要。

下面分别介绍理论型实践、社会调查型实践和实验型实践三种教学实践活动类型。通过这些实践报告的写作,为学生顺利进入毕业论文写作奠定良好的基础。

第二节　教学实践分类概述

一、教学实践

什么是实践,实践是人们参与自然和社会活动的基本形式,实践是人类认识自然、社会的前提和基本形式。这里讲的实践是指教学活动中围绕教学目标开展的实践活动。在这里不准备全面分析大学学习阶段的实践活动,仅从教学实践作业和报告的写作角度上谈一谈大学学习阶段的教学实践活动。

在进入大学学习阶段前,我们已充分了解了文体的构成,掌握了写作的基本知识,具备了一定程度的写作基础。一些同学认为,写作有什么难的,我在中、小学阶段就有大作公开发表于刊物,就有作品获奖。不错,这表明了我们确有写作的基础,然而我们应注意到,过去写作的文体,与现在要进行写作的文体有所不同,过去写作的内容、写作内容的对象来源、写作的理论深度与现在要进行的写作又有重大的区别。大学阶段的写作,主要是结合专业特点在学术论文写作上提高写作能力,以适应今后科学研究工作的需要。

二、教学实践的分类

根据教学实践的性质,我们可对教学活动中的学业论文、学年论文、教学见习、教学实习、社会调查与实践、教学实验和进入毕业论文阶段时的开题报告等形式的活动划分为理论型实践、社会调查型实践和实验型实践三种形式,根据教学实践类型将相应的总结报告和论文写作也划分为三种。其中,理论型实践包括学业论文、学年论文和毕业论文开题报告三部分;社会调查型实践包括教学实习、社会调查与实践三部分;实验型实践包括实验教学。

所谓理论型实践,是要求学生在理论知识学习的基础上,运用所学理论去分析和解决理论与社会中存在的问题,借以在理论上明辨是非,阐发真理的过程。理论型实践的成果就是理论性论文。

所谓社会调查型实践,就是学生对社会经济生活的考察,从对社会经济现象的观察中,发现问题、分析问题,解决问题,探索事物的本质,丰富理论,发展理论,在实践中检验理论。在运用所掌握的理论去分析观察社会经济现实中,提高我们对是非的识别能力。

所谓实验型实践,就是在实验室或一定场合中,通过设定的实验题目对调查者进行调查测试。在实验观察过程中发现问题,或是对实验的结果进行理论分析,或是在实验中验证现有的理论或假说。

划分理论型实践、社会调查型实践和实验型实践的基本依据可从三个方面理解。从对象上看,理论型实践是以掌握和运用理论的方式,分析理论和现实问题,在理论思辨层面上解决是非。社会调查型实践以学校内外的社会作为考察对象,在了解社会现实的基础上,对调查来的材料进行分析论证,揭示社会经济问题。实验型实践以设定的实验内容为对象,对实验中获取的材料进行分析论证,揭示社会经济问题。

从方法上看,理论型实践主要是通过阅读文献,发现问题,获取有价值的思想。社会型实践主要是通过社会调查,让学生了解和掌握第一手材料,通过感性认识上升到理性认识的过程,达到对社会调查方法的掌握,并从中学会观察事物的能力。实验型实践主要是通过实验的设计、实验的过程,熟悉和了解实验的基本方法。

从写作特点上看,理论型实践主要是让学生了解理论的基本内涵,如何运用理论去明辨是非,说理性更强。社会型实践根据调查来的第一手资料,在资料整理过程中,得出结论,提出解决问题的对策和方法,侧重实践报告的写作。实验型实践是侧重对实验的设计、过程和实验结果的描述。由于要求标准不同,因此,在命题的范围上,在创新程度上、在学术的规范化上、在教师的学业指导性上都有较大的差别。

由于三种形式实践对象的差异,就要求我们掌握用不同的文体格式进行写作。在写作中学会对材料的获取、处理和运用,学会对问题的思考,学会论文或报告的写作要求和方法,从中得出科学研究的结论。

教学实践是从理论运用,理论与实践上培养学生的是非识别能力,如何总结教学实践的成果,其基本依据就是论文和实践报告。因此,论文和实践报告写作进行得怎样,是了解学生实践能力的重要途径。

通过实践报告的写作,在提高思维能力和写作能力的同时,也为毕业论文的写作奠定了基础,因为,毕业论文的撰写也离不开社会调查、资料搜集和整理、框架结构的安排,也关系着科学素养的形成。

这里,我们着重对三种形式的论文或实践报告写作进行分析,同时也对它与毕业论文写作的关系问题进行探讨,介绍写作中应注意的问题,不仅为毕业论文的写作做好准备,而且有助于熟悉和了解资料查找的方向和方式,学术论文的写作,明确今后的研究方向。

第三节　理论型实践

一、学业作业和学年作业的含义

学业作业,是检验学生在一定阶段学业完成质量而安排的教学活动。学业作业是检验学生知识掌握的程度,学业作业根据考核的侧重点的不同分为两个功能:一是了解学生对知识的掌握程度,学生能够举一反三。二是了解学生对知识的运用程度,它一般不要求学生有什么创新,而是要反映学生运用知识的能力,不是简单地将书本上的知识照搬在作业本上。前者主要体现为数学等习题的练习,后者主要表现为理论知识的运用和对某一研究对象的分析与论证上。

这里讲的学业作业是属于后者,它主要表现为对所学知识的综合性、辨析性和运用性。例如,我们在讲马克思《〈政治经济学批判〉导言》时,就给学生布置了"我们说理论是实践的产物,为什么 19 世纪在资本主义时代产生的马克思主义还能指导我们 21 世纪的社会主义实践?"的作业。我们在学习马克思《资本论》时,就给学生讲到,马克思在分析简单商品经济时说,商品—货币(W—G),是一惊险的跳跃,如果不成功,摔坏的不是商品,而是商品生产者。马克思在分析资本主义资本周转理论时又讲到,W—G对资本家来说非常重要。就此给学生布置了"用上述理论论述、分析W—G对我国市场经济发展的作用"。对上面两个问题,学生不能简单地将书本上的理论论述抄录在作业本上,简单地抄录基本原理,这是不能回答任何问题的。就需要学生首先对理论的形成和内涵进行深刻的理解,在此基础上结合我国的社会主义实践进行分析,才能完整地、准确地作出回答。

学年论文,同样也是检验学生在一定阶段学业完成质量而安排的教学活动。学年论文是对学生知识运用能力的总体反映,主要目的是检验学生知识掌握的程度和理论初步应用于实践的能力。一般不要求学生有什么创新,但要求有明确的中心议题,符合本专业的内容规范,观点正确,一篇完整的学年作业,同样要求有明确的论点、论据和论证方式。与学业作业相比,要求学生要查找一定数量的资料,要求有适当的题目设计,内容有一定的深度,结构安排更趋合理,侧重于基本理论的综合运用。它与毕业论文的不同主要表现在:议题较小,内容深度和理论层次要求较浅,要求查找的资料较学年论文要少,对前沿性的参考文献的数量和层次要求也较低,字数要求较少,资料要求较开题报告和毕业论文要少。但基本要求同毕业论文,主要反映对知识的理解和运用的能力,从这个意义上说,就是一个小的毕业论文。

学年论文较学业作业相比,学业作业侧重理论的运用,而学年论文侧重于用理论去解决实际的问题,或是对理论的分歧进行辨析,进行必要的理论分析。在形式上,学业作业、学年论文均不要求有封面、英文摘要、附录、致谢等内容。学业作业还可不要求有摘要和关键词等。总之,学年论文是学术论文写作的初步训练。

二、学业作业和学年论文写作中常见的问题

从学生方面来看,一是普遍存在思想上不重视,没有认识到学业作业和学年论文对科学研究和学术论文写作的重要意义,认为学业作业、学年论文写得好坏又不影响学业成绩,在行动上应付差事。这种情况

反映出我们对学生的学业评价仍然是以考试为中心,平时作业没有得到应有的反映,没有将素质教育体现在日常教学的各个环节之中。二是资料收集整理不够,不会查找资料,无从下手,就是查到了资料也不会使用,不会挖掘其中的价值。三是简单地照抄照搬他人的论述,没有自己的思想,中心议题不明确,内容没深度。四是结构不合理,写作不规范,缺乏教师的指导。五是论文基本要件缺失和不规范。学年论文没有摘要和参考文献,没有反映学术研究的基本动态。

从学校方面来看,一是许多学校没有建立相应的学年论文和学业作业写作的指导教师制度,只重视教师自身的科学研究,而忽视了对学生科研的初步训练。二是许多学校没有认识到学年论文和学业作业写作的重要性,对学生没有学年论文写作的要求。学业作业的写作也是流于形式,没有相应的督导检查,学生在完成学业作业后感到没有收获。三是学年论文和学业作业与教师的考核没有直接的关系,一些教师思想上不重视,将学年论文和学业作业的批阅和指导视为额外的负担。因此,加强学生学年论文和学业作业写作的指导教师制度建设,完善学生从事科学研究的制度,也有助于提升学校整体的教学水平。

第四节　社会调查型实践

一、社会调查型实践的作用和实践报告写作

教学实习和社会调查与实践是学生进行社会实践的一种重要形式,是学生走出课堂的一种有效的教学形式,是弥补学生社会经验和知识不足的重要形式。这一点对从学校到学校的大学生来说尤为重要,它不仅能加强我们在校学习的主动性和自觉性,为毕业论文写作奠定良好的基础,而且为今后走向社会,尽快熟悉工作环境,胜任今后的工作都有十分重要的意义。要做好社会型实践工作的总结,就要求我们无论是在准备阶段,还是在进行过程和总结阶段都必须全力以赴地作为一项大事来认真对待。

在教学实习中,首先要明确对某一部门、企业或一项业务、产品进

行什么样的实践活动,了解实习的观测点和内容,内容的基本情况,尽快熟悉和了解经济活动的全过程,从中发现优势和可行之处。其次,虚心向实习单位的领导和员工学习,他们既有丰富的实践经验,又有理论基础;同时,根据自己的观察、交流,发现实习单位存在的问题,在问题上做文章。社会调查与实践是学生进行社会实践的一种重要形式。首先,要明确对某一部门、企业或一项业务、产品进行什么样的社会调查,了解调查的内容和调查的目的。其次,要熟悉和正确使用进行社会调查的基本手段和运用方式,避免走不必要的弯路;同时,要注意观察,学会与人沟通的方式方法。因此,教学实习和社会调查与实践有相同的一面。但是,两者又是有区别的。首先,实践的侧重点不同。教学实习侧重于对现实经济生活和生产过程的了解,社会调查与实践侧重于从调查对象那里获得有价值的材料。其次,实践的要求不同。教学实习要求学生对生产或管理流程要了解,在实践中体会理论与实践的关系;社会调查与实践要求学生从社会实践中发现存在的问题,深刻体会现实经济的运行和人们的行为方式。最后,解决的问题不同。教学实习是通过对生产经营管理全过程的了解,解决实际经验不足的缺陷。社会调查与实践是通过调查活动,增强对社会活动的感性认识,解决对问题认识不够深刻的缺陷。

无论是进行教学见习、教学实习,还是进行社会调查与实践,都要求我们做好以下几方面的工作:

在见习、实习和调查准备阶段,要根据实习和调查活动的安排,有明确的实习和调查的目的。在实习和调查前,做一个初步的规划,为进行实习和调查作好思想和必要的物质准备。

在见习、实习和调查实施阶段,熟悉和了解见习、实习单位和调查对象的基本情况,严格遵守组织纪律和规章制度,服从命令听指挥。在见习、实习过程中注意观察生产管理的运转过程,思考运转过程的合理性和存在的问题。在调查过程中,要明确准备解决什么问题,到何处考察,找什么人进行调查,采用何种方式考察,避免盲目性,提高自觉性。搞好调查问卷的设计,确定调查的时间、对象、方式与手段。在进行调查前要确定各种调查的表格或调查的内容提纲。在调查过程中,可对调查问卷进行小范围的试调查,从而对调查的方案进行修正和完善,再投入正式的调查活动中,这是调查报告的基础性工作。要发现更原始、更新鲜、更真实的材料,调查资料的真实、可信是最后报告形成真实的先决条件。

整理和分析见习、实习和调查资料阶段。对材料进行全面分析,对资料进行分类研究,研究和处理材料,要善于发现现实生产和生活中存在的亟待解决的主要问题,进行定性与定量结合的研究分析,得出调查材料处理后的结果。要正确地得出调查结果就必须有正确的分析手段,保证结果的科学和合理。

报告写作阶段。在介绍见习、实习和调查过程的基础上着重对其中一个或几个问题进行深入的理论分析,主要是根据调查材料分析得出的结论提出对策建议。在谈实习感受、体会和收获的同时,明确今后的努力方向。对实习和调查中获得的原始材料,可以附件的形式反映出来。

必要时公布实习和调查报告的结果。与同学们交流,共同分享实习和调查的经验,为今后工作的开展创造条件。

无论是教学见习、实习报告,还是社会调查与实践报告,着重是对现实问题的理论分析,它的理论层次要求相对较低。它的新意主要体现在第一手资料的原始性、真实性和新颖性上。这些素材可能还是今后毕业论文选题和写作的重要素材。

教学见习、教学实习和社会调查报告一般不要求有摘要、英文摘要、关键词、参考文献等内容。对封面也没有特殊的要求。

学生们在教学见习、教学实习和社会调查与实践中存在的问题主要有:

(1)普遍不会进行社会调查,面对调查对象表现为无从下手,不知道该调查什么,不能区分重点与非重点,往往停留在现象层面上,观察不仔细,对问题深入不下去。

(2)搜集的资料零散、不系统,无法对调查问题进行归纳研究。

（3）不会整理调查资料，不会分析和利用资料，不能从调查资料中挖掘出有价值的材料。

（4）陈述事实材料过多，不会用相关理论去分析，就事论事。

（5）一些学生的调查报告文学语言色彩过于浓烈，成为了抒情散文诗，缺乏相应的理论分析和论证。

（6）一些学生将个人的感情渗透到社会调查报告中，使研究的客观问题带上了强烈的主观色彩，让人难辨事情的真伪。

面对以上问题，一方面，需要学校有针对性地组织教学活动，给学生开设相关的课程或讲座，让学生了解和熟悉教学见习、教学实习和社会调查与实践的意义；同时，对学生在调查中存在的问题给以及时的指导和帮助。另一方面，增加学生见习、实习和社会调查的机会，不仅可利用节假日、寒暑假等时间进行，也可利用平时生活中发生的事件进行，要作为一项硬性的工作来做。从身边一点一滴的小事着眼，养成主动和善于观察社会的好习惯。

在教学见习、教学实习和社会调查与实践报告的文字表达上有一定的文学语言和抒情色彩可增加报告的可读性和感染力。但是，一定要把握好分寸，不要喧宾夺主，将社会调查报告写成了报告文学。

任何一篇文章都透露出作者的思想倾向，这是很正常的，但是，我们如果用感情代替了理性的分析，是不可能正确认识世界的，也不可能找到正确的解决问题的办法。

在教学见习、教学实习和社会调查过程中，要克服怕苦怕累怕动脑筋的懒惰思想，谁怕下工夫，谁就不能得到有价值的材料，就不能在实践的过程中有所收获，就不能从实践中捞到第一桶"金"。在实习和调查总结中，我们常常听到学生们讲没有什么可写的。问题不是出在报告技巧上，而是出在没有材料可供研究和分析，没有从中发现问题上。

为了提高学生的教学见习、教学实习和社会调查与实践的水平，在工作总结时可采取分组讨论和交流写作报告的形式，让学生共同分享见习、实习和社会调查的经验，分析存在的问题，为今后工作的开展创造条件。

二、社会调查的方式

(一) 观察

观察可以说是一切科学研究的基本方法之一。所谓观察,就是带着明确的目的,用自己的感官和辅助工具去直接地、有针对性地了解正在发生和发展变化着的事物和现象的研究方法。它和日常生活中人们对各种事物的观察有所不同,它要求观察者的活动具有系统性、计划性和目的性。而且要求观察者对所观察到的事实作出实质性的和规律性的解释。观察根据形式的不同,可分为三种主要的类型,即局外观察、参与观察和实验室观察。

1. 局外观察

局外观察又称非参与观察,所谓局外观察就是观察者尽量使自己处在被研究的群体之外,完全不参与其活动,尽可能地不对群体产生影响。形象地说,局外观察就是"冷眼旁观"。这种方法对于排除个人的某些感情因素与偏见,具有一定的优点,容易保持客观的立场。但也有缺点,即容易把一些假象当做真相,把一些偶然出现的现象当做反复出现的现象。由于没有加入到被观察者所属的群体,该群体或者一部分成员可能对观察者怀有戒备心理而改变或终止某些行为、隐瞒某些东西。

局外观察看似是一种随机观察的形式,其实,局外观察也要求我们有明确的观察提纲、观察目的、观察记录和一定的观察程序和观察方式。这种方法可以保证观察的标准条件,提高观察的精确程度。

2. 参与观察

参与观察就是观察者亲身加入所要观察的群体中去,参加他们的活动,或者成为他们的成员,但仍保持观察者的客观立场。这种方法的优点是缩短和消除了观察者与被观察者之间的心理隔阂,便于了解被观察对象的真实情况。例如,美国社会学家摩尔根深入到原始部落中,通过与原始部落人群的共同生活,最后完成了《原始社会》一书。使现代人通过人类活动的活化石揭开了人类早期的社会组织结构和生产生活方式。

在参与观察时,要调查什么、调查的深度和准备取得那些成果,一开始时可能并不是十分清楚,只能有一个大致的方向,但是,并不是说参与观察就是无目的的活动,它也要求我们在观察前有一个明确的目的,就是通过此次观察要弄清楚观察群体的内部结构和行为方式,从中得出不为人所知的事实,并对事实进行科学的分析研究,得出科学的结论和解决问题的对策。

3. 实验室观察

实验室观察就是在备有各种观察设施的实验室内,对研究对象进行的观察。这种观察方式在心理学研究中经常使用,在经济学研究中正处于蓬勃发展之势。在这种实验室中,研究者一般是借助各种观察设施来进行观察的。如镜子里面看不到外面,而外面却可以看到里面一样。这样就使得被观察者意识不到有人在观察他,而观察者却可以看得一清二楚。在经济学的实验观察中一般要从现实中抽取可用于观察的材料,就这些材料观察实验者的行为选择和行为方式,从中发现人们在经济活动中的行为趋向。

进行实验室观察就要求我们有明确的观察提纲、观察目的、观察记录和一定的观察程序的观察方式;同时在观察者的选取上必须公正无偏,在观察点的设置上符合人们的行为准则,从而可以保证观察的标准条件,提高观察的精确程度。

总之,成功的观察可为科学研究提供最可靠、最有力的事实依据。不论采取哪种观察方法,都应注意以下几个问题:

首先,平时多留心观察,做有心人。这样,就有可能在人们习见的事物或情况中,有深刻的、不寻常的发现。

其次,要坚持观察的客观性、全面性。进行科学观察,要采取实事求是的唯物主义态度,尊重客观事实,通过观察获得真实、准确地反映客观事物和现象的事实。坚持观察的客观性,这是科学观察所必需的前提;同时,科学的观察要求全面地、系统地、动态地观察事物,以获得广泛的、完整的而非零碎的可靠资料,如实反映客观事物的全貌。为提高观察的全面性,要尽可能多方面、多层次、多角度进行观察,把握观察对象的各种特征,减少各种失误。

再次,有针对性地为研究而观察,获取所需的资料。亲自观察所获取的第一手资料有很高的价值。有时可以用观察去验证间接获取的资料。

最后,采用科学的观察方法,保证观察的质量和效果,并将观察结果如实记录下来。把感知到的东西用文字记载下来,观察才最终成为搜集资料的方式。光观察不记录,资料搜集就会半途而废。

观察记录要客观、准确,不要加上猜想,更不能凭空捏造。观察记录要完整有序,将观察的全过程完整记录下来,不要丢掉细节或其中每个现象。对每个现象按原有顺序详细记录,不能杂乱无章地随意颠倒变动,因为这种有序性不仅为下一步研究工作打下基础,而且很可能从这些有序记录中提示出研究对象内部的联系和规律。

（二）实验

实验是根据科学研究的需要,人为地创造条件,控制研究对象,观察分析研究对象的状态和变化,从中找出规律,得出结论的科研活动。实验有两种,一种是实地实验,另一种是实验室实验。

实验一般是把研究对象置于经过特别设计的情境条件之中,并有系统地记录其反应。实验法试图研究一个或多个自变数（实验因素）与一个或多个因变数之间的因果关系等。实验前应当选择容易观察与测量的自变数。实验人员用自变数来影响其余因素的组,即参与实验的事物与现象的总和,叫实验组。实验人员不用自变数来影响其他因素,即控制起来的事物与现象的总和,叫控制组。实验时实验人员只能把自变数给予实验组,并且必须保持实验组一般特性不变,只有那些被选作因变数的特征才可以变化。

实验方法的优点在于,在事先设定的环境范围进行观察,可以排除一些次要的、非主流因素的干扰,保证实验结果的准确性。缺点在于,实验者意识到所处的环境,可能有意识地进行遮掩,从而影响实验结果的准确性。

实验既可在确定的场所实验室中进行,也可在无确定场所的地方进行。无论什么地方、什么时间、什么条件下进行,观察事实、探索新发现和通过事实检验理论,这是科学实验的两个基本目的。

（三）调查

调查是为了解和研究情况而进行的考察。其步骤一般分为准备阶段、调查阶段、整理阶段和分析研究阶段。这个全过程又称为调查研究。调查工作是科学研究的基础环节,是对事物由感性认识上升到理性认识的起点。调查资料的质量直接影响着论文的质量和学术的价值。

社会调查与实践的调查方式可分为直接调查和间接调查两种。直接调查是指不经过任何中间环节去进行实地的考察。间接调查是指经过中间环节去进行的考察。根据调查研究所涉及的内容可分为综合调查和专项调查。综合调查是对调查对象进行全面的考察,专项调查是对某一个专题或某一个事件展开的考察。由于综合调查涉及的面较广、周期长、工作量大,一般由国家或专门的组织机构进行。而专项调查由于议题集中,涉及的面较小、周期短、工作量相对较小,也能集中精力办一件事情,因而能适合个人或调查组调查要求。

根据调查研究所涉及的对象和范围,可以将调查方式分为普遍调查法、抽样调查法、个案调查法、典型调查法和重点调查法五种。调查中最常用的方法主要有两种:一是访谈法;二是问卷法。

1. 调查的方式

1）普遍调查法

普遍调查就是对调查对象的总体所包括的每一个体进行毫无遗漏的逐个调查,以取得整体性的完整的资料,通常简称为普查。这里所说的“调查对象的总体”范围是相对的,可以是全国,也可以是一省、一市、一镇、一村或一个系统、行业等。由于普查涉及的对象多、范围广,所以这一调查方式的突出特点表现为资料全面,准确性较高,适于了解总体的基本情况。由于普查资料是从总体中的所有对象那里搜集的,对事物、现象的各个方面、各个层次都有所反映,十分全面,因此,它既是各级政府部门制定各种政策的重要依据,又是各种科学研究的重要参考资料。

　　由于普查的地域广、时间长、人员多，因此，必须有一个高度集中的组织系统和协调机制，以保证调查工作的一致性和条理性；同时，对调查的时间、步骤、内容等每一个细节都要作出统一明确的安排，以使普查能顺利进行，保证调查结果的质量。

　　由于普查的地域广、时间长、人员多，因此，调查项目不能多，只能了解一些必不可少的基本情况。调查范围大小，对象多少，与调查项目多少是呈反比关系的。如果范围较小，对象较少，则调查项目就可以多一些；反之，如果范围大、对象多，那么调查项目只能限制在一定的数目之内。总之，普查的内容一般只限于了解最基本的情况，不可能作十分深入的了解。

　　普遍调查的缺点是工作量大，费时、费力、费钱。由于对象多、分布广，使普查的工作量很大，也无法在短期内把资料搜集起来，而且面临对大量数据进行处理的问题；同时，投入普查所需的人力、物力和财力要比其他调查方式需要的多，普查所花费的代价很大，所以，不能频繁进行，一般是按一定周期，间隔较长的时间进行，以便前后资料的对比，预测总的发展趋势。为了保持资料的可比性，防止间隔时间较长的缺陷，一般可在间隔期间插入抽样调查的数据，便于了解期间的变动状况。对全国性的普遍调查，一般是由国家组织进行的，一个人或一个组织一般都难以开展。

　　2）抽样调查法

　　抽样调查就是在调查对象的总体中抽取部分样本进行调查，再据以推断调查对象总体的调查方法。一般来说，在现实生活中，往往由于人力、财力、时间及其他客观条件的限制，不可能作全面的调查。而抽样调查具有节省人力、财力和时间，其误差可以事先计算并加以控制，由样本推断总体的准确性高等众多的优点，所以被广泛地运用。

　　抽样调查按取样的方式可分为两大类：随机抽样和非随机抽样。

　　（1）随机抽样。又称概率抽样。随机抽样是按照概率原理进行的，它要求样本的抽取具有随机性。所谓随机性，就是总体中的每一个个体都有同等的被抽中的可能性,机会均等。一般有四种具体方法。

第一种是简单随机抽样。简单随机抽样又称纯随机抽样,是随机抽样的基本形式。即将总体中的每一个体都编号,将号码卡片放入容器中,搅拌均匀后,任意抽取所需数目的样本的方法。也就是常说的抓阄法。这种方法简便易学,样本数量越大,这样的抽样结果越有代表性;但当总体单位很多时,写号码的工作量就很大,搅匀也不容易,因而此法往往在总体单位较少时使用。对于总体单位很多的情形,往往采用随机数表来抽样。

第二种是机械抽样。又称等距抽样。即将总体中的所有个体,按一定顺序编号排列,然后按相等的间隔距离抽取样本的方法。抽样间隔的公式是:

$$k(抽样间隔)=N(总体单位数)/n(样本容量)$$

如果要在 10 000 名市民中,抽取一个容量为 500 的样本,按上述公式可求得抽样间距为:

$$k=10\ 000/500=20$$

即每隔 20 人抽取一名。于是,我们将 10 000 名市民依次编上号码,然后在 1～20 的数码中采用简单随机抽样的方法抽取一个数字,假如抽到的是 15,那就以 15 为第一个样本号码,然后每隔 20 名抽一名,一直到抽够 500 个样本为止。

机械抽样的方法虽然比较简单,但却有它的局限性。一是工作比较烦琐,因为在每一个 20 名中抽取的数是不确定的,就决定了下一组的区间不同。二是当总体中某些类别的单位数目过少时,所抽样本可能缺乏足够的代表性,如农村中高中文化程度以下的多,大学毕业生少,这种抽样就可能很少抽到、甚至完全抽不到大学毕业生的样本。三是有时抽样间距正好和总体排列顺序中的某种特殊周期接近,就容易产生严重偏差,这也是应该注意防止的。

第三种是分层抽样。又称分类抽样或类型抽样。它不是直接从总体中抽取样本,而是先将总体中的所有个体按一定的属性或特征(如性别、年龄、职业或地域等)划分成若干层次或类型,然后在各层次或类型中采用简单随机抽样或机械抽样的办法,抽取所需数量的样本。在各种类型或层次中抽样时,又分为相同比例抽样和不同比例抽样两种情况。相同比例抽样是指按各种类型或层次中的单位数目同总体单位数间的比例来抽取样本的方法。即单位多的类型或层次所抽取的样本就多,单位少的类型或层次所抽取的样本就少。但是,有时总体有的类型或层次的单位数目太少,不便于科学统计分析,这时往往要采取不同比例抽样的方法。

分层抽样是人们常用的方法之一,因为它已经考虑了对象的特征,所以抽取的样本具有较大的代表性,特别是当同一层次内差别较小而不同层次之间差别较大时样本的代表性就更大,只是我们在分层时要注意选择那些直接影响结果的特征或类型。

第四种是多级抽样。多级抽样又称多阶段抽样。对范围大或对象较分散的情况,应采取多级抽样。即先将总体划分为若干群,再以群为取样单位,取样后成为小群,然后再在小群中抽取样本,直到取得最基本的样本数量为止。如要调查某市青年技师的状况,可先以企业为单位抽样,然后在抽中的企业里,以车间为单位抽样,再在抽中的车间内,抽取青年技师。

由于多级抽样不需要总体的全部名单,各阶段的抽样单位数一般较少,因而抽样比较容易进行,但由于每级抽样都会产生误差,故这种抽样方法的误差较大。在同等条件下减少多级抽样误差的方法是:相对增加开头阶段的样本数而适当减少最后阶段的样本数。

(2)非随机抽样。非随机抽样不是按照概率均等的原则,而是根据人们的主观经验或其他条件来抽取样本。因而其样本的代表性往往较小,误差有时相当大,而且这种误差又无法估计。所以在正式调查中,一般很少用非随机抽样,常常只是在探索性研究中使用。常用的非随机抽样有三种:

第一种是偶遇抽样。偶遇抽样又称方便抽样,即调查者在一定的时间、环境内,对偶然遇到的、接触的个体对象进行调查的方法。如为了调查某市的交通情况,我们到附近的公共汽车站向站在那里等车的人进行的调查采取的就是这种形式。类似的情形还有在图书馆的阅览室、繁华市区、旅游景区等场所进行调查,以及在马路上向过往的行人进行的调查等等。

第二种是判断抽样。判断抽样又称立意抽样,它是调查者根据研究的目标,主观地确定抽样标准和抽样方式进行的一种抽样。进行典型调查时,决定典型的方法就属于此类。样本的代表性往往与研究者的理论修养、实际经验,以及对调查对象的了解程度有很大的关系。

第三种是滚雪球抽样。当无法了解总体情况时,可以从总体中少数成员入手,对他们进行调查,向他们询问还知道哪些符合条件的人,再去找那些人调查并询问他们知道的人,如同滚雪球一样,可以找到越来越多具有相同性质的群体成员。如果总体不大,有时用不了几次就会接近饱和状态。如要研究大学校园内学生业余生活的情况,可在校园内结识几位学生,再通过他们结识其朋友,不用很久,就可以交上一大批朋友。但是这种方法的偏差很大,因为,在进行抽样调查时,时间段的选择、地点的选择不同,那些在这个时间段不出来活动的学生、在这个地点不出现的学生,就很难把雪球滚到他们那里去,而他们可能正代表着另外一种学生的业余生活方式。

3）个案调查法

个案调查是以某一特定的单位、团体或社区作为调研的对象,按调查目标对其中的若干现象、特征和过程进行深入的调查研究,摸清来龙去脉,以求解释现象,说明发生的原因,并给予明确的诊断或解决方法。

在进行个案调查时,选取的对象要具有代表性,是一种定性的分析研究方式。它通过了解一个人或一个家庭的个人生活情况、家庭环境、历史背景、甚至遗传因素等诸方面,来考察其社会活动、物质生活、政治倾向、精神生活和心理特征等等,因此,在个案调查研究中一般比较注意个人或家庭的个性特征。

个案调查的主要优点有:可以做深入的定性分析;调查方法上不拘一格,可以灵活掌握,形式多样;调查时间安排上不受限制,有一定的弹性;所需的费用也不大,适于个人或小团体开展调查。虽然调查的结论不能推广到有关的总体,但是对我们掌握和了解一定群体的行为趋向是大有裨益的。个案调查在方法上强调细致深入、全面、周密,强调研究人员与对象之间的协调和合作。对调查人员的个人素质、经验和技能有较高的要求。

4)典型调查法

典型调查是在对所研究的对象进行初步了解的基础上,选择个别或少数具有代表性的对象作为典型,进行深入系统的调查,借以认识事物和对象的总体情况。

典型的代表性来源于它们对事物最一般的、本质的特征的体现。个别事物或现象不但表现出自己的特殊性质,也反映了同类事物所具有的普遍性质。因此,对适当的典型加以剖析,弄清它的性质及其与周围事物的联系,就能认识同类事物的本质和规律。俗话说"麻雀虽小,五脏俱全"就是这个道理。毛泽东同志说的"解剖麻雀"的方法指的就是典型调查法。典型调查法如果应用得当,的确能收到事半功倍的效果。然而,典型的选择是影响结果代表性的关键。典型选得好,就可以了解到全局的状况;选得不好,则可能与实际状况相差很远。选择典型首先要对面上的情况有一个初步的了解,以便能把总体划分成几种不同的典型。然后从每一类型中选取少量单位作典型进行调查。

典型调查的优点是:调查少数典型便可以发现同类事物和现象;研究资料细致深入;能够大大节省人力、时间和经费。当然,在进行典型调查时,一定要认真分析,注意防止和克服主观性、片面性和绝对性。

5)重点调查法

重点调查是在被调查对象中选择一部分重点单位或家庭个人进行的一种调查方式。这些重点单位虽然数目不多,但其某一数量标志的标志值之和却占总体标志总量的绝大比重。采用重点调查的方式可掌握事物的基本情况。如为了掌握全国彩电产品的质量、消耗等情况,可以对长虹、海尔、TCL、海信等几个大型彩电生产企业进行调查,便能够达到预期的调查目的。当研究任务只要求掌握某一行业、某一产品和一类家庭的基本情况时，可采用重点调查的方式。

　2. 调查的方法

　1）访谈法

访谈法是调查者根据研究的目的，采取同被调查对象面对面交谈的形式，从中收集所需资料的调查方法。访谈法可根据不同标准分为不同的类型。按访谈的地点划分，可分为机关（单位）访谈、街头访谈和家庭访谈等；按访谈对象的多少可分为集体访谈（座谈会）和个别访谈；按访谈的次数可分为一次性访谈和重复访谈；按访谈的形式可分为结构性访谈和无结构性访谈。下面仅将结构性访谈和无结构性访谈稍作解释。

结构性访谈是调查者按照事先拟好的问卷表，对所有被调查者进行统一格式的访谈。这种访谈中无论是进行自我介绍，还是对每个问题的提法以及问题的前后顺序，都要求按统一标准进行，不得随意改变，其中的问题常以封闭性问题为主。访问者边提问，边将访谈者的回答记录在问卷表上。这种结构性访谈的好处是资料易于统计分析，不足之处是对问题难于了解得很深入细致，并且当调查员缺乏访谈经验或表格设计欠妥时，往往会使访谈变得枯燥乏味，从而达不到调查的目的。

无结构性访谈事先没有拟好的问题表格，而只有一个总的题目或想了解的几个方面。访谈方式、提问方法、提出的问题以及自我介绍等等，都因人、因地、因时而定，没有统一的要求，只以最利于接近被调查者和访谈效果为准则。问题都是开放式的，对问题内容可当时作记录，也可以事后追记，以不影响访谈进行为主。这种访谈方式的优点是可使谈话进行得比较深入，对事物的了解很详细，谈话的气氛也比较轻松自在。但不足之处是不便于作量的分析，在分析归类时也比较困难。无结构性访谈比较适合田野调查，利于了解一地经济、政治、社会组织结构和民俗等内容。

由于访谈是面对面的交谈，因而对访谈者的素质和访谈的技巧就提出了较高的要求，这就要求访谈者要做好以下工作：

——访谈者在向调查对象了解情况时,首先要千方百计地取得访谈对象的信任和理解,而不能凌驾于被访者之上。否则,就难以得到访谈对象的真心支持,获取真实可靠的调查资料。

——访谈者必须对自己所进行的研究工作有一定的了解,事先应明确要了解什么问题,主要应抓住哪些方面,达到什么样的目的等等,做到心中有数。

——访谈者始终应保持中立的立场,给访谈对象的印象应是:你对事对人都不带任何偏见;同时,你也不能以自己的言行去影响或诱导回答者,更不能使对方有压力感、委屈感。

——访问者必须恰当而又明确地解释"我从哪里来、我来干什么、又是如何选到你,以及你为什么应该接受我的访问"等等问题,因为对被访者来说,他见到陌生的访问者时最初的疑问便是以上这些。只有消除了被访者的疑虑,访谈才能顺利进行。

——访谈者在访谈中,应注意访谈的周边环境,访谈的环境应与访谈的内容相协调。如果访谈环境太嘈杂,或不利于为被访谈者保密,就要及时更换地点,保证访谈内容的客观、真实。

——访谈者的举止要大方自然,轻松随便,以建立十分融洽的交谈气氛,不要使对方产生神秘莫测的感觉。关键是要始终使受访者确信他们的声誉和利益绝不会受到损害。在个别访谈时,必须遵守保密原则,保证没有第三者在场。受访者言谈中所涉及的政治观点、个人隐私、家庭纠纷、邻里关系、上下级关系等等,应严守秘密,不失信用。

——访谈者在访谈时要抓住重点,按预定计划进行,防止偏离访谈提纲。提问时措词要明确,语言要通俗易懂,要注意问题的逻辑顺序和衔接。如果受访者的回答走题或扯得太远,访谈者要有礼貌而又巧妙地将谈话引向正题。当受访者在回答中出现无知或庸俗的说法时,访谈者也不能流露出任何鄙薄或不耐烦的表情,更不能无礼貌地打断对方的谈话。

——访谈者在访谈中,如果访谈对象对有些事一时记不清,访谈者要耐心地给予充足时间让其考虑,不要急不可耐地追索答案,有时可先问别的问题,通过一段时间交谈后,再问一次,若还是记不起,则留到下次访问时再问。当然,每次访问的内容最好一次完成。

——访谈者在访谈将要结束时,访谈者要重温一下访问记录,以免遗漏重大问题,如有疏漏,应抓紧时机客气地询问。访问结束时,要真诚地感谢对方为自己耽搁了宝贵的时间,为下次合作打下基础。

访谈的原则和技巧当然远不止上述几条,在访问调查的实践中还会碰到许多问题,因此我们要善于及时总结。无论怎样,访谈者和被调查对象之间的关系不是支配和被支配的关系,不是审犯人的关系,只有这样,访谈者的访谈才可能成功。

访谈法的优点主要表现在:

(1)调查资料的完整性和较高的回答率。由于访谈法是由访谈者直接同被访谈者进行当面交谈,所以能保证对所有问题都得到回答。而在自填式问卷调查中,这一点往往难以做到。另外,因许多人乐于交谈而不习惯填写问卷,故除特殊原因找不到被访谈者外,一般情况下,访谈法比邮寄问卷和发放问卷的回答率要高得多。

(2)能保证回答的真实性。由于访谈者在场,回答者较少出现像自填式问卷调查中常发生的各种乱答、乱填的现象,也不能出现他人帮助填答或完全由他人代答情况。即使是被访谈者在访谈过程中说谎,或回答结果与实际可能的情况差距较大,访谈者也可以通过直接观察或换一种角度提问等方式加以修正。

(3)可以使用较复杂的问卷表。在自填式问卷调查中,问卷表的设计不能太复杂,否则,被访谈者会看不明白。而访问调查中就不存在这种问题,因为那些充满箭头、曲线和详细说明的问卷表并不需要被访谈者亲自去看,而是让那些训练有素、经验丰富的访谈者去阅读。

访谈法的缺点主要表现在:

(1)费用高。因为访问调查不仅需要大量的差旅费(样本空间往往分布比较散,而每一样本又必须派访谈者去当面访问,所以需要大量的交通费和住宿费),而且花钱招聘、训练访谈者更是一笔不小的开支。

（2）时间长。由于一方面访谈者要把相当长的时间花在来回奔波的途中，另一方面访谈往往安排在被访谈者家中，而某些样本不可能一次就找到。所以一个访谈者每天所能访问的样本往往很少，常常只有几个。这样，要完成一项较大规模调查，时间自然就会很长了。

（3）匿名性差。因为访谈是当面进行的，所以客观上访谈者构成了对被访谈者的一个潜在威胁，尤其是当访谈内容涉及一些较敏感的问题时，被访谈者的这种心理反应更为明显。他们要么拒绝回答，要么含糊敷衍，很难了解到真实的情况。

（4）干扰因素多。由于访谈不可能时断时续地进行，因此，要保证被访谈者在访谈过程中不受任何事情干扰，或保证访谈者去时被访谈者恰好有空，是十分困难的。如有时被访者事先和朋友有约，使得访谈不可能往下进行，有时甚至会使访谈者难以进门或难于进行谈话。

2）问卷法

在调查过程中，我们常采用问卷法来收集资料。问卷就是一组与研究目标相关联的问题和表格。一般说来，问卷调查的形式可分为两种，一是自填式，二是邮寄式。

自填式问卷调查，是由调查人员将问卷表分发给临时集合起来的一群调查对象，请他们当场填写，填完后及时收回；或者调查员到每个调查对象的家中或工作岗位，亲自把问卷发到被调查者手中，请他们填写，并请他们在规定的时间内投入指定的箱内，或者约定时间由调查员再逐一收回。邮寄式问卷调查，即问卷表不是由调查人员亲自送到被调查者手中，而是通过邮局寄给每一个被调查者，请他们填写，然后又通过邮局寄回。

问卷调查从调查单位的选择、问卷设计、问卷发送到问卷回收、答案归纳整理、结果分析发布等每一环节都需要一套科学的方法。其中，问卷设计是中心环节，其优劣决定着问卷的回收率、答案的可信度和调查结果的有效性。

（1）问卷的结构。一份合格的问卷表，绝不是简单地把想要了解的若干问题放在一起就行了，它有一定的结构。一般来说，问卷表应包括下列几个部分：

一是问卷的名称。即说明本项目调查的主题，如"大学生上学费用调查问卷表"、"市民对改革中的热点和难点看法调查问卷表"、"经济体制改革对农业生产影响问卷表"等等。

二是卷首语。（又称卷首信或导语）即一封致被调查对象的短信。卷首语的说服力与感染力是沟通公共关系的桥梁，说明文字要言恳词切，尊重对方，它对回答者是否给予积极配合起着决定性的作用，它实际是对回答者的一种宣传和鼓动。

卷首语要简洁引入，在一定意义上，它是通篇问卷的"眼"。卷首语的内容主要有：说明进行该项调查研究工作的组织或个人的身份，以证明该调查的合法性；说明该项调查的目的和作用、内容和要求，以引起填写者对该项调查的重视；说明被调查者回答问卷对该项调查研究的重要性，强调每一个答卷人都是依科学的方法从数百人、数千人中抽选的，不能由别人代替，抽中的回答者实际是为未被抽中的众人作答，因此，回答者的意见十分重要；说明回答者的答案不存在优劣对错问题，保证他的回答将被保密，不会暴露他的身份和姓名；说明答卷不会花费回答者很多时间，不需要他们查资料、翻记录，只要凭记忆就可答出；还可以提出回答者是否希望得到一份研究结果，如果想要，将会满足他的要求。总之，以上要求应根据调查的具体内容适当灵活运用，但最主要的东西不能遗漏。如调查的目的、内容和要求、作用和意义、调查单位或个人的名称以及对被调查者表示感谢。下面是一封卷首语的例子：

各位女士、先生：您好！

大学向学生收取一定数量的学费是我国教育制度改革的一项基本举措。

本调查是××省"十二五"规划中教育科学科研项目"大学收费制度改革研究"课题的组成部分之一。我们希望了解城乡居民对大学收费制度改革后对家庭经济生活的实际影响，以及人们思想变化的真实状况，为党和政府完善相关政策提供科学依据与建议。

您的家庭无论曾经有大学生、现在有在校大学生,还是将来有大学生,都对国家政策的制定产生深刻的影响。恳请您抽出一点宝贵的时间,给我们以帮助。填写时不用署名,对您提供的情况我们将严格保密。

谢谢您的合作!

××大学××学院

2014 年 6 月

三是填表说明(又称指导语)。即对填写问卷的方法的指导和示例。它常放在卷首语的下边。指导语主要有五种类型:

第一种是关于选出的答案如何做记号的说明,即同意、不同意各用什么样的符号。第二种是关于选择答案数目的说明,即是单项回答,还是多项回答。第三种是关于填写答案要求的说明,即按什么样的格式进行回答或书写。第四种是关于答案适用哪些被调查者的说明,即根据调查对象要求回答问卷中的哪些问题或不回答哪些问题。第五种是关于问题(或答案)内容的说明,即对问题(或答案)中有关词义进行解释。

四是问题。这是问卷表的主体,下面将详细介绍。

五是结语。结语是用一段短语对被调查者的合作再次表示感谢,以及关于不要漏填与复核的请求。其目的在于显示调查者首尾一贯的礼貌,督促被调查者消除没有回答的遗漏项和差错答案。

(2) 问题的形式。问卷表中问题的形式主要有两种:一是封闭式问题,二是开放式问题。所谓封闭式问题,就是问题的答案已经列出,回答者只需根据自己的情况选择即可。它主要有五种表现形式:

第一种是"是否式"。答案只有是与否两种,填写者选择其中一种。

第二种是"填充式"。要求填写者以文字或数字填入问卷空格。

第三种是"选择式"。列出可能出现的答案若干(一般不超过六个),填写者在所选中的答案处划"√"。

例如,您了解国家对大学生收取学费信息的主要途径有(　　)(在您选择的答案后划"√")

　　A. 电视（　） 　　　B. 广播（　） 　　　C. 报纸（　）

　　D. 杂志（　） 　　　E. 口传（　） 　　　F. 其他（　）

　　第四种是"排列式"。把所有答案列出，要求填写者按自己认为的重要程度顺序排列。

　　例如，您觉得影响城乡居民收入差距的主要原因是什么？请将以下答案依次标出，最主要的标"1"，次之标"2"，最不重要的标"6"。

　　户籍制度（　） 　　　教育水平（　） 　　　社会保障制度（　）

　　交通条件（　） 　　　信息资源（　） 　　　劳动生产率（　）

　　第五种是"标度式"。采用直观的尺度形式，将两个极端答案标出，让填写者将选中的答案在标尺上标出。这种形式一般用于答案属于程度级数的问题。例如，完全同意；同意；基本同意；不同意；坚决反对。

　　封闭式问题的优点主要在于：对回答者来说，回答问题十分容易方便，因而有助于问卷的回收率；对调查者来说，封闭式问题有利于对回答结果进行统计分析。

　　封闭式问题的缺点主要在于：有些方面的问题其可能的回答难以用几个有限的答案来包括和描述。例如，一份杂志在对读者进行问卷调查时有这样一个题目：如果杂志上出现广告，您是否接受：A. 接受（　）B. 不接受（　）C. 无所谓（　）。回答者就难以回答。无条件"接受"不行，一概"不接受"也不合适，"无所谓"也不是自己的心里话。许多读者会是有选择的接受，如登载研究院所、研究中心、学者介绍、学术著作和杂志、学术会议、品牌公司成功之道等内容的广告，我们可以接受；如登载疑难杂症诊治、妇女用品、速成致富信息等就难以接受。总之，许多读者的基本回答是广告应该与杂志的学术品味和风格一致，广告是杂志的锦上添花，而不是令人反胃。还有回答者对问题的不正确理解难以被察觉，而在开放式问题中，人们较容易从书面回答中发现回答者是否误解了问题；有时容易发生笔误，且这种笔误是看不出的，而开放式问题中就不会发生这种现象。

　　所谓开放式问题，就是不为回答者提供具体的答案，而由回答者自由填答的问题。如"你上学的学习费用来源渠道是什么？"、"你认为现在的教学制度存在什么弊端,应如何改进?"等等。

开放式问题的优点主要是:一是回答者不受任何限制,调查者可获得较丰富、生动的资料。除了可摸清预料之中的一些情况外,还可获得研究者所未曾预料的另一些信息。二是可以在对回答结果的种类不摸底时使用。即当我们想了解某一问题,但对此问题的回答可能是什么或这些回答可能有多少都不大清楚时,就可以使用开放式问题。

开放式问题的缺点主要是:它可能导致搜集一些无价值和不相干的信息,因为,开放式问题虽可使回答十分详细,但却无法保证那些不相干的信息不掺杂进来;由于各人的回答都各不相同,所以结果很难归纳和统计,因而不易于做数量分析;开放式问题对回答者的写作能力有一定的要求,同时需要回答者花费一些比封闭式问题更多的时间和精力,因而会引起较高的拒答率。

根据以上情况,在问卷调查过程中,往往将两者结合起来使用,以互相弥补不足。一般在做探索性研究时,多采用开放式问题,然后在整理回答者答案的基础上设计出以封闭式问题为主同时附有少量开放式问题的问卷。

(3)问题的数目和顺序。一份问卷中应该提多少个问题并没有统一的规定,它往往根据调查课题的大小而定。但总的来说,问题的数目不能太多,一般以回答者在 20 分钟左右的时间内能答完为好,最长也不应超过 30 分钟。因而在设计问卷时研究人员应记住四个不问:可问可不问的问题不要问;需要查资料才能回答的问题不要问;通过别的手段可以解决的问题不要问;需要繁琐的计算或反复回忆才能回答的问题不要问。

问卷中问题的排列顺序,一般应遵循这样几个原则:

一是先问基本情况后提具体问题。可先问诸如年龄、性别、婚否、职业、文化水平等问题,然后再引入与研究课题有直接联系的问题。

二是先易后难。容易回答的问题适宜放在问卷的前面,难于回答的问题适宜放在问卷的后边。假如一开始就是难题,很容易使回答者产生畏难情绪,不愿意再填写下去。

三是先一般性问题后敏感性问题。若将敏感性问题（如政治观点、个人隐私等）放在前面，回答者会犹豫甚至反感，因而拒绝回答下去。若这些问题最后才碰到，那么即使回答者拒绝回答这些问题，那些已答过问题的资料就保留下来了。

四是先封闭式问题后开放式问题。因为开放式问题往往需要回答者作较多的考虑和书写，花费的时间往往比封闭式问题要长。如果回答者在回答 50 个问题中仅第一个题就花了很多时间，或一开始遇到的问题就十分难答，那么，他就会断定填写此表过于费时费力，从而放弃填写。

五是按通常的逻辑顺序排列问题。如按时间顺序或按类别顺序排列，既合乎习惯，也便于填写者回忆联想，提高答案的准确性。

六是先大后小，按漏斗形排列问题，即先大范围的、概略的、一般性的问题，后深入的、具体的、细致的问题。越往后问题越细，形同漏斗，涉及面越来越窄。

（4）问卷设计时应注意的问题。由于问卷是我们进行问卷调查时收集资料的主要工具，所以，其质量的好坏，将直接影响到资料的收集工作，在一定程度上甚至可以说，问卷就是资料。只有设计良好的问卷才意味着是真实有效的资料。因此，问卷设计就成了问卷调查过程中十分关键的一环。每个研究者在进行问卷调查时，不能不对问卷设计给予高度的重视。在问卷设计中，应注意的主要问题有：

一是要根据调查的主题或理论的假设来编制问题，不能漫无边际地想到什么问什么，对问卷中所提的每一个问题都要经过认真的思考和反复的推敲。

二是问题要清楚明确，不能模棱两可。语言要简明易懂，不能拖泥带水，并且要尽可能采用通俗的语言，不用专业术语，要照顾到全体回答者的文化水平。

三是要设身处地地为回答者着想，尽可能从各方面为他们能顺利、方便、如实地回答问题创造条件。

四是问题的提法要具有合理性、可答性、中立性，不要提回答者难以接受、难以回答或带倾向性的问题。在问题中引用权威的话容易发生诱导。例如，一份有关家庭生活的问卷，其中有一题："大量统计数字表明，家庭中一人吸烟，会导致他人被动吸烟，直接损害未吸烟者的身体健康，您对吸烟是如何看的?"这样的题目很难获得可信度很高的答案。

暗示性的提法也容易发生诱导，它会将填写者引到调查者预期的答案上。在一份调查大学生生活状况的问卷中有这样一题："树立正确的恋爱观反映了当代大学生的精神风貌，是精神文明建设的重要内容，您的恋爱观是：A. 及时行乐，今朝有酒今朝醉；B. 真挚的爱情是基础；C. 只要两人能说得来就行；D. 市场经济下哪有真正的爱情。"被调查者看到题目的提示后，大多数不愿意选"及时行乐，今朝有酒今朝醉"和"市场经济下哪有真正的爱情"的答案。题目的前半句有诱导之嫌，去掉前半句才可能获得较真实的答案。

五是不要在一个问题里询问两件事情或一件事情的两个方面。如在对农民工的调查中问到"你来自哪个省份? 大中城市的郊区、沿海小城镇、边远的西部农村?"

问卷法的优点是：问卷调查不受时间和空间的限制，调查的范围大，所用的时间短，并且所需经费也相对减少；问卷调查可保证较好的匿名性，对于了解人们不愿当面谈的或有顾虑的问题，是一种比较合适的形式；问卷资料适于分类、整理，便于运用电子计算机处理和进行定量分析；问卷调查的实施方式灵活多样，既可分发也可邮寄，还可由调查者逐一访问。

问卷法的缺点是：单纯依靠问卷调查有一定的局限性，往往深度不够；对于文化程度较低的群体不大适用；题目设计不当，调查资料的可信度往往比较低，使调查的质量和效果较难保证；问卷设计如果不周密，往往会出现问题，如果未能及时发现并进行修正，那么到问卷表收回时就无法补救了。

问卷设计出后，应先在有代表性的范围内找几十个人试作答，进一步检查问题设计的严密性与贴切性，根据试答情况，作出相应的增删修正。除此之外，还应考虑问卷的长度、印刷方式、字型字号，甚至纸的形状颜色等，以免对调查者的心理产生某种暗示作用。另外，对被调查者可采取适当的鼓励措施,如发放纪念品等,以提高问卷的回收率。

总之,调查问卷是一项十分艰苦和细致的工作,无论我们采用哪种调查方式,进行调查问卷时一定要注意的问题是:

第一,调查材料一定要遵循典型性、真实性和代表性的原则,防止或然性和非可行性。调查的覆盖面和代表性能反映调查设计的目标和要求。要充分考虑调查对象的认知能力和理解能力,使调查的材料有说服力、信服力。

第二,在使用统计资料时,一是注意统计的口径,样本的大小,调查数据的或然性问题。二是注意调查者的能力、时间和可能性。因为,无论进行社会调查还是为撰写毕业论文进行调查,都有时间的限制,都有经费的限制,如果调查问卷过大过多,就难以在规定时间完成。

第三,在调查问卷的问题选择上忌滥宜精、忌虚宜实、忌粗宜细、忌难宜易。要合理地、科学地提出问题。

另外,还要注意调查的时间选择,对偶发事件的处理。一些资料的获取受时间因素的限制,我们在进行调查时应充分考虑到;同时在进行调查的过程中,可能会发生许多意想不到的问题,我们要及时采取对策,以防调查工作的流产,或使以前的调查资料失去应有的价值。

上面我们介绍的是直接调查技术或方法,已成为人们进行社会调查普遍通行的方法,广泛适用于社会各界,在调查过程中,我们也发现,在调查过程中经常会涉及一些敏感性话题,如:卖淫嫖娼、吸毒贩毒、走私、贪污受贿、逃税漏税、婚外情、贩卖人口等。由于涉及被调查者的隐私,调查很容易引起被调查者的反感和强烈的抵制,从而不能得到任何有价值和真实的材料,使我们的调查失败。1965 年,Warner[①] 第一次提出了“随机化回答”的调查技术。这种调查方法是为了解决在一些敏感性问题调查中,被调查者由于担心隐私被泄漏而对调查中所提出的

---

①　Warner S. L. ,1965,"Randomized Response:A Survey Technique for Eliminating E-vasive Answer Bias",*Journal of the American. Statistcal Association* 60,63~69.

问题不敢作出真实回答的问题。Horvitz 等人对 Warner 模型进行了重大的改进①。同时,Greenberg 等人的改进模型对"随机化回答"的调查技术提供了更为科学的处理方法以及更为严密的理论支持②。"随机化回答"的调查技术在我国的研究和运用还十分有限③。我们可密切关注该项技术的运用和推广情况,它应成为今后调查发展的方向。

　　3. 调查材料的整理

　　我们通过各种手段得到的材料为研究提供了素材。如何对这些材料进行汇总和处理呢? 通常使用的办法有手工汇总和模型处理两种。手工汇总就是主要通过人的手工劳动方式对材料进行计算,得到自己所需的结果。这种计算方法,通常耗时耗力,难以适应大规模社会调查的数据处理,虽然现在可借助电子计算机来处理这些数据,也主要是进行一些较简单的运算。随着科学技术的发展,许多统计分析模型和分析软件应运而生,如统计推断、方差分析、回归分析、多元统计分析等。在统计推断中有参数估计和假设检验两种,在多元统计分析中有聚类分析、主成分分析、因子分析、判断分析、典型相关分析等。在分析软件中,常用的软件有:BMDP(Bio Medical Data Processing)、SPSS(Statistical Package for the Social Science)、SAS(Statistical Analysis System)、在办公自动化集成软件包 Microsoft Office 中的 Excel 等。为进行大规模社会调查提供了可能,给我们提供了方便、快捷、高效的数据处理,同时数据分析的结论可信度更高。

　　模型处理方法的普遍采用,也给我们在问卷设计时要考虑到模型

---

　　① Horvitz G. B. ,Shah B. U. and Simmons W. R. ,1967,"The Unrelated Question Randomized Response Modle,Proceedings of the Social Statistics Section", *American Statistcal Association*.

　　② Greenberg B. G. , Abul-Ela A. A. , Simmons W. R. and Horvitz D. G. , 1969, "The Unrelated Question Randomized Response Model: Theoretical Framework", *Journal of the American Statistcal Association* (*June*),520~539.

　　③ 邓国华:《我国个人逃税现象的调查:一种新的方法》,《经济研究》,2006 年第 2 期,80~91 页。

和软件对数据处理提出了新的要求。它要求我们有更高的高等数学的水平，要熟悉和掌握模型和软件的分析方法；同时，也应防止另一种倾向，唯模型处理为上，用数据模型来吓唬人。在任何条件下，是模型和软件符合和反映真实的实在，而不是数据符合模型和软件的需要，去违背真实世界本身。

4. 调查时间

对调查内容时间性强和调查量不大的调查，一般可以安排在休息日，也可安排在较长法定假日中进行。对调查内容时间性不是太紧迫和调查量较大的调查，一般可安排在寒暑假期间进行。

另外，学生来自祖国的四面八方，各地情况千差万别，因此，社会调查提纲内容难以统一。可要求学生根据总体设计的思路，将调查提纲进一步细化，回到家乡后有针对地进行社会调查。

第五节　实　验　型　实　践

实验是现代经济学和工商管理专业教学实践的基本方法，是了解经济活动的一种重要形式。虽然它在我国起步较晚，还处在探索发育阶段，但前景十分广阔，应该引起我们的高度重视。

经济学和工商管理中的实验与自然科学中的实验的共同之处是，通过实验环节对实验对象的观察，了解和掌握事物发展变化的内在机理及其规律。都要求有严格实验的程序和过程，对事先设定的目标进行检验，或者在实验中发现未知。都要求在较少受外界环境干扰的条件下进行，但是，它们又有显著的区别。

第一，从实验的对象上看，自然科学中的实验以自然界存在的物为考察对象；社会科学中的实验以社会经济生活中人的行为为考察对象。

第二，从实验的手段上看，自然科学中的实验都要借助于仪器、试剂等对考察对象进行观察；社会科学中的实验则不完全要借助于仪器、试剂等对考察对象进行观察。

第三，从实验的环境上看，自然科学中的实验一般是在一种纯粹的、无外界干扰的环境条件下进行；社会科学中的实验一般不可能在一种纯粹的、无外界干扰的环境条件下进行。需要我们从理论上舍掉次要的因素，事先设定范围，按设计者的目标和要求去做，参与测试者在被选答案和题目设定的思路指引下，实验设计者通过实验的方式了解和掌握测试者的心理预期和行为趋势，进行实验活动的开展。因此，我们特别要注意，如何让实验对象在自然的、放松的心态下进行就显得尤为重要。

在实验报告中，首先要简要介绍实验的目的、意义，实验的基本前提、步骤、过程等环节的设计，实验的对象、方式与手段。其次要说明从实验中获取的材料的处理手段，实验材料处理后得到什么样的结果。最后着重分析和指出实验材料分析得出的结论，根据实验结果进行相应的对策分析。

有关实验内容和实验的原始材料以附件的形式反映出来，以便备查。

实验报告的写作基本要求同社会实践调查报告的书写，都不要求有英文摘要、参考文献，对封面也没有特殊的要求。略有不同的主要表现在以下几个方面：

第一，实验报告以实验测试的方式进行，着重对实验材料的本身、实验过程中的现象进行客观的描述，并对实验结果予以说明，反映实验中发生和存在的问题。而社会实践调查报告是对社会某一现象和问题的分析总结。

第二，由于实验题目、内容、对象等的设计带有很强的主观性，反映设计者的偏好，因此，在实验题目、内容、对象等方面注意典型性、真实性、代表性，为了证明实验的可信程度，可用相关的资料作为印证。而社会实践调查报告的环境虽然在选择上有一定的主观性，但调查的对象不具有可控性，事迹发生的客观性更强，只要调查问卷设计合理，调查对象选择合理，调查材料是真实可信的。

第三，由于实验对象相对较少、实验内容和对象选择相对集中，因此，实验报告较社会实践调查报告理论层次、内容深度、字数要求等都比较低。

在实验型报告的写作中常见的错误和存在的问题主要有：

一是实验题目和内容设计得不科学、不规范，缺乏现实意义，在实验上不能明确实验的主题，实验的内容和程序难以让实验者适应，最后的结果难以反映真实情况。

二是实验对象的选择不具有代表性，实验对象不能按要求配合进行。自我感觉实验对象不符合自己的要求，如果给予较多的暗示，又影响实验的最终结果。

三是实验材料分析不当，分析方法不正确，不会从中提炼有价值的思想。

四是实验报告写作不规范，不能准确、全面地反映实验的目的和要求。

以上这些问题类似于社会调查中存在的问题，可参照上面的办法进行分析和解决。

第六节 毕业论文开题报告

从各学校毕业论文工作的安排上看，一般要经过毕业论文辅导（介绍毕业论文的格式、写作目的、写作要求和日程安排等）、学生选择导师、导师指导、撰写毕业论文开题报告、论文写作、论文评阅和答辩等环节。由于毕业论文开题报告是毕业论文的有机组成部分，同时又有它的特殊之处，这里我们有必要介绍毕业论文开题报告的写作要求。

一、开题报告写作的作用和意义

所谓开题报告（proposal），也称论文申请报告、论文研究方案报告、研究立项书，就是对论文研究写作的内容进行分析，看有没有研究的意义和价值，价值有多大。最简单的回答就是，我们是否有必要去做这项工作。

首先，对研究问题的明确。计划研究什么，为什么要进行研究，如何进行研究和怎样进行研究。对这三个问题给人令人信服的回答，才说明研究是有意义的、可行的。

其次,对毕业论文的提纲和毕业论文的最终形成的作用,因为,好的开题报告就是论文的雏形,是规划写作的基础。

最后,确定毕业论文的写作方向,因为,开题报告分析了前人研究取得的成果和研究的不足,找到了研究的切入点,明确了研究的方法、研究的过程和方向,确定了预期的成果。

总之,开题报告是毕业论文写作过程重要的、不可或缺的基础性工作。从某种意义上说,成功的开题报告就是成功的毕业论文。

二、开题报告的内容

(1)确定研究课题的目的、依据和意义。

(2)与课题相关的前人的工作或知识空白,目前的研究水平、发展动态和趋势。

(3)研究目标、基本内容及实现该目标所采取的方案、研究方法和手段。

(4)预期结果和研究工作所需要的工作条件,可能遇到的问题、困难及解决途径、方法和措施。

(5)研究的计划安排。大致在什么时间完成什么阶段性的成果。

开题报告与毕业论文相同的地方主要表现在,在形式上都由封面、摘要、正文、参考文献等部分构成;在内容上都有论点、论据和论证方式。

三、开题报告与毕业论文的区别

第一,开题报告必须有研究的历史背景和学术背景,而毕业论文一般无明确的背景,可以蕴涵在论文之中。

第二,开题报告必须有文献回顾,清楚地交代学术界对该课题研究的成果,以及本文研究的位置,而在本科生的毕业论文中一般不作要求。

第三,开题报告要介绍研究的方法和调查的方法,并且研究方法和调查方法要撰写得具体,而毕业论文则不需要这方面的内容。

第四,开题报告要有明确的研究技术路线,介绍研究的基本思路、策略和方式等。而在毕业论文中,这些内容是蕴涵在内容之中的,只是在字里行间中反映出来。

第五,开题报告只提出预期的研究成果,进行可行性分析,而毕业论文必须有明确的研究结论,以及进一步研究的问题和今后的研究方向。

另外,在开题报告中有较详细的工作计划安排,如调查和写作时间的安排,而毕业论文中就没有此项内容。

四、开题报告写作过程中常见的问题

就毕业论文开题报告工作的执行情况来看,各校的研究生毕业论文开题报告环节做得认真细致,符合规范,而本科生的毕业论文开题报告环节往往是形同虚设,许多学校是学生在毕业论文完稿后再补做,从而失去了开题报告写作的意义。就是在补做的过程中,有的学生也不知道自己选题的理论意义和现实意义该怎样写,不清楚本选题研究方向的理论动态,甚至还有不知道本文的创新点该写什么,不知研究的方法与手段有何区别,甚至都不会填写毕业论文进度的安排表。

为什么开题报告写作环节会流于形式呢? 在思想上,一些人认为大学生能有什么想法,开题报告环节仅仅是一个过程,要的是最终的结果——毕业论文。在工作上,学生普遍准备不足,进入毕业论文阶段后,对论文写作不知如何下手,不知如何选题、该写些什么内容和如何去写。反映在开题报告上的问题是:

第一,文献掌握不充分。主要表现在文献罗列了不少,但是,我们发现许多文献与论文的联系不大,是为了完成学校规定的指标,如参考文献不能少于多少篇,其中,外文文献应占一定的比例等。对关键性文献没有涉及,掌握文献的理论层次不高,文献不能代表和反映此课题研究的最高和最新成果。同时,简单地罗列前人研究的文献,而没有对前人研究的成果给以归纳和概括,未能指出前人研究的不足,以及进一步研究的方向。还有对文献描述不准确,未能准确理解和叙述他人研究的成果,甚至还歪曲或篡改了作者的本意和思想。

第二，对研究课题的目的、研究内容写作不明确，未能准确交代研究要取得的预期成果。主要表现在对要干什么不明确，要对什么问题进行研究、研究到什么程度、能够解决什么问题、什么问题不是本文能解决的都没有清楚的思路，自然也就谈不上预期要取得的成果了。

第三，研究方法不当。仅仅简单地罗列研究方法是实证分析与规范分析相结合，抽象到具体、一般到特殊的研究方法等等。这些研究方法无疑都是千真万确的，但是，没有针对自己的选题提出相应的有针对性的研究方法和手段，没有交代哪些研究方法是本文研究着重要使用的方法。

第四，对侧重调查性的论文，在开题报告中对问卷的设计不合理，陈述的将要进行调查的范围和样本过小，缺乏代表性和典型性。另外，对调查资料的处理方法设计得不够科学，让人怀疑调查是否能取得预期的结果，调查的资料是否满足和符合论文写作的要求。

第五，在预期结果的设计安排上，或是夸大研究的成果，或是不能反映出预期的成果，让人看后，怀疑是否进行了开题报告的准备和设计工作，未来的研究会不会是完全不同的两样东西。

第六，为了保证毕业论文写作的正常进行，开题报告的另一项重要工作是计划安排工作的进展情况。现实中许多学生的计划安排不合理，没有明确的研究计划进程安排，缺乏科学性，而且没有明确的阶段性成果。当然，由于在实际的操作过程中会遇到一些意想不到的情况发生，使工作不能如期进行，但是，并不是说就可以没有工作计划。这也要求将可能发生的情况尽可能考虑进来，从而保证毕业论文写作的顺利进行。

开题报告是要进行公开的介绍，接受导师和同学们的评议，因此，我们还可根据导师和同学们的评议，进一步完善开题报告。在开题报告得到通过后，就可按照开题报告规划的内容进行毕业论文的写作了。从某种意义上说，我们写毕业论文要经历的"七关"，也是开题报告要经历的关口，只是起草阶段和修改定稿阶段没有那么复杂。

毕业论文开题报告的基本格式如下。

××大学
毕业论文开题报告

论文题目：_____

　　　　　_____

学院(系)：_____

专　　业：_____

姓　　名：_____

学　　号：_____

指导教师：_____

年　　月　　日

一、选题的理论意义与实践意义：

二、研究方向的理论动态：

三、研究的技术路线（含研究的思路、策略、方式等）：

四、主要研究内容及写作提纲：

（续表）

五、本文创新点：

六、研究的方法与手段：

七、应搜集的资料及主要参考文献：

（续表）

八、毕业论文进度的安排：			
序　号	阶　段　安　排	时　间	备　注

九、需要说明的问题：

学　　生(签字)_____

指导教师(签字)_____

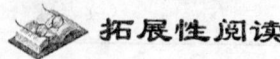 **拓展性阅读**

SPSS 软 件

采用文献研究、计量模型研究、调查研究、实验研究等定量研究方式时，数据资料分析常常需要计算机和专门的统计软件的帮助。由计算机和软件代替我们去做大量烦琐的统计运算，不仅省时省力，而且精确有序。因此，对计算机统计分析软件的熟练掌握，是我们完成定量分析研究必不可少的一环。

在经济客观科学中，常用的计算机统计分析软件有 SPSS、SAS 以及 STATE。其中，SPSS(Statistical Package for Social Science 的缩写，社会科学统计软件包)是目前使用得最为广泛的统计分析软件。它可以帮助我们完成单变量描述统计、双变量交互分类统计与检验、子总体均值比较与方差分析、数据调整与转化、统计图制作等。

有兴趣的同学可阅读张文彤、黄伟主编的《SPSS. 统计分析高级教程(第 2 版)》(高等教育出版社，2013 年版)，时立文所著的《SPSS 19.0 统计分析从入门到精通》(清华大学出版社，2013 年版)两本教科书。

附录一

中华人民共和国国家标准

UDC 001.81

科学技术报告、学位论文和
学术论文的编写格式

GB 7713-87

Presentation of Scientific and Technical Reports,
Dissertations and Scientific Papers

1　引言

1.1　制订本标准的目的是为了统一科学技术报告、学位论文和学术论文(以下简称报告、论文)的撰写和编辑的格式,便利信息系统的收集、存储、处理、加工、检索、利用、交流、传播。

1.2　本标准适用于报告、论文的编写格式,包括形式构成和题录著录,及其撰写、编辑、印刷、出版等。

　　本标准所指报告、论文可以是手稿,包括手抄本和打字本及其复制品;也可以是印刷本,包括发表在期刊或会议录上的论文及其预印本、抽印本和变异本;作为书中一部分或独立成书的专著;缩微复制品和其他形式。

1.3　本标准全部或部分适用于其他科技文件,如年报、便览、备忘录等,也适用于技术档案。

2　定义

2.1　科学技术报告

　　科学技术报告是描述一项科学技术研究的结果或进展或一项技术研制试验和评价的结果;或是论述某项科学技术问题的现状和发展的文件。

　　科学技术报告是为了呈送科学技术工作主管机构或科学基金会

等组织或主持研究的人等。科学技术报告中一般应该提供系统的或按工作进程的充分信息,可以包括正反两方面的结果和经验,以便有关人员和读者判断和评价,以及对报告中的结论和建议提出修正意见。

2.2　学位论文

学位论文是表明作者从事科学研究取得创造性的结果或有了新的见解,并以此为内容撰写而成、作为提出申请授予相应的学位时评审用的学术论文。

学士论文应能表明作者确已较好地掌握了本门学科的基础理论、专门知识和基本技能,并具有从事科学研究工作或担负专门技术工作的初步能力。

硕士论文应能表明作者确已在本门学科上掌握了坚实的基础理论和系统的专门知识,并对所研究课题有新的见解,有从事科学研究工作或独立担负专门技术工作的能力。

博士论文应能表明作者确已在本门学科上掌握了坚实宽广的基础理论和系统深入的专门知识,并具有独立从事科学研究工作的能力,在科学或专门技术上做出了创造性的成果。

2.3　学术论文

学术论文是某一学术课题在实验性、理论性或观测性上具有新的科学研究成果或创新见解和知识的科学记录;或是某种已知原理应用于实际中取得新进展的科学总结,用以提供学术会议上宣读、交流或讨论;或在学术刊物上发表;或作其他用途的书面文件。

学术论文应提供新的科技信息,其内容应有所发现、有所发明、有所创造、有所前进,而不是重复、模仿、抄袭前人的工作。

3　编写要求

报告、论文的中文稿必须用白色稿纸单面缮写或打字;外文稿必须用打字。可以用不褪色的复制本。

报告、论文宜用 A4(210mm×297mm)标准大小的白纸,应便于阅读、复制和拍摄缩微制品。报告、论文在书写、扫字或印刷时,要求纸的四周留足空白边缘,以便装订、复制和读者批注。每一面的上方(天头)和左侧(订口)应分别留边 25mm 以上,下方(地脚)和右侧(切口)应分别留边 20mm 以上。

4 编写格式

4.1 报告、论文章、条的编号参照国家标准 GB1.1《标准化工作导则 标准编写的基本规定》第 8 章"标准条文的编排"的有关规定,采用阿拉伯数字分级编号。

4.2 报告、论文的构成

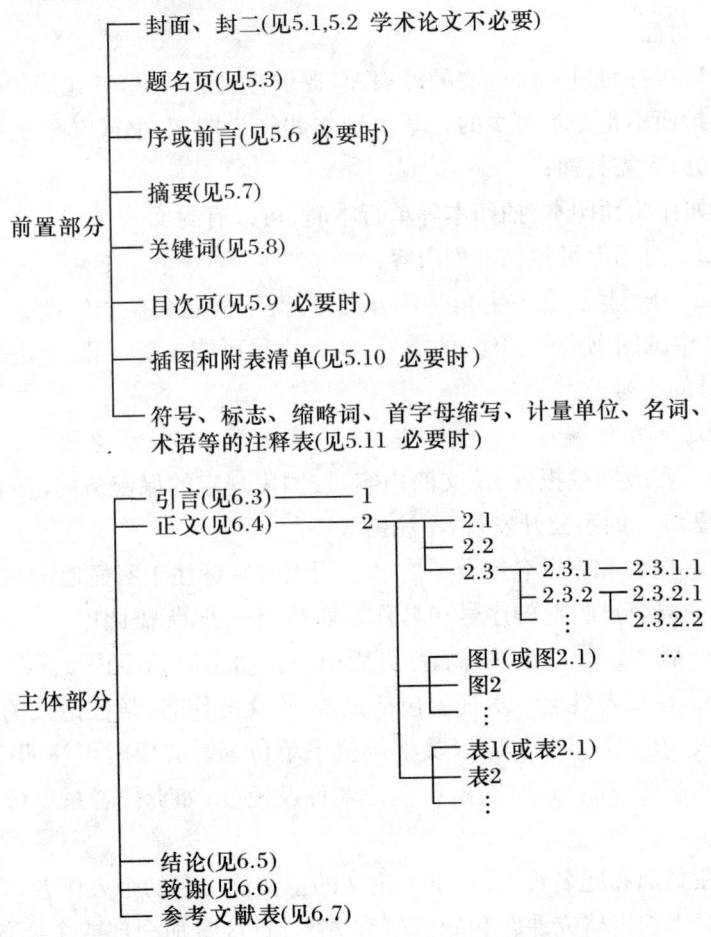

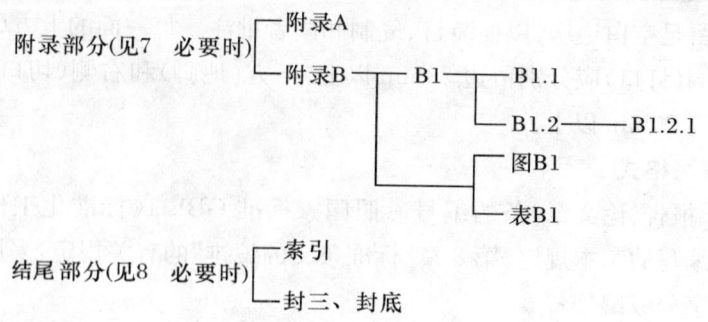

5　前置部分

5.1　封面

5.1.1　封面是报告、论文的外表面,提供应有的信息,并起保护作用。

封面不是必不可少的。学术论文如作为期刊、书或其他出版物的一部分,无需封面;

如作为预印本、抽印本等单行本时,可以有封面。

5.1.2　封面上可包括下列内容:

a. 分类号　在左上角注明分类号,便于信息交换和处理。一般应注明《中国图书资料类法》的类号,同时应尽可能注明《国际十进分类法UDC》的类号。

b. 本单位编号　一般标注在右上角。学术论文无必要。

c. 密级　视报告、论文的内容,按国家规定的保密条例,在右上角注明密级。如系公开发行,不注密级。

d. 题名和副题名或分册题名　用大号字标注于明显地位。

e. 卷、分册、篇的序号和名称　如系全一册,无需此项。

f. 版本　如草案、初稿、修订版……。如系初版,无需此项。

g. 责任者姓名　责任者包括报告、论文的作者、学位论文的导师、评阅人、答辩委员会主席以及学位授予单位等。必要时可注明个人责任者的职务、职称、学位、所在单位名称及地址;如责任者系单位、团体或小组,应写明全称和地址。

在封面和题名页上,或学术论文的正文前署名的个人作者,只限于那些对于选定研究课题和制订研究方案、直接参加全部或主要部分研究工作并作出主要贡献,以及参加撰写论文并能对内容负责的人,按其贡献大小排列名次。至于参加部分工作的合作者、按研究计划分工负责具体小项的工作者、某一项测试的承担者,以及接受委托进行分析检验和观察的辅助人员等,均不列入。这些人可以作为参加工作的人员——列入致谢部分,或排于脚注。

如责任者姓名有必要附注汉语拼音时,必须遵照国家规定,即姓在名前,名连成一词,不加连字符,不缩写。

h. 申请学位级别　应按《中华人民共和国学位条例暂行实施办法》所规定的名称进行标注。

i. 专业名称　系指学位论文作者主修专业的名称。

j. 工作完成日期　包括报告、论文提交日期,学位论文的答辩日期,学位的授予日期,出版部门收到日期(必要时)。

k. 出版项　出版地及出版者名称,出版年、月、日(必要时)。

5.1.3　报告和论文的封面格式参见附录 A。

5.2　封二

报告的封二可标注送发方式,包括免费赠送或价购,以及送发单位和个人;版权规定;其他应注明事项。

5.3　题名页

题名页是对报告、论文进行著录的依据。

学术论文无需题名页。

题名页置于封二和衬页之后,成为另页的右页。

报告、论文如分装两册以上,每一分册均应各有其题名页。在题名页上注明分册名称和序号。

题名页除 5.1 规定封面应有的内容并取得一致外,还应包括下列各项:

单位名称和地址,在封面上未列出的责任者职务、职称、学位、单位名称和地址,参加部分工作的合作者姓名。

5.4　变异本

报告、论文有时适应某种需要,除正式的全文正本以外,要求有某种变异本,如:节本、摘录本、为送请评审用的详细摘要本、为摘取所需内容的改写本等。

变异本的封面上必须标明"节本、摘录本或改写本"字样,其余应注明项目,参见 5.1 的规定执行。

5.5　题名

5.5.1　题名是以最恰当、最简明的词语反映报告、论文中最重要的特定内容的逻辑组合。题名所用每一词语必须考虑到有助于选定关键词和编制题录、索引等二次文献可以提供检索的特定实用信息。

题名应该避免使用不常见的缩略词、首字母缩写字、字符、代号和公式等。

题名一般不宜超过 20 字。

报告、论文用作国际交流,应有外文(多用英文)题名。外文题名一般不宜超过 10 个实词。

5.5.2　下列情况可以有副题名:

题名语意未尽,用副题名补充说明报告论文中的特定内容;

报告、论文分册出版,或是一系列工作分几篇报道,或是分阶段的研究结果,各用不同副题名区别其特定内容;

其他有必要用副题名作为引申或说明者。

5.5.3　题名在整本报告、论文中不同地方出现时,应完全相同,但眉题可以节略。

5.6　序或前言

序并非必要。报告、论文的序,一般是作者或他人对本篇基本特征的简介,如说明研究工作缘起、背景、它旨、目的、意义、编写体例,以及资助、支持、协作经过等;也可以评述和对相关问题研究阐发。这些内容也可以在正文引言中说明。

5.7　摘要

5.7.1　摘要是报告、论文的内容不加注释和评论的简短陈述。

5.7.2　报告、论文一般均应有摘要,为了国际交流,还应有外文(多用英文)摘要。

5.7.3 摘要应具有独立性和自含性,即不阅读报告、论文的全文,就能获得必要的信息。摘要中有数据、有结论,是一篇完整的短文,可以独立使用,可以引用,可以用于工艺推广。摘要的内容应包含与报告、论文同等量的主要信息,供读者确定有无必要阅读全文,也供文摘等二次文献采用。摘要一般应说明研究工作目的、实验方法、结果和最终结论等,而重点是结果和结论。

5.7.4 中文摘要一般不宜超过 200～300 字;外文摘要不宜超过 250个实词。如遇特殊需要字数可以略多。

5.7.5 除了实在无变通办法可用以外,摘要中不用图、表、化学结构式、非公知公用的符号和术语。

5.7.6 报告、论文的摘要可以用另页置于题名页之后,学术论文的摘要一般置于题名和作者之后、正文之前。

5.7.7 学位论文为了评审,学术论文为了参加学术会议,可按要求写成变异本式的摘要,不受字数规定的限制。

5.8 关键词

关键词是为了文献标引工作从报告、论文中选取出来用以表示全文主题内容信息款目的单词或术语。

每篇报告、论文选取 3～8 个词作为关键词,以显著的字符另起一行,排在摘要的左下方。如有可能,尽量用《汉语主题词表》等词表提供的规范词。

为了国际交流,应标注与中文对应的英文关键词。

5.9 目次页

长篇报告、论文可以有目次页,短文无需目次页。

目次页由报告、论文的篇、章、条、附录、题录等的序号、名称和页码组成,另页排在序之后。

整套报告、论文分卷编制时,每一分卷均应有全部报告、论文内容的目次页。

5.10 插图和附表清单

报告、论文中如图表较多,可以分别列出清单置于目次页之后。

图的清单应有序号、图题和页码。表的清单应有序号、表题和页码。

5.11　符号、标志、缩略词、首字母缩写、计量单位、名词、术语等的注释表。

符号、标志、缩略词、首字母缩写、计量单位、名词、术语等的注释说明汇集表，应置于图表清单之后。

6　主体部分

6.1　格式

主体部分的编写格式可由作者自定，但一般由引言（或绪论）开始，以结论或讨论结束。

主体部分必须由另页右页开始。每一篇（或部分）必须另页起。如报告、论文印成书刊等出版物，则按书刊编排格式的规定。

全部报告、论文的每一章、条的格式和版面安排，要求划一，层次清楚。

6.2　序号

6.2.1　如报告、论文在一个总题下装为两卷（或分册）以上，或分为两篇（或部分）以上，各卷或篇应有序号。可以写成：第一卷、第二分册；第一篇、第二部分等。用外文撰写的报告、论文，其卷（分册）和篇（部分）的序号，用罗马数字编码。

6.2.2　报告、论文中的图、表、附注、参考文献、公式、算式等，一律用阿拉伯数字分别依序连续编排序号。序号可以就全篇报告、论文统一按出现先后顺序编码，对长篇报告、论文也可以分章依序编码。其标注形式应便于互相区别，可以分别为：图 1、图 2.1；表 2、表 3.2；附注 1）；文献[4]；式（5）、式（3.5）等。

6.2.3　报告、论文一律用阿拉伯数字连续编页码。页码由书写、打字或印刷的首页开始，作为第 1 页，并为右页另页。封面、封二、封三和封底不编入页码。可以将题名页、序、目次页等前置部分单独编排页码。页码必须标注在每页的相同位置，便于识别。

力求不出空白页，如有，仍应以有页作为单页页码。

如在一个总题下装成两册以上,应连续编页码。如各册有其副题名,则可分别独立编页码。

6.2.4　报告、论文的附录依序用大写正体 A,B,C,…编序号,如:附录 A。

附录中的图、表、式、参考文献等另行编序号,与正文分开,也一律用阿拉伯数字编码,但在数码前冠以附录序码,如:图 A1;表 B2;式(B3);文献〔A5〕等。

6.3　引言(或绪论)

引言(或绪论)简要说明研究工作的目的、范围、相关领域的前人工作和知识空白、理论基础和分析、研究设想、研究方法和实验设计、预期结果和意义等。应言简意赅,不要与摘要雷同,不要成为摘要的注释。一般教科书中有的知识,在引言中不必赘述。

比较短的论文可以只用小段文字起着引言的效用。

学位论文为了需要反映出作者确已掌握了坚实的基础理论和系统的专门知识,具有开阔的科学视野,对研究方案作了充分论证,因此,有关历史回顾和前人工作的综合评述,以及理论分析等,可以单独成章,用足够的文字叙述。

6.4　正文

报告、论文的正文是核心部分,占主要篇幅,可以包括:调查对象、实验和观测方法、仪器设备、材料原料、实验和观测结果、计算方法和编程原理、数据资料、经过加工整理的图表、形成的论点和导出的结论等。

由于研究工作涉及的学科、选题、研究方法、工作进程、结果表达方式等有很大的差异,对正文内容不能作统一的规定。但是,必须实事求是,客观真切,准确完备,合乎逻辑,层次分明,简练可读。

6.4.1　图

图包括曲线图、构造图、示意图、图解、框图、流程图、记录图、布置图、地图、照片、图版等。

图应具有"自明性",即只看图、图题和图例,不阅读正文,就可理解图意。

图应编排序号(见 6.2.2)。

每一图应有简短确切的题名,连同图号置于图下。必要时,应将图上的符号、标记、代码,以及实验条件等,用最简练的文字,横排于图题下方,作为图例说明。

曲线图的纵横坐标必须标注"量、标准规定符号、单位"。此三者只有在不必要标明(如无量纲等)的情况下方可省略。坐标上标注的量的符号和缩略词必须与正文中一致。

照片图要求主题和主要显示部分的轮廓鲜明,便于制版。如用放大缩小的复制品,必须清晰,反差适中。照片上应该有表示目的物尺寸的标度。

6.4.2 表

表的编排,一般是内容和测试项目由左至右横读,数据依序竖排。表应有自明性。

表应编排序号(见 6.2.2)。

每一表应有简短确切的题名,连同表号置于表上。必要时应将表中的符号、标记、代码,以及需要说明事项,以最简练的文字,横排于表题下,作为表注,也可以附注于表下。

附注序号的编排,见 6.2.2。表内附注的序号宜用小号阿拉伯数字并加圆括号置于被标注对象的右上角,如:$\times\times\times^{(1)}$,不宜用星号"＊",以免与数学上共轭和物质转移的符号相混。

表的各栏均应标明"量或测试项目、标准规定符号、单位"。只有在无必要标注的情况下方可省略。表中的缩略调和符号,必须与正文中一致。

表内同一栏的数字必须上下对齐。表内不宜用"同上"、"同左"、""""和类似词,一律填入具体数字或文字。表内"空白"代表未测或无此项,"—"或"…"(因"—"可能与代表阴性反应相混)代表未发现,"0"代表实测结果确为零。

如数据已绘成曲线图,可不再列表。

6.4.3　数学、物理和化学式

正文中的公式、算式或方程式等应编排序号(见 6.2.2)，序号标注于该式所在行(当有续行时，应标注于最后一行)的最右边。

较长的式，另行居中横排。如式必须转行时，只能在＋，－，×，÷，＜，＞处转行。上下式尽可能在等号"＝"处对齐。

示例 1：

$$W(N_1) = H_{0.1} + \int_{\tau^{-1}}^{-\tau^{-1}+1} L_a^r e^{-2\pi i a N_1} \, \mathrm{d}a$$

$$= R(N_0) + \int_{\tau^{-1}}^{-\tau^{-1}+1} L_a^r e^{-2\pi i a N_1} \, \mathrm{d}a + O(P^{r-n-v}) \quad \cdots\cdots\cdots\cdots (1)$$

示例 2：

$$f(x,y) = f(0,0) + \frac{1}{1!}\left(x\frac{\partial}{\partial x} + y\frac{\partial}{\partial y}\right)f(0,0)$$

$$+ \frac{1}{2!}\left(x\frac{\partial}{\partial x} + y\frac{\partial}{\partial y}\right)^2 f(0,0) + \cdots$$

$$+ \frac{1}{n!}\left(x\frac{\partial}{\partial x} + y\frac{\partial}{\partial y}\right)^n f(0,0) + \quad \cdots\cdots\cdots\cdots\cdots (2)$$

示例 3：

$$-\frac{8\mu}{Nz}\frac{\partial}{\partial S}\ln Q = -\left[(1+\sum_1^4 z_\nu) - \frac{2\mu}{z}\right]\ln\frac{\theta_a(1-\theta_\beta)}{\theta_\beta(1-\theta_a)}$$

$$+ \ln\frac{\lambda_a}{\lambda_\beta} - z_1\ln\frac{\in_1}{\xi_1} + \sum z_\nu\ln\frac{\in_\nu}{\xi_\nu}$$

$$= 0 \quad \cdots\cdots\cdots\cdots\cdots\cdots (3)$$

小数点用"．"表示。大于 999 的整数和多于三位数的小数，一律用半个阿拉伯数字符的小间隔分开，不用千位撇。对于纯小数应将 0 列于小数点之前。

示例：应该写成 94 652.023 567；0.314 325

　　　　不应写成 94,652.023,567；.314,325

应注意区别各种字符，如：拉丁文、希腊文、俄文、德文花体、草体；罗马数字和阿拉伯数字；字符的正斜体、黑白体、大小写、上下角标(特别是多层次，如"三踏步")、上下偏差等。

示例：$I,l,1,i;C,c;K,k,\kappa;0,o,(°);S,s,5;Z,z,2;B;\beta;W,w,\omega$。

6.4.4　计量单位

报告、论文必须采用 1984 年 2 月 27 日国务院发布的《中华人民共和国法定计量单位》，并遵照《中华人民共和国法定计量单位使用方法》执行。使用各种量、单位和符号，必须遵循附录 B 所列国家标准的规定执行。单位名称和符号的书写方式一律采用国际通用符号。

6.4.5　符号和缩略词

符号和缩略词应遵照国家标准（见附录 B）的有关规定执行。如无标准可循，可采纳本学科或本专业的权威性机构或学术团体所公布的规定；也可以采用全国自然科学名词审定委员会编印的各学科词汇的用词。如不得不引用某些不是公知公用的、且又不易为同行读者所理解的、或系作者自定的符号、记号、缩略词、首字母缩写字等时，均应在第一次出现时一一加以说明，给以明确的定义。

6.5　结论

报告、论文的结论是最终的、总体的结论，不是正文中各段的小结的简单重复。结论应该准确、完整、明确、精练。

如果不可能导出应有的结论，也可以没有结论而进行必要的讨论。

可以在结论或讨论中提出建议、研究设想、仪器设备改进意见、尚待解决的问题等。

6.6　致谢

可以在正文后对下列方面致谢：

国家科学基金、资助研究工作的奖学金基金、合同单位、资助或支持的企业、组织或个人；

协助完成研究工作和提供便利条件的组织或个人；

在研究工作中提出建议和提供帮助的人；

给予转载和引用权的资料、图片、文献、研究思想和设想的所有者；其他应感谢的组织或个人。

6.7　参考文献表

按照 GB 7714-87《文后参考文献著录规则》的规定执行。

7　附录

附录是作为报告、论文主体的补充项目，并不是必需的。

7.1　下列内容可以作为附录编于报告、论文后，也可以另编成册：

a. 为了整篇报告、论文材料的完整，但编入正文又有损于编排的条理和逻辑性，这一类材料包括比正文更为详尽的信息、研究方法和技术更深入的叙述，建议可以阅读的参考文献题录，对了解正文内容有用的补充信息等；

b. 由于篇幅过大或取材于复制品而不便于编入正文的材料；

c. 不便于编入正文的罕见珍贵资料；

d. 对一般读者并非必要阅读，但对本专业同行有参考价值的资料；

e. 某些重要的原始数据、数学推导、计算程序、框图、结构图、注释、统计表、计算机打印输出件等。

7.2　附录与正文连续编页码。每一附录的各种序号的编排见 4.2 和 6.2.4。

7.3　每一附录均另页起。如报告、论文分装几册。凡属于某一册的附录应置于各该册正文之后。

8　结尾部分（必要时）

为了将报告、论文迅速存储入电子计算机，可以提供有关的输入数据。

可以编排分类索引、著者索引、关键词索引等。

封三和封底（包括版权页）。

附录 A　封面示例（略）

附录 B　相关标准（略）

附录二

关于引文注释和参考文献的书写规定

1 关于引文注释的规定

关于引文注释的规定，在国家标准（GB 7714-87《文后参考文献著录规则》）和一些学会规范中都有说明；在一些主要杂志社出版的杂志中，如《中国社会科学》、《经济研究》等，都以来稿须知和引文规范体例的形式登出。并且在一些杂志中规定，以是否附有参考文献和引文注释是否规范成为决定稿件是否录用的标准之一，但这些体例差异较大。现就通常做法①介绍如下。希望我们在毕业论文的规范化中参照实行。

1.1 中文文献页下注的标注方式：

1.1.1 非连续出版物

a. 著作　责任者：著作名，出版者，出版年，页码。

例：许毅等：《清代外债史论》，中国财政经济出版社，1996 年，第 95 页。

b. 析出文献　责任者：析出篇名，文集编者：文集题名，出版者，出版年，页码。

例：范文澜：《论中国封建社会长期延续的原因》，范文澜：《范文澜历史论文选集》，中国社会科学出版社，1979 年，第 41 页。

c. 古籍　（朝代）责任者：书名，卷次或责任者：篇名，部类名，卷次，版本。

例：（晋）慧远：《沙门不敬王者论》，《弘明集》卷 5。

例：杨时：《陆少卿墓志铭》，《龟山集》卷 34，四库全书本。

---

① 参见《中国社会科学》2001 年第 6 期第 201～202 页和 2002 年第 2 期第 193 页。引用时稍做修改。

1.1.2　连续出版物中析出文献

　　a. 期刊　著者:篇名,期刊名与年期。

　　例:盛洪:《寻求改革的稳定形式》,《经济研究》1991 年第 1 期。

　　b. 报纸　著者:篇名,报纸名称与出版年月日。

　　例:庞跃辉:《知识贡献与价值分配》,《光明日报》2003 年 6 月 17 日。

1.1.3　未刊文献

　　文献标题(用双引号,引用者自拟标题不用引号),时间,藏所,编号。

　　例:"傅良佐致国务院电",1917 年 9 月 15 日,中国第二历史档案馆藏,北洋档案 1011～5961。

1.2　外文文献页下注的标注方式

　　引证外文文献,原则上应以该文种通行的引证标注为准。国内通常标注方法如下:

1.2.1　引用专著(编著、译著)依次注明:(1)作者;(2)书名(斜体,主体词首位字母大写);(3)出版地点及出版机构;(4)出版时间;(5)页码。如:

　　G. E. Mingay, *A Social History of the English Countryside*. New York and London:Routledge Publish Press,1990,pp. 92～93.

　　M. Polo, *The Travels of Marco Polo*. William Marsden(trans.), Hertfordshire:Cunberland House,1997,pp. 55,88.

　　Michael Kort(ed.), *The Columbia Guide to the Cold War*. New York:Columbia University Press,1998.

　　T. H. Aston and C, H. E. Phlipin(eds.), *The Brenner Debate*. *Cambridge*:Cambridge University Press,1985,p. 35.

1.2.2　引用期刊中的析出文献依次注明:(1)作者;(2)文章名;(3)刊物名(斜体);(4)卷期号;(5)出版时间;(6)页码。引用文集中的析出文献依次注明:(1)作者;(2)文章名;(3)编者;(4)文集名(斜体);(5)出版地点、机构及时间;(6)页码。如:

　　Heath B. Chamberlain,On the Search for Civil Society in China.

Modern China, vol. 19, no. 2(April 1993), pp. 199~215.

R. S. Schfield, The Impact of Scarcity and Plenty on Population Change in England. In R. I. Rotberg and T. K. Rabb(eds.) *Hunger and History: The Impact of Changing Food Production and Consumption Pattern on Societ*. Cambridge: Cambridge University Press, 1983, p. 79.

2 参考文献书写的格式和要求

2.1 关于参考文献书写的格式和要求,以 GB 7714-87《文后参考文献著录规则》和《中国学术期刊(光盘版)检索与评价数据规范》规定为准。采用顺序编码制,在引文处按论文引用文献出现的先后以阿拉伯数字连续编码,序号置于方括号内,一种文献在同一文中被反复引用者,用同一序号标示,需表明引文具体出处的,可在序号后加圆括号注明页码或章、节、篇名,采用小于正文的字号编排。

2.2 各种参考文献的类型,根据 GB 3469-83《文献类型与文献载体代码》规定,以单字母方式标识:M——专著,C——论文集,N——报纸文章,J——期刊文章,D——学位论文,R——研究报告,S——标准,P——专利,对于专著、论文集中的析出文献采用单字母"A"标识,对于其他未说明的文献类型,采用单字母"Z"标识。对于数据库、计算机程序及电子公告等电子文献类型,以双字母标识:DB——数据库,CP——计算机程序,EB——电子公告。对于非纸张型载体电子文献,需在参考文献标识中同时标明其载体类型,建立采取双字母表示:MT——磁带,DK——磁盘,CD——光盘,OL——联机网络,并以下列格式表示包括了文献载体类型的参考文献标识:DB/OL——联机网上数据库,DB/MT——磁带数据库,M/CD——光盘图书,CP/DK——磁盘软件,J/OL——网上期刊,EB/OL——网上电子公告。以纸张为载体的传统文献在引作参考文献时不注其载体类型。

2.3 参考文献著录的条目以小于正文的字号编排在文末。其格式为:

a. 专著、论文集、学位论文、研究报告

[序号]主要责任者. 文献题名[文献类型标识]. 出版地:出版者,出

版年.起止页码

示例:

[1] 胡汝银.低效率经济学:集权体制理论的重新思考[M].上海:上海三联书店,1992.95~98.

[2] 盛洪.中国的过渡经济学[C].上海:上海三联书店,1992.162~180.

[3] 陈桐生.中国史官文化与《史记》[D].西安:陕西师范大学文学研究所,1992.

[4] 白永秀,刘敢,任保平.西安金融、人才、技术三大要素市场培育与发展研究[R].西安:陕西师范大学西北经济发展研究中心,1998.

　　b. 期刊文章

　　[序号]主要责任者.文献题名[文献类型标识].刊名,年,卷(期):起止页码

示例:

[5] 盛洪.寻求改革的稳定形式[J].经济研究,1991,(1):15~19.

　　c. 论文集中的析出文献

　　[序号]析出文献主要责任者.析出文献题名[文献类型标识].原文献主要责任者(任选).原文献题名[文献类型标识]出版地:出版者,出版年.析出文献起止页码

示例:

[6] 樊纲.公共选择与改革过程[A].盛洪.中国的过渡经济学[C].上海:上海三联书店,1992.162~180.

　　d. 报纸文章

　　[序号]主要责任者.文献题名[文献类型标识].报纸名,出版日期(版次)

示例:

[7] 庞跃辉.知识贡献与价值分配[N].光明日报,2003-6-17(B2).

　　e. 国际标准、国家标准

　　[序号]标准编号,标准名称[文献类型标识]

示例:

［8］GB 7714-87，文后参考文献著录规则［S］

　　f. 电子文献

　　［序号］主要责任者. 电子文献题名［电子文献及载体类型标识］. 电子文献的出处或可获得的地址，发表或更新日期/引用日期（任选）

　　示例：

［9］王明亮. 关于中国学术期刊标准化数据库系统工程的进展［EB/OL］. http://www. cajcd. cn/pub/wml. txt/980810-2. -html. 1998-08-16/1998-10-04.

［10］《新华文摘》编辑部.《新华文摘》300 期总目录［M/CD］. 北京，人民出版社，2004.

　　g. 各种未定类型的文献

　　［序号］主要责任者. 文献题名［文献类型标识］. 出版地：出版者，出版年

　　示例：

［11］张永禄. 唐代长安词典［Z］. 西安：陕西人民出版社，1980.

3　排放位置

　　注释排在页尾或章尾时，参考文献排在正文之后；注释排在文尾时，参考文献排在注释之后。

附录三

某大学经济管理学院毕业论文工作规程

在普通高等学校学习的硕士研究生、在职人员申请硕士学位者,本科生、双学位本科生和成人专科升本科生,在学完教学计划规定的课程,经考试和考查成绩合格后,还须撰写毕业论文,并进行论文答辩,论文答辩通过者方可毕业和(或)获取相应的学位。因此,撰写毕业论文,这既是考核学习成绩的重要方式,又是巩固和深化学习成果的重要教学环节,对于促进理论知识水平向能力转化,培养理论与实践相统一的学风都具有十分重要的意义。为了规范毕业论文工作,提高毕业论文质量,根据教育部对普通高等学校学习的研究生、本科生、双学位本科生和成人专科升本科生的有关规定,以及某大学的基本要求,并结合我院实际,特制定本工作规程。

一、写 作 要 求

(一)毕业论文的选题应以建设有中国特色的社会主义理论为指导,体现中国共产党十一届三中全会以来的路线、方针和政策。围绕社会主义市场经济体制建设和我国如何参与世界经济一体化,从迫切需要解决的现实问题中选题,确定有理论论证的建设性的题目。论文题目应与所学专业和主要课程相联系,不要脱离专业。

(二)毕业论文撰写应当遵循理论与实际相结合的原则,运用马克思主义基本理论,党的路线、方针、政策和有关专业知识,对自己所研究问题的前人已有研究成果尽可能掌握,充分领会其内涵;对实际问题作具体的分析,尽可能收集足够的第一手资料,从中提炼观点,取得规律性的认识,并探讨解决问题的方法。力求做到:观点正确,材料可靠,分析透彻,论证有力,结论科学。既要避免概念演绎,空泛议论,又要防止材料堆砌,就事论事。

(三)毕业论文应写成规范的学术论文,不能写成无理论深度的杂谈,也不能写成一般的调查报告和工作总结。

（四）毕业论文要求主题明确,结构严密,合乎逻辑,文字通顺。硕士研究生和在职人员申请硕士学位者的毕业论文每篇不少于 30 000 字;本科生、双学位本科生和成人专科升本科生的毕业论文每篇不少于 6 000 字。

（五）硕士研究生、在职人员申请硕士学位者、本科生、双学位本科生的毕业论文必须由计算机打印。成人专科升本科生的毕业论文完稿后须用统一规格的稿纸誊写清楚,款式规范,字迹端正。均加上学校统一印制的封面,装订成册。

（六）硕士研究生和在职人员申请硕士学位者的毕业论文一式十五份;本科生、双学位本科生和成人专科升本科生的毕业论文一般为一份,若被评为优秀论文,需提交一式两份。以上论文份数均不含由学校抽查进行"双盲"评阅论文的份数。

二、工 作 程 序

毕业论文工作的一般程序是:

（一）组织辅导。辅导材料由学院组织编写,分专业或分班安排一次面授,着重思想方法的启发,表达技巧,兼及毕业论文格式要求指导。

（二）选定方向和题目。学院印发毕业论文选题方向或参考题目,供学生选题时参考。学生要通过酝酿、思考、比较,慎重选题,确定毕业论文题目。

（三）确定导师。依学生选定的毕业论文题目,结合导师的研究方向,在导师与学生双向选择的基础上,最后确定论文指导教师。

（四）学院审核。论文题目和指导教师名单须上报学院审核,一经批准确定后,不得随意变更。

（五）搜集材料。在毕业论文开题报告书撰写前,应进一步注意调查搜集有关材料,力求材料准确、丰富、翔实,多掌握第一手资料。

（六）填写表格。硕士研究生和在职人员申请硕士学位者依研究生处要求,本科生和双学位本科生依教务处要求,成人专科升本科生依成人教育学院要求,填写毕业论文开题报告书。

（七）撰写提纲。提纲拟定后须交导师审阅,然后根据导师提出的指导意见修改,再请导师审定。

（八）撰写初稿。进入写作阶段后要集中精力,独立完成。严禁找人代笔,严禁抄袭。初稿完成后,自己要反复修改并誊清（打印）。

（九）审阅定稿。初稿完成后须送导师审阅。要按导师提出的修改意见认真修改;再次送审,直至导师认可为止。最后将毕业论文誊写清楚或打印。指导教师要在《毕业论文指导评语》上填写论文评语和每次指导的具体意见。

（十）递交论文。研究生的毕业论文连同导师的毕业论文评语和业务鉴定一起由教学秘书交研究生处。本科生、双学位本科生和专科升本科的毕业论文连同《毕业论文评语》一起交班主任,由教学秘书统一送院答辩委员会。答辩委员会依规定程序将学生的毕业论文送达专家学者评阅,并填写《毕业论文评议书》,决定学生是否有资格参加论文答辩。

（十一）举行答辩。答辩以公开方式进行。答辩委员会在听取学生论文情况介绍后,对学生的论文提出问题,要求学生当场答辩。答辩委员的提问和学生的回答,应由答辩委员会秘书作简要记录。最后,答辩委员会以无记名方式投票表决是否通过该学生的论文答辩。

（十二）再行答辩。当学生毕业论文未获答辩委员会通过,则不能毕业,但学生可以向学院提出申请,经批准后重新准备,一年后再行论文答辩。若答辩通过,按学籍管理规定准予毕业,并发给相应的学位证书。若答辩仍未通过,则不能取得毕业资格或学位证书,只发给结业证书。

（十三）存档选优。答辩通过后,除按规定向学校有关部门交论文存档外,还需向学院交一份存档。毕业论文工作完成后,由学院按一定比例,评出优秀毕业论文上报学校。

三、指导教师与评阅教师

学生撰写毕业论文必须在导师指导下进行,每个学生均不例外。

（一）指导教师的基本条件和工作要求

1. 指导教师的基本条件

担当硕士研究生、在职人员申请硕士学位者毕业论文指导教师条件：

① 经国务院学位委员会或校学位委员会批准具有本专业硕士研究生导师资格的我院教授或副教授。

② 经国务院学位委员会或校学位委员会批准具有本专业硕士研究生导师资格的外校、外院教授或研究员。

担当本科生、双学位本科生和成人专科升本科生毕业论文指导教师条件：

① 具有本专业较高理论素养讲师及讲师以上职称的教师或研究人员。

② 经学校批准，具有本专业硕士学位者，有较高专业理论素养的教师或研究人员。

③ 经学校批准，具有本专业硕士以上学位者，专门从事本专业理论研究，有较高专业理论素养和较高政治素养的外院、外校副教授或副研究员以上职称者。

指导教师一般在学院内部统一聘请；学生个人自请导师，须呈报学校批准。

指导教师的专业与研究方向必须与所指导的毕业论文对口。

指导教师对学生的毕业论文必须实行个别指导。

每位硕士生导师每年指导研究生数一般不超过三人；本科生论文指导教师每年指导学生数一般不超过十人。如果硕士生导师的数量不足，可以配备硕士生副导师协助指导，每年指导研究生人数不超过四人；如果中高级职称教师的数量不足，可以配备有四年以上教龄的助教协助指导，每年指导本科生、双学位本科生和专科升本科的人数不超过十三人。

2. 指导教师工作要求

① 指导教师要严肃认真，有始有终，对所指导的毕业论文负责

到底。

②　指导学生拟定论文题目，提出方向性参考书目。

③　主持和指导学生撰写毕业论文开题报告书。

④　指导学生拟定论文提纲。

⑤　指导学生撰写论文。

⑥　审阅学生的论文。从主题、结构、材料、论证、创新、文字等方面提出修改意见，填写《毕业论文中期检查表》和毕业论文指导教师评语。

经常同被指导学生见面，指导、检查、督促学生写好论文。但不得代笔或按导师意图写。毕业论文只能是学生思想的体现。

（二）评阅教师的基本条件和工作要求

1. 评阅教师的基本条件

具有本专业较高理论素养，副教授及副教授以上职称的教师或研究人员，经校学位委员会批准可聘请为硕士研究生、在职人员申请硕士学位者毕业论文的评阅教师。

具有本专业较高理论素养讲师及讲师以上职称的教师或研究人员，经院学位委员会批准可聘请为本科生、双学位本科生和成人专科升本科生毕业论文的评阅教师。

2. 评阅教师的工作要求

评阅教师应从选题、观点、论证、论文结构、研究方法、作者研究能力、论文创新等方面综合考察论文的思想观点和质量水平。

评阅教师应严格按照学校和学院制定的评阅标准评判，防止送人情等不正之风的发生。

四、答　辩

答辩是毕业论文工作的必要环节，是对学生的重要考核和训练，也是防止作弊、保证毕业论文质量的重要措施。因此，凡已取得毕业论文答辩资格的学生，都必须进行答辩，不得以任何借口逃避。凡未经毕业论文答辩的学生或在毕业论文答辩中没有答辩记录和答辩委员会全体委员签字的学生，不能毕业或取得学位证书。

　　在答辩期间,个别学生确因重病或有特殊情况不能参加答辩者,必须由县级以上医院主治医生或学院院长审批,经院答辩委员会核准,方可推迟答辩,随下届学生答辩。

　　(一)参加答辩的资格

　　1. 拥护中国共产党的领导,拥护十一届三中全会的路线、方针和政策,思想政治表现合格。

　　2. 所学课程必须全部通过考试或考核合格,取得规定的学分。在职人员申请硕士学位者取得了校内培养计划各门课程规定的学分,并通过国家规定的学位申请课考试合格者。

　　3. 所写的毕业论文有指导教师签署同意参加答辩的意见。

　　4. 所写的毕业论文有论文评阅者签署同意参加答辩的意见。

　　(二)答辩委员会的组成

　　进行毕业论文答辩必须成立答辩委员会。答辩委员会是鉴定学生毕业论文真伪、优劣和公正评价毕业论文的重要组织保证。

　　1. 答辩委员会由学院统一组织,学院可按学生人数多少和研究方向组织若干个答辩委员会,在每个答辩委员会答辩的学生人数一般为20～30名。

　　2. 参加答辩委员会的组成人选。硕士研究生和在职人员申请硕士学位者的答辩委员会必须由具有硕士生导师资格的教授或研究员职称者牵头负责,可吸收副教授参加。本科生、双学位本科生和成人专科升本科生的答辩委员会必须由副教授或副研究员以上职称者牵头负责,可吸收讲师参加。

　　3. 硕士研究生和在职人员申请硕士学位者的答辩委员会一般由5～7人组成(外校人员应占一定比例),从中确定一位学术水平较高的委员为主任委员,负责答辩委员会会议的召集等工作。本科生、双学位本科生和成人专科升本科生的答辩委员会一般由3～5人组成,从中确定一位学术水平较高的委员为主任委员,负责答辩委员会会议的召集等工作。

　　4. 答辩委员会均配备秘书一名。答辩秘书需具备本专业的知识,负责答辩中的联络、记录和汇报答辩材料等事务。在硕士研究生和在职人员申请硕士学位者的答辩中,答辩秘书需由讲师或讲师以上职称的教师担任。在本科生、双学位本科生和成人专科升本科生的答辩中,答辩秘书需由助教或助教以上职称的教师担任。

(三) 答辩委员会的职责

1. 做好毕业论文的审阅、评议、质疑工作,按毕业论文成绩评阅标准,评定论文成绩。

2. 举行毕业论文答辩,评定学生是否通过毕业论文答辩。

3. 成绩评定本着公正、公平、公开原则。优秀毕业论文一般不要超过学生论文数的 10%;论文质量太差的,不应降低标准,要保证所通过毕业论文的质量。

4. 对毕业论文要写出评语。对优秀和不及格的毕业论文必须写出具体理由。评语由答辩委员统一拟定后写出,全体委员都要签名。

(四) 答辩的一般程序

1. 学生先简要介绍自己论文撰写的意图、主要论点和论据,以及论文的创新之处。

2. 答辩委员提出问题后,给学生 20~35 分钟的准备时间。在进入答辩过程中,答辩委员提出问题,学生应随即回答,不再给准备时间。

3. 学生在答辩中退出,视自动放弃。

4. 答辩结束后,答辩委员会集体评定学生答辩是否通过。当面只向学生宣布毕业论文通过或不通过,以及是否向校学位委员会建议授予学位两项。论文档次待会后确定,经学院批准后公布。

5. 对经过答辩不能通过的论文,答辩委员会要提出不能通过答辩的理由及较详细的修改意见。

6. 答辩委员会将答辩的毕业论文和有关答辩记录报学院审查。最后由学院将毕业论文答辩情况报学校教学主管部门备案。

五、评 定 标 准

毕业论文成绩分优秀、良好、及格和不及格四个档次评定。以下是其具体标准。

（一）优秀（相当于 90～100 分）

1. 能正确地体现党和国家的有关方针、路线和政策，很好地综合运用所学理论与本专业的有关知识。

2. 能密切联系我国经济体制改革和社会经济发展实际，分析问题正确、全面，具有一定深度，有所创见，对指导实际工作有一定的意义。

3. 中心突出，论据充足，结构严谨，层次分明，文笔流畅，表达能力强。

4. 材料丰富，数据可靠，能运用科学方法进行鉴别、加工和整理。

（二）良好（相当于 80～89 分）

1. 能正确体现党和国家的有关方针和政策，较好地运用所学理论与本专业的有关知识。

2. 能较好地联系我国经济体制改革和社会经济发展实际，分析问题比较正确、全面，具有一定深度，对指导实际工作有一定的参考意义。

3. 中心明确，论据较充足，层次较分明，文字通顺，有较好的表达能力。

4. 材料比较丰富，数据基本可靠，能较好地运用科学方法进行鉴别、整理和运用。

（三）及格（相当于 60～79 分）

1. 能正确地体现党和国家的有关方针和政策，在理论上没有原则性的错误，能基本掌握和运用本专业已学的有关知识。

2. 尚能联系我国经济体制改革和社会经济发展实际，基本上能表达自己的观点，有一定的分析问题和解决问题能力。但分析较肤浅，或罗列现象多，中心不够突出。

3. 有一定的论据，层次较分明，主要数据基本可靠，文句尚通顺。

4. 收集和使用了一定的材料，数据基本可靠，进行了一定的加工和整理。

（四）不及格（60 分以下）

凡具有下列问题之一者，应评为不及格：

1. 理论上有原则性错误,或违背党的方针政策和国家的法律法规,或有关专业知识水平很差,甚至有较大常识性错误。

2. 论文无中心,层次不清,逻辑混乱,文句不通。

3. 材料零乱不全,或主要数据失真,加工整理差。

4. 主要内容抄袭或基本抄袭他人成果。

对于抄袭他人成果或由他人代写的毕业论文,一经发现查实,随时宣布毕业论文答辩不及格,按学校学生学籍管理规定办理,取消毕业资格。

六、复 议

(一)复议提出者的资格与要求

1. 校学位委员会主席和委员。

2. 一名或一名以上具有本专业和研究方向的教授职称者。

3. 二名或二名以上具有本专业理论素养的副教授或具有博士学位的讲师。

4. 五名或五名以上从事本专业教学研究或学习的讲师、助教、学生;五名或五名以上非从事本专业教学与研究的教授(研究员)和副教授(副研究员)。

5. 答辩者本人。

每位毕业论文复议提出者均要提出详细的复议内容和要求,并填写毕业论文复议书。由院学位委员会受理。

(二)复议内容

1. 毕业论文论点、论据、论证过程、创新之处、数据材料和文献等。

2. 毕业论文的指导过程和指导评语,毕业论文的评阅评语等。

3. 毕业论文答辩程序、答辩记录和答辩评语。

(三)对复议的审议

对硕士研究生和在职人员申请硕士学位者的复议由校学位委员会组织专家学者进行审议;对本科生、双学位本科生和成人专科升本科生的复议由院学位委员会组织专家学者进行审议。并在适当范围内公布审议结果。

七、时间安排

硕士研究生在第二学年结束前，在职人员申请硕士学位者在完成规定学分和通过国家统一考试后，本科生、双学位本科生在大学最后一学期中，成人专科升本科生在第三学年第一次面授时，学习毕业论文的专题辅导材料，进行动员、组织辅导和进行写作准备工作。

硕士研究生和在职人员申请硕士学位者毕业论文的写作时间一般为一年；本科生、双学位本科生和成人专科升本科生毕业论文的写作时间一般为六周。

同一性质、层次学生的毕业论文答辩工作，一年集中进行一次，一般安排在毕业当年的六月份进行。原则上不单独为学生另行组织毕业论文答辩。春季入学者毕业论文答辩时间另行规定。

毕业论文工作完成后由学院填写成绩报告单，最后由学院将学生考试、考查，以及毕业论文成绩和毕业鉴定等材料汇总后送学校有关部门，由学校填写学历证明或毕业证书和学位证书。

八、经　　费

毕业论文是一项重要的教学实践，是调查研究的教学实践，是运用几年中所学的马克思主义理论分析问题和解决问题的教学实践，是提高学生科研能力的教学实践；同时，指导和进行毕业论文答辩又是一项复杂的组织工作，要花费大量的人力物力。聘请指导教师多，而教师担任论文指导、评阅和答辩工作又主要在业余时间进行，应该给予一定的报酬，没有经费，毕业论文工作是很难顺利完成的。

毕业论文经费由学校统一按国家物价局、财政部、教育部关于教学实践的有关文件精神收取。收取的费用保证用于指导教师论文指导、答辩委员会论文评阅和论文答辩的报酬；用于租用场地以及文件、纸张、通讯、交通、证件等需要的支出。经费收取和开支标准及办法按有关规定严格执行。

　　毕业论文经费经学校划拨到学院账户,经费收支报账需院长签字方可,并向院学位委员会通报经费使用情况。

九、附　　录

　　(一)本工作规程的解释权在学院。
　　(二)本工作规程自公布之日起施行。

某大学经济管理学院毕业论文答辩规程

在普通高等学校学习的硕士研究生、在职人员申请硕士学位者、本科生、双学位本科生和成人专科升本科生,在学完教学计划规定的课程,经考试、考查成绩合格后,还必须撰写毕业论文并进行论文答辩,论文答辩通过者方可毕业和(或)获取相应的学位。因此,根据教育部对普通高等学校学习的研究生、本科生、双学位本科生和成人专科升本科生的有关规定,以及某大学的基本要求,并结合我院实际,制定本答辩规程。

一、总 则

答辩是毕业论文工作的必要环节,是对学生的重要考核和训练,也是防止作弊、保证毕业论文质量的重要措施。因此,凡已取得毕业论文答辩资格的学生,都必须进行答辩,不得以任何借口逃避。凡未经毕业论文答辩的学生或在毕业论文答辩中没有答辩记录和答辩委员会全体委员签字的学生,不能毕业或取得学位证书。

同一性质、层次学生的毕业论文答辩工作,一年集中进行一次,安排在毕业当年的六月份进行。原则上不单独为学生另行组织毕业论文答辩。春季入学者毕业论文答辩时间另行规定。

在答辩期间,个别学生确因重病或有特殊情况不能参加答辩者,必须由县级以上医院主治医生或学院院长审批,经院答辩委员会审查批准,方可推迟答辩,随下届学生答辩。

二、参加答辩学生的资格与条件

参加毕业论文答辩的学生应同时具备下列四个条件:

1. 拥护中国共产党的领导,拥护十一届三中全会的路线、方针和政策,思想政治表现合格。

2. 所学课程必须全部考试或考核合格,取得规定的学分。在职人员申请硕士学位者取得了校内培养计划各门课程规定的学分,并取得国家规定考试课目合格证者。

3. 所写的毕业论文有指导教师签署同意参加答辩的意见。

4. 所写的毕业论文有论文评阅者签署同意参加答辩的意见。

三、答辩委员会的组成

进行毕业论文答辩必须成立答辩委员会。答辩委员会是鉴定学生毕业论文真伪、优劣和公正评价毕业论文的重要组织保证。

1. 答辩委员会由学院统一组织,学院可按学生人数多少和研究方向组织若干个答辩委员会,每个答辩委员会答辩的学生人数一般为20~30名。

2. 参加答辩委员会的组成人选。硕士研究生和在职人员申请硕士学位者的答辩委员会必须由具有硕士生导师资格的教授或研究员职称者牵头负责,可吸收副教授参加。本科生、双学位本科生和成人专科升本科生的答辩委员会必须由副教授或副研究员以上职称者牵头负责,可吸收讲师参加。

3. 硕士研究生和在职人员申请硕士学位者的答辩委员会一般由5~7人组成(外校人员应占一定比例),从中确定一位学术水平较高的委员为主任委员,负责答辩委员会会议的召集等工作。本科生、双学位本科生和成人专科升本科生的答辩委员会一般由3~5人组成,从中确定一位学术水平较高的委员为主任委员,负责答辩委员会会议的召集等工作。

4. 答辩委员会均配备秘书1名。答辩秘书需具备本专业的知识,负责答辩中的联络、记录和汇报答辩材料等事务。在硕士研究生和在职人员申请硕士学位者的答辩中,答辩秘书需由讲师或讲师以上职称的教师担任。在本科生、双学位本科生和成人专科升本科生的答辩中,答辩秘书需由助教或助教以上职称的教师担任。

四、答辩委员会的职责

1. 做好毕业论文的审阅、评议、质疑工作,按毕业论文成绩评阅标准,评定论文成绩。

2. 举行毕业论文答辩,评定学生是否通过毕业论文答辩。

3. 成绩评定本着公正、公平、公开原则。优秀毕业论文一般不要超过学生论文数的 10%;论文质量太差的,不应降低标准,要保证所通过毕业论文的质量。

4. 对毕业论文要写出评语。对优秀和不及格的毕业论文必须写出具体理由。评语由答辩委员统一拟定后写出,全体委员都要签名。

5. 按学院和学校要求上报毕业论文答辩记录和决议。

五、答辩的一般程序

1. 在硕士研究生和在职人员申请硕士学位者答辩时,答辩委员会秘书代表研究生处宣读答辩委员会组成名单。在本科生、双学位本科生和成人专科升本科生答辩时,答辩委员会秘书代表院学术委员会宣读答辩委员会组成名单。

2. 答辩委员会主任委员宣布答辩开始,并宣读答辩过程的程序。

3. 在硕士研究生和在职人员申请硕士学位者答辩时,导师向答辩委员会介绍答辩人的基本情况。鉴于本科生、双学位本科生和成人专科升本科生答辩人数较多,略去导师向答辩委员会介绍答辩人基本情况一项。

4. 学生简要介绍自己论文撰写的意图、主要论点和论据,以及论文的创新之处。其中,硕士研究生和在职人员申请硕士学位者介绍时间为 20~25 分钟,本科生、双学位本科生和成人专科升本科生介绍时间为 5~10 分钟。

5. 答辩委员评议和提出问题后,给硕士研究生和在职人员申请硕士学位者 20~30 分钟的准备时间,本科生、双学位本科生和成人专科升本科生为 25~35 分钟的准备时间。

6. 答辩者回答提问,并且在进入答辩过程中,答辩委员提出问题,答辩者应随即回答,不再给准备时间。

7. 答辩结束后,答辩委员会集体评定学生答辩是否通过。当面只向学生宣布毕业论文通过或不通过,以及是否向校学位委员会建议授予学位两项。论文档次待会后确定,经学院批准后公布。

8. 对经过答辩不能通过的论文,答辩委员会要提出不能通过答辩的理由及较详细的修改意见。

9. 答辩委员会主任委员宣布答辩结束。

10. 答辩委员会将毕业论文答辩的结果和有关答辩记录汇总后上报学院审查。

答辩者在答辩过程中退出,视为自动放弃。

最后由学院将毕业论文答辩情况报学校教学主管部门备案。

六、答辩成绩评定标准

毕业论文成绩分优秀、良好、及格和不及格四个档次评定。以下是其具体标准。

（一）优秀（相当于 90～100 分）

1. 能正确地体现党和国家的有关方针、路线和政策,很好地综合运用所学理论与本专业的有关知识。

2. 能密切联系我国经济体制改革和社会经济发展实际,分析问题正确、全面,具有一定深度,有所创见,对指导实际工作有一定的意义。

3. 中心突出,论据充足,结构严谨,层次分明,语言准确流畅,表达能力强。

4. 材料丰富,数据可靠,能运用科学方法进行鉴别、加工和整理。

（二）良好（相当于 80～89 分）

1. 能正确体现党和国家的有关方针和政策,较好地运用所学理论与本专业的有关知识。

2. 能较好地联系我国经济体制改革和社会经济发展实际,分析问题比较正确、全面,具有一定深度,对指导实际工作有一定的参考意义。

3. 中心明确,论据较充足,层次较分明,语言通顺,有较好的表达能力。

4. 材料比较丰富,数据基本可靠,能较好地运用科学方法进行鉴别、整理和运用。

（三）及格（相当于 60～79 分）

1. 能正确地体现党和国家的有关方针和政策,在理论上没有原则性的错误,能基本掌握和运用本专业已学的有关知识。

2. 尚能联系我国经济体制改革和社会经济发展实际,基本上能表达自己的观点,有一定的分析问题和解决问题能力。但分析较肤浅,或罗列现象多,中心不够突出。

3. 有一定的论据,层次较分明,主要数据基本可靠,回答尚通顺。

4. 收集和使用了一定的材料,数据基本可靠,进行了一定的加工和整理。

（四）不及格（60 分以下）

凡具有下列问题之一者,应评为不及格:

1. 理论上有原则性错误,或违背党的方针政策和国家的法律法规,或有关专业知识水平很差,甚至有较大常识性错误。

2. 论文无中心,层次不清,逻辑混乱,语言表达不清,文不对题。

3. 材料零乱不全,或主要数据失真,加工整理差。

4. 主要内容阐述不准确,出现基本理论错误和与事实不符的回答。

对于抄袭他人成果或由他人代写的毕业论文,一经发现查实,依《某大学经济管理学院毕业论文工作规程》办理。

七、附　　录

（一）本规程的解释权在学院。

（二）本规程自公布之日起施行。

某大学经济管理学院毕业论文质量评价指标体系

依据《某大学经济管理学院毕业论文工作规程》的有关规定,特制订我院毕业论文质量评价指标。指标体系包括:《毕业论文指导评定标准》、《毕业论文评阅评定标准》和《毕业论文答辩评定标准》。

毕业论文指导评定标准

一级指标	二级指标	等级标准	分值	评分结果
选题质量(25)	选题指导思想	论文选题与本专业培养目标是否相符,理论意义和实践意义	8	
	选题的目的要求	题目能否体现本专业特点,能否体现创新能力和综合素质的培养,选题新颖	9	
	选题难度	题目贴切,有较强的科学性,难易度适中	8	
能力水平(30)	文献资料能力	能独立地查阅文献和从事其他调查研究,能阅读和准确理解有关中外文资料,有收集加工信息及获取新知识的能力	12	
	调研能力	调研资料内容完整,层次清楚,文字简洁通顺,实验数据准确充分	10	
	研究方案的设计能力	整体思路清晰,结构合理,研究方案完整有序	8	
论文质量(30)	论文撰写水平	论点明确,论据充分,论证逻辑性强,结构严谨,文理通顺,文字表达准确精练	10	
	规范化程度	论文有300字左右的中英文摘要,关键词简洁准确,表格、插图规范准确,注释和参考文献规范准确	8	
	创新性和成果价值	论文是否具有独到的见解,创新意识强,有较强的应用价值	12	
其他(15)	工作态度	按期圆满完成规定的任务,态度端正,作风严谨	5	
	总体评价	掌握本专业的基础理论、专门知识和基本技能,并具有从事科学研究工作或独立承担专门技术工作的能力	10	
总分			100	

当发现论文有严重抄袭时,实行一票否决权,该论文以零分计。

毕业论文评阅评定标准

项目	分值	分　　　　类	分值	得分
选题	10	对该课题的学科前沿把握和理解	6	
		选题的理论意义和实践意义	4	
观点	20	基本观点正确	3	
		主论点与分论点完整、统一	5	
		观点具有创见性	12	
论证	20	材料取舍及其驾驭水平	6	
		论证是否严谨有力	10	
		观点是否前后呼应	4	
论文结构	20	总体结构	8	
		逻辑层次	6	
		轻重权衡	6	
研究方法	15	材料收集是否符合论文要求	6	
		研究方法是否科学、合理	5	
		表述形式是否科学、合理	4	
作者能力	10	掌握本专业的基础理论和基本技能	5	
		从事科学研究工作或承担专门工作的能力	5	
总体印象	5	依以上六项综合反映	5	
总分	100		100	

当发现论文有严重抄袭时,实行一票否决权,该论文以零分计。

毕业论文答辩评定标准

项目	分值	分　　类	分值	得分
选题	10	对该课题的学科前沿把握和理解	6	
		选题的意义	4	
观点	20	基本观点正确	3	
		主论点与分论点完整、统一	5	
		观点具有创见性	12	
论证	20	材料取舍及其驾驭水平	6	
		论证是否严谨有力	10	
		观点是否前后呼应	4	
论文结构	10	总体结构	5	
		逻辑层次	3	
		轻重权衡	2	
答辩能力	25	应变能力	8	
		对问题的理解能力	8	
		回答问题切中要害	9	
语言表达	10	语言表达、逻辑性及普通话	5	
		专业术语规范	5	
总体印象	5	依以上六项综合反映	5	
总分	100		100	

当发现论文有严重抄袭时，实行一票否决权，该论文以零分计。

某大学经济管理学院毕业论文打印格式说明

1 封面

1.1 硕士研究生和在职人员申请硕士学位者的毕业论文封面以学校研究生处规定的毕业论文封面格式和内容要求居中打印。本科生和双学位本科生的毕业论文封面以学校教务处规定的毕业论文封面格式和内容要求居中打印。成人专科升本科生的毕业论文封面以学校成人教育学院规定的毕业论文封面格式和内容要求打印。

1.2 毕业论文封面单独为一页。

2 编排顺序和要求

2.1 鉴于本科生、双学位本科生和成人专科升本科生的毕业论文篇幅较小,毕业论文中不设置"目录"、"页眉"等内容。

2.2 按摘要、关键词、英文摘要和英文关键词顺序单独排印在一页。摘要、关键词、英文摘要和英文关键词的相关内容跟随摘要、关键词、英文摘要和英文关键词等词组排列打印,词条与相关部分的内容之间空两个汉字的位置。

2.3 自正文起,按正文、注释、致谢、附录、参考文献的顺序排列。正文和注释部分内容之间的间隙按自然生成办理,不单独起始页。致谢、附录和参考文献部分的内容各另起页打印。

2.4 注释字样单独排印为一行且靠左顶格打印,相关内容另起一行按规定格式打印。致谢、附录、参考文献等字样居中打印,其中:"致谢"二字之间空两个汉字的位置;在"附录"二字之间空两个汉字的位置。

2.5 参考文献中同时有中文和外文文献时,应分别列出。中文参考文献在前,外文参考文献在后。

2.6 附录部分有两个或两个以上的内容时,以附录一、附录二等标识分别排列。

2.7 若论文的层次用传统的"一、,(一),1.,…标示时,论文中的一级标题须居中排列,其他层次的标题按段落要求空两个字距排列。若论文中的层次用标准化表示法时,序码统一用阿拉伯数字标示,各级号码之间加一小圆点,末一级码不加小圆点,如一级标题用"1"、"2"…标示,二级标题用"1.1"、"2.2"…标示,一般不超过 4 级。层次编号一律左顶格,编号后空一个字距再排章、条题名。题名下面的文字,一般另行起排,也可接排在题名后,此时要在题名与接排的文字间空一个字距。如在条下仍需分层,则常用 a. ,b. ,…或 1),2),…编序,另起行排时每条均左空 2 个字距。全文格式要统一。

2.8　除毕业论文封面外,毕业论文其他部分的内容按打印规则的要求,均为页的正反面打印。

3　纸张、字体、字号

3.1　用 A4(21×29.7 cm)纸打印。当图表过大时,可用其他规格的纸张打印,但在装订时,四周不应超出 A4 纸的大小。

3.2　封面所用字体和字号与内容提示的字体和字号保持一致。

3.3　摘要、关键词、英文摘要、注释等词组用宋体小五号字加粗打印;相关内容的文字用宋体小五号字打印。

3.4　正文主层次部分的一级标题用宋体小四号字打印;其他层次的标题和正文用宋体五号字打印。正文中若有特别强调和说明性文字,也可用楷体、黑体等字体,字号尽量用五号字。对引用他人文献需保持原有风格的,可不受上述要求的限制。

3.5　致谢、附录和参考文献等字样用宋体三号字打印。致谢、附录和参考文献部分中的内容用宋体五号字打印。附录中若有图表和数学公式等,可按学科要求选择字体和字号。

3.6　图表中资料来源等内容用宋体小五号字打印。进一步解释的文字也可用宋体六号字打印。

4　排版与装订

4.1　封面的边距和行距以教务处规定格式为准;有关内容的字距按默认值且居中打印。当学生和指导教师的姓名为两个字时,两字之间可空一个汉字的位置。

4.2　内页上边距为 2.54cm，下边距为 2.54cm，非装订侧边距为 2.00cm，装订侧边距为 2.00cm，装订线为 1.00cm，合计为 3.00cm。

4.3　除论文封面外，论文其他部分的字距为默认值加 0.2 磅，行距为 1.5 倍。

4.4　毕业论文一般用 Word 文档排版，图表部分可根据实际情况使用相应的其他文本排印。

5　页码

5.1　毕业论文封面不标注页码。

5.2　摘要、关键词、英文摘要和英文关键词等内容自起始页用罗马数字编排页码。若仅有一页，页码可省去。

5.3　正文、注释、致谢、附录、参考文献等内容自起始页起按顺序用阿拉伯数字编排页码。

5.4　编排的页码均位于页下居外侧处。页码的规格按电子计算机自然生成处理。

6　图、表、公式部分的编排

6.1　文中插图部分可根据需要自行确定字体、字号、行距和字距。插图的摆放位置和走向可视内容情况而定，应同论文其他部分保持协调一致。在文中有多个插图时，需标明图 1-1、图 3-2 等相关的字样。若文中插图较少，可按顺序仅标注图 1、图 2 等字样。

6.2　文中表格部分可根据需要自行确定字体、字号、行距和字距。表格的摆放位置和走向可视内容情况而定，应同论文其他部分保持协调一致。在文中有多个表格时，需标明表 1-1、表 3-2 等相关的字样。若文中表格较少，可按顺序仅标注表 1、表 2 等字样。

6.3　在引用他人插图时，应在图下方注明插图的来源处。在运用统计数字作为表格内容出现时，应在表下方注明资料来源。均需写明作者、篇名、刊物名或出版社、出版时间、页码等。

6.4　论文中出现的数学公式，严格按《科学技术报告、学位论文和学术论文的编写格式》(GB 7713-87)标准进行编排。为保证论文的紧凑和突出议题，正文中只需说明公式成立的条件、推演的大致思路和关键结果即可，详细的推导过程可放在正文后的附录中。

宋体小四号字

编号：　　　　　　　　　　密级：

宋体二号

××大学

黑体小初号

毕 业 论 文

宋体小三加粗

论文题目：对我国中小企业产业集群化发展战略的思考

院 （系）：　　　　　　××学院

专　　业：　　　　　　经济学

班　　级：　　　　　　0201 班

申请学位：　　　　　经济学学士

学生姓名：　　　　　　×××

指导教师：　　　　　　×××

宋体小三号

二零零六年六月五日

宋体小五号加粗   宋体小五号

摘要 作为一种新的产业空间组织形式，企业集群具有强大的竞争优势。本文从产业集群理论出发，论述了产业集群及其竞争优势，说明集群化发展是中小企业提升竞争力的有效战略选择。在对我国中小企业产业集群化过程中成就与问题评价的基础上，指出我国中小企业完全可以借助产业集群模式实现跨越式发展，应从四个方面完善中小企业产业集群化发展的思路和对策。

宋体小五号加粗   宋体小五号

关键词 中小企业　　产业集群　　竞争优势　　发展战略

Abstract： As a new organizational form of industrial space, enterprise cluster has its stronger competitive advantages. Based on the industry cluster theory, this paper describes industry and its competitive advantage and illustrates the development of cluster is an effective strategical alternative to advance the mid-small enterprise's competitive ability. After evaluation on the achievements and problems of the process of enterprise's industry cluster, it points out that our mid-small enterprises can have a big step development by using industry cluster model. Meanwhile, Some clues and policies are also suggested to perfect the mid-small enterprise cluster development from four aspects.

Keywords： the mid-small enterprises　　industry cluster　　competitive advantage development strategy

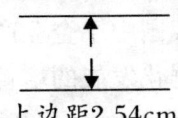

上边距2.54cm

宋体五号

21世纪经济发展将是产业集群化支配的经济时代,美国哈佛大学教授、战略专家迈克尔·波特(Porter M. E.)指出:"集群"……① 产业集群发展战略在国内外经济发展实践中,已经证明是一种有效的发展战略模式。因此,本文试图从产业集群基本特征出发,分析我国中小企业借助产业集群模式寻求自身发展的可能性和现实性,……降低交易费用,增强自身的竞争力,提升区域竞争优势。

宋体小四号,居中

一、产业集群及其基本特征

"集群"这一概念是由波特教授于1990年在其代表作《国家竞争优势》(《The Competitive Advantage of Nations》)中提出的。波特认为,集群实质是在特定区域下的一个特别领域中一组相互关联的企业、供应商、关联产业和专业化的制度和协会。②

非装订侧边距2cm

装订侧边距3cm

三、我国中小企业产业集群化发展的现状

改革开放以来,我国中小企业集群从无到有,发展速度较快。尤其是在经济开放度较高的地区,如浙江宁波、温州地区,广东的珠江三角洲地区,江苏的环太湖地区和福建闽东地区,中小企业集群化发展的趋势更为明显,目前已经初步形成了轻纺、服装、家电、制鞋、汽车、建筑、陶瓷等产业集群雏形,取得了一定的成效。

四、我国中小企业产业集
群化发展的培育对策

随着我国市场对内对外开放程度的日渐深化，特别是随着我国加入 WTO，按照比较优势原则发展各具特色的集群经济必然成为区域之间开展竞争与合作的重要途径。虽然我国的集群经济已初具规模，但由于认识、历史、实践等因素的制约，其在区域上、行业上的发展还很不平衡和稳定，影响了集群经济的可持续发展。因此，我国必须进一步审视和研究集群发展的规律，并制定切实可行的政策措施，促进集群经济的持续、快速、健康发展，使之真正成为区域经济新的增长点。

……

总之，中小企业的集群化发展是我国中小企业实现跨越式发展的必然路径。在加入 WTO 以后，我国中小企业的发展面临许多困难，只有加强企业间的合作，建立中小企业集群，才能增强企业的竞争力，实现集群竞争优势，使中小企业在日益激烈的竞争中求得生存、发展和壮大。

宋体小五号加粗

注释：　　　　　　　　　　　　宋体小五号

① Porter M. E. ：The Competitive Advantage of Nations，The Free Press，1990.

② 迈克尔·波特：《国家竞争优势》，华夏出版社，2002 年。

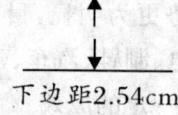

下边距2.54cm

附录（略）

参考文献　　　　　　　　　宋体小五号

[1] 王辑慈. 创新的空间－企业集群与区域发展[M]. 北京:北京大学出版社,2001.

[2] 胡钧浪,王淼. 中小企业的集群式发展战略[J]. 宏观经济研究,2003(9).

……

[7] 史东明. 我国中小企业集群的效率改进[J]. 中国工业经济,2003(2).

[8] 李永生. 我国中小企业集群式技术创新战略的选择[J]. 科技与经济,2004(4).

……

[10] PORTER M E. The Competitive Advantage of Nations. The Free Press,1990.

致　谢（略）

参 考 文 献

［1］陈果安，徐新平. 大学文科毕业论文导写［M］. 长沙：湖南师范大学出版社，1999.

［2］程介明. 教育问：后工业时代的学习与社会［J］. 北京大学教育评论，2005(5).

［3］邓秋香. 毕业论文答辩应注意的几个问题［J］. 青年科学，2003(8).

［4］冯子标.《资本论》方法论研究［M］. 太原：山西人民出版社，1987.

［5］风笑天. 社会学研究方法(第三版)［M］. 北京：中国人民大学出版社，2009.

［6］耿伟. 关于贸易保护政策选择的理论分析［J］. 中央财经大学学报，2003(7).

［7］国家标准局. 科学技术报告、学位论文和学术论文的编写格式［S］. UDG001. 81GB 7713-87.

［8］国家标准局. 文后参考文献著录规则［S］. UDC025. 32 GB 7714-87.

［9］顾明远，石中英. 学习型社会：以学习求发展［J］. 北京师范大学学报，2006(1).

［10］黄津孚. 学位论文写作与研究方法［M］. 北京：经济科学出版社，2000.

［11］建方方. 科技论文撰写指南［M］. 北京：高等教育出版社，2005.

［12］李春仁，李广民，高会宗，赵春平. 论文写作新论［M］. 北京：作家出版社，2001.

［13］李福林，朱若茜. 论文写作导论［M］. 北京：海洋出版社，1993.

[14] 李翰如.学术论文格式国家标准与写作方法[M].北京:电子工业出版社,1992.

[15] 林桂军.论文规范指导与研究方法[M].北京:对外经济贸易大学出版社,2004.

[16] 鲁友章,李宗正.经济学说史(上册)[M].北京:人民出版社,1979(2).

[17] 马克思,恩格斯.马克思恩格斯全集.第12卷[M].北京:人民出版社,1962.

[18] 马克思,恩格斯.马克思恩格斯全集.第23、第24、第25卷[M].北京:人民出版社,1975.

[19] 马克思,恩格斯.马克思恩格斯全集.第46卷[M].北京:人民出版社,1979.

[20] 毛泽东.毛泽东选集(合订本)[M].北京:人民出版社,1965.

[21] 《普通逻辑》编写组.普通逻辑[M].上海:上海人民出版社,1979.

[22] 司有和,蒋瑞松.大学科技写作[M].北京:光明日报出版社,1987.

[23] 田国强.现代经济学的基本分析框架与研究方法[J].经济研究,2005(2).

[24] 王连山.怎样写毕业论文[M].沈阳:辽宁大学出版社,1986.

[25] 王则柯.经济学家成长的故事[M].北京:中信出版社,2001.

[26] 王蜀磊.综合性全程考核模式的改革研究[J].山西师大学报·社科版,2003专刊.

[27] 王蜀磊.试论大学生毕业论文教学的改革[J].山西财经大学学报·高等教育版,2005(1).

[28] 肖前,李秀林,汪永祥.辩证唯物主义原理[M].北京:人民出版社,1981.

[29] 许隆嘉.科学论文写作基础[M].北京:兵器工业出版社,1993.

[30] 徐有富.治学方法与论文写作[M].南京:南京大学出版社,2003.

[31] 严建苗.国际贸易政策的政治经济学分析[J].经济学动态,2005

　　(2).

［32］杨昌勇.学术论著注释和索引的规范与功能［J］.中国社会科学，
　　2002(2).

［33］叶振东，贾恭惠.毕业论文的撰写与答辩［M］.杭州：杭州大学出
　　版社，1995.

［34］岳云堂，赵化山，谭维民.学术论文写作述评［M］.北京：北京航空
　　航天大学出版社，1994.

［35］张孙玮，吕伯昇，张迅.科技论文写作入门［M］.北京：化学工业出
　　版社，2005.

［36］《中国社会科学》编辑部.关于引文注释的规定［J］.中国社会科
　　学，2001(6).

［37］《中国社会科学》编辑部.本刊关于英文文献引文注释的补充规定
　　［J］.中国社会科学，2002(2).

［38］中国高等学校社会科学学报编排规范(修订版)［S］.

后 记

四年前,在我主持编写的我院有关毕业论文的制度性文件的诱导下,凭着一时的冲动完成了《毕业论文写作》一稿,供我院学生内部使用。旨在让学生熟悉和了解毕业论文的含义和表达格式的基本要求,提高大学生的科学研究和论文写作水平。几年来,初步实现了原定的目标,满足了办院初期教学活动的需要。经院内各方人士的意见反馈,笔者着手对《毕业论文写作》进行全面的修改。

同上稿相比,变动幅度较大的修改有三处。一是在毕业论文写作"七关"部分由一章扩展为六章,补充了许多新的内容,使学生在毕业论文写作中更具有可操作性。二是对科学研究方法和思维方法进行了较大的补充。三是删除了"学术论著注释和索引"部分的内容。因为人们越来越重视学术论著注释和索引的学术价值,在格式范本上强调与国际接轨已成为人们普遍的行为准则。为了使学生更好的使用学术论著格式,在附录中收录了国家制定的《科学技术报告、学位论文和学术论文的编写格式》,以及《某大学经济管理学院毕业论文工作规程》等五项制度性文件,供有兴趣的读者参考。

同上稿相比,增加的内容主要有三:一是结合经济学、工商管理专业的性质和特点,紧密围绕两个专业的特点进行有针对性的分析。在论文格式上,突出了经济学和工商管理专业常用的表达方式。二是在研究方法上,突出了马克思主义的研究方法和现代经济学研究方法发展方向的介绍。三是针对毕业论文写作前的教学实践活动,增加了教学实践开展与实践报告和论文的写作;同时,对毕业论文开题报告的写作要求也进行了分析介绍。将毕业论文这一重要的教学实践与毕业论文前的实践报告和论文写作连为一体,将学术论文写作融入整个大学的学习过程中,彻底改变目前"分离式"教学模式,真正提高学生的研究能力和学术论文的写作水平。

本书从酝酿到成书,都得到了本院领导和老师的大力支持与鼓励。在书稿排版打印中得到了校图书馆文印室同志的悉心指导和帮助。在书稿出版中得到了立信会计出版社领导和各位编辑的精心指导。特别是黄成艮先生热情周到、无微不至的工作,使该书更加规范和完善。对以上人士的热情帮助,表示由衷的感谢。在书稿构思过程中,参阅了大量前人的理论文献,有些地方还直接引用了他们的研究成果,对他们的理论贡献表示衷心的感谢。当然,文中谬误皆由作者自负。拙作是拜读各位前辈大作的习得与体会,若有益,袭前人之得;若谬传,是后辈之过。

由于自己知识和能力方面的局限,谬误与不周之处在所难免,竭诚欢迎各位专家学者不吝赐教,以期日臻完善。

联系方式:041004 山西省临汾市　山西师范大学经济管理学院
E-mail:wsl@sxnu.edu.cn

王蜀磊

2007 年 6 月于平阳

第 二 版 后 记

本书自 2007 年 9 月出版以来,受到了广大读者的肯定。同时,许多热心读者通过电子邮件方式,指出书中存在的错误和不足,并提出了宝贵的修改建议。我的同事也根据本科生毕业论文指导实践中发现的新问题,提出了重要的修改意见。

再版时在坚持原作写作风格的前提下,对书中内容进行了全面的修订。较大变化主要反映在以下两个方面。

(1)从结构体系安排上对部分内容进行了适当调整。较大调整有两处:一是将定稿部分单独列为一章。我们认为,毕业论文的定稿就是内容的确定和格式的规范,定稿的实质是论文格式的规范。修改的最终目标就是内容的确定,表述的规范,因此,内容部分在修改结束时就完成了,本章的着力点是对学术论文和毕业论文格式的介绍。另一处是将经济管理类毕业论文的常用表达格式部分并入第三章内,从而使本书结构安排更加紧凑和合理。

(2)在各章中增加了"拓展性阅读"部分。保证学生在学有余力的基础上,能够对一些问题进行深入的思考。

毕业论文写作的逻辑起点是什么? 是否与写作的逻辑起点相似? 这是我一直都在思考的问题。只有明确了学科的逻辑起点,才可能从该学科的元素形式出发,构建出较为严密的理论体系。然而,到目前为止,还没有一个成熟的认识。因而,本书体系安排还有待深入研究,以期得到完善。

　　感谢立信会计出版社对本书再版的支持,感谢责任编辑黄成艮先生对本书再版所付出的辛勤劳动。没有他们热心支持和耐心细致地指导,就没有本书的面世。在本次修改中还得到了我的同事大力支持,文中体现了他们许多富有建设性的修改意见。当然,书中存在的一切错误都由作者负责。

　　本次修订过程,也是我自己不断学习、思考和写作的过程。我将一如既往地欢迎各位读者对拙作中肯的批评,诚恳接受各位读者合理化的修改建议。我的电子邮箱是:wsl@sxnu.edu.cn。

　　　　　　　　　　　　　　　　　　　　　王蜀磊

　　　　　　　　　　　　　　　　　　　2014 年 7 月于平阳